Silvia Schneider

KEINE PANIK!

Der Wegweiser aus der Arbeitslosigkeit

Fackelträger

Inhalt

Vorwort

„Ich bin nicht gestürzt, ich habe mich fallenlassen!“ Im Kinofilm „Montags in der Sonne“ klingt dieses Bekenntnis eines Arbeitslosen gegenüber einem „Kollegen“ wie ein gewisser Stolz.

Eine Bekannte erzählte mir im Rückblick über die scheinbar schlimmste Phase ihres Lebens: „Ich hatte weder ein Ziel noch einen Plan. Ich wollte einfach nur weiterarbeiten wie zuvor und damit mein Geld verdienen. Als ich dann zur ARGE ging, ließ ich alles über mich ergehen. Danach zu Hause habe ich geheult.“

Als sie mir von ihrer vorübergehenden Unfähigkeit, das Heft des Handelns wieder in die Hand zu nehmen, erzählte, waren wir beide verblüfft. Diese Schilderung passte nicht zu der Person, die ich zu kennen meinte. Eigentlich ist sie genau das Gegenteil. Aber als es darauf ankam, war sie erstmals benommen und blockiert und, wie sie glaubte, „von allen guten Geistern verlassen“. Hinzu kam das Gefühl, mit niemanden wirklich sprechen zu können. Weder um ihren ganzen Kummer zu teilen, noch um die erforderlichen Ratschläge einzuholen, die man sonst jederzeit im Freundes- und Bekanntenkreis erhält, beispielsweise wenn man nach Amerika reist und etwas zu den Einreisebedingungen wissen möchte.

Die spanische Tageszeitung „El Mundo“ hat über den eingangs zitierten Film geschrieben, dass er von Menschen erzählt, die niemals in Mode sein werden, weil ihre soziale, ihre berufliche, ihre gefühlsmäßige Verfassung die Arbeitslosigkeit ist - von der immer gedacht wird, dass sie stets nur die anderen trifft.

Nachdem ich diesen Film gemeinsam mit einem Freund gesehen hatte, erzählte er mir, dass er fast ein Jahr lang nach einem Job suchte, jedoch ganz bewusst nie eine der Broschüren mitgenommen hatte, die in den Arbeitsagenturen ausliegen. Er hätte das als stigmatisierend empfunden: Er wollte ja nicht Experte fürs „arbeitslos“ sein werden. Er war schließlich IT-Experte.

Aber wie findet man sich zurecht, wenn man ohne Rat, Kompass und Landkarte Neuland betritt? Die Arbeitslosigkeit soll keine Abenteuerreise werden. Sie ist ja auch kein verlängerter Urlaub, wie man „Montags in der Sonne“ schnell spürt. Andererseits ist Arbeitslosigkeit heute in jedem Berufsleben denkbar und längst auch in den Kreisen, die lieber über ihren Amerikaurlaub sprechen. Und wenn Arbeitslosigkeit denkbar ist, dann ist sie auch gestaltbar.

Abschiednehmen und Ankommen geschehen selten gleichzeitig. Dazwischen liegt immer ein Weg. Dieser Weg ist planbar. Schritt für Schritt. „Abwarten und Teetrinken“ ist nicht! Auch nicht „Schuster, bleib bei deinem Leisten“. Eine Veränderung ist immer dann notwendig, wenn der eigene Weg vorübergehend ins Abseits geführt hat. Aber auch aus der scheinbaren Ausweglosigkeit führen wieder neue Wege heraus.

Das Wort „Krise“ bezeichnet im Griechischen ursprünglich einen Wendepunkt. Gefälliger wird es dadurch natürlich noch nicht. Und als chinesisches Schriftzeichen vereint es die Symbole für Gefahr und Chance. Das trifft es auf den Punkt.

Was aber passiert, wenn nichts passiert? Darin liegt die eigentliche Gefahr: Nicht zu stürzen, sondern sich fallenzulassen. Und damit liegen zu bleiben und aufzugeben. Dieser Gefahr kann man nur entgegentreten, indem man etwas tut. Und hierin liegt die Chance. Veränderung bedeutet immer eine Chance. Gerade eine ungewollte berufliche Auszeit bringt die Gelegenheit für eine Veränderung.

Es kommt darauf an, das Richtige zu tun. Vorrangig geht es aber darum, herauszufinden, was im persönlichen Fall das Richtige ist.

Im ersten Teil dieses Buches geht es um konkrete Schritte, die Sie anleiten, Ihre finanzielle Absicherung zu erreichen. Diese Struktur hilft Ihnen, das Notwendige in die Wege zu leiten. Was Sie vom Staat erwarten sollten, bildet sich in klaren Schemata und Regularien ab. Bereits hier kommt es aber auch darauf an, dass Sie sich einbringen.

Im zweiten Teil wird es spannend: wenn es darum geht, was Sie selbst tun können. Hierbei sind Ihre individuellen Gedanken und Erfahrungen, Fertigkeiten und Vorlieben, letztlich Ihre Ziele ausschlaggebend - beziehungsweise diese zu finden, nachzujustieren oder sogar in eine ganz neue Richtung zu lenken.

Dazu stellt Ihnen dieses Buch gezielte Fragen, die Sie auf einen bestimmten Weg schicken werden - Ihren persönlichen Weg zum nächsten Job. Diese Fragen und Anregungen sollen Sie sensibilisieren und geistig mobilisieren: Beschäftigen Sie sich mit den Möglichkeiten, die in Ihnen schlummern! Werden Sie aktiv - und es tut sich etwas. Werden Sie proaktiv - und es geht voran.

Veränderung ist im Positiven möglich, im Kleinen und im Großen. Was uns manchmal sicherlich fehlt, ist Bestätigung sowie Zuspruch, der unsere Überzeugung, etwas Bestimmtes zu können, oder unsere Hoffnung, etwas Neues in uns zu entdecken, bekräftigt. Auch den sollen Sie hier finden. Dieses Buch ist in diesem Sinne Ihr Verbündeter.

Douglas Adams' „Per Anhalter durch die Galaxis" lieferte mir in zweierlei Hinsicht eine schöne Vorlage: Erstens gilt in der Arbeitslosigkeit ebenso wie in den Unweiten des Weltraums KEINE PANIK! als gute Überlebensregel. Weiterhin ist die Symbolik der Mitfahrgelegenheiten und des freundschaftlichen Beistands als Sinnbild sehr geeignet zur Ermunterung: Es ist nicht schlimm, sich auch mal helfen zu lassen.

Berlin, im Januar 2010
Silvia Schneider

Teil 1

Mein Weg zur sozialen Absicherung

Ein Wegweiser aus der Arbeitslosigkeit – und schon werden Sie konfrontiert mit dem Begriff „sozial".

Der Sozialstaat ist definitiv mehr als eine Fußnote unserer Gesellschaftsordnung.* Doch ganz pragmatisch betrachtet: Jetzt halten Sie dieses Buch in den Händen. Und möglicherweise kommt es heute nicht darauf an, dass Sie sich um den Sozialstaat sorgen. Betrachten Sie ihn einen Augenblick oder womöglich länger als Mittel zum Zweck, als erste und verlässliche Station auf dem Weg durch die Arbeitslosigkeit – und schließlich aus der Arbeitslosigkeit heraus.

Neuanfang bedeutet nicht, erst bei null ankommen zu müssen, und auch nicht, erst bei null zu starten. Deshalb beginnt dieses Buch mit Teil 1 – und Sie starten mit Ihrem Weg zur sozialen Absicherung. Schritt für Schritt.

*„Die Bundesrepublik Deutschland ist ein demokratischer und sozialer Bundesstaat."
Artikel 20, Absatz 1 des Grundgesetzes für die Bundesrepublik Deutschland

Wer bekommt was? Die Grundlagen in Kürze

Arbeitslosengeld I

WER?

Um Arbeitslosengeld beziehen zu können, müssen folgende Voraussetzungen gleichzeitig erfüllt sein:

- ➔ Sie müssen arbeitslos sein.
- ➔ Sie müssen die Anwartschaftszeit erfüllt haben.
- ➔ Sie müssen sich persönlich arbeitslos gemeldet haben.

Die Regelanwartschaftszeit erfüllen Sie, wenn Sie in den letzten zwei Jahren vor der Arbeitslosmeldung und dem Beginn der Arbeitslosigkeit mindestens zwölf Monate (360 Tage) in einem Versicherungspflichtverhältnis (z. B. Beschäftigung, Krankengeldbezug, Wehr- oder Zivildienstzeiten usw.) gestanden haben. Kürzere Anwartschaften sind möglich und führen zu kürzerer Anspruchsdauer.

WIE VIEL?

Der Leistungssatz beträgt 60 Prozent des durchschnittlichen Nettolohns der letzten Beschäftigung. Ein erhöhter Leistungssatz von 67 Prozent wird gewährt, wenn Sie oder Ihr - nicht dauernd getrennt lebender - Ehegatte oder Lebenspartner, der ebenfalls unbeschränkt einkommensteuerpflichtig ist, ein Kind haben. Die Agentur für Arbeit errechnet und leistet das Arbeitslosengeld für jeden Kalendertag. Ist es für einen vollen Kalendermonat zu zahlen, erhalten Sie 30 Tagessätze, egal ob im Februar oder Oktober.

WIE LANGE?

Zwischen sechs und 24 Monaten. Dabei gilt: Wer unter 50 Jahre alt ist, bekommt maximal zwölf Monate Arbeitslosengeld. Ab 50 Jahren wird maximal 15 Monate lang gezahlt, ab 55 Jahren 18 Monate und ab 58 Jahren 24 Monate.

WOHER?

Das Arbeitslosengeld I wird aus Beitragsgeldern zur Arbeitslosenversicherung finanziert.

GESETZ

Rechtsgrundlage ist das Sozialgesetzbuch Drittes Buch - SGB III -, die jeweils letztgültige Fassung.

Arbeitslosengeld II (Grundsicherung/Hartz IV)

WER?

Arbeitslosengeld II erhalten hilfebedürftige Menschen, die erwerbsfähig sind. Erwerbsfähig heißt, jemand muss gesundheitlich in der Lage sein, mindestens drei Stunden am Tag zu arbeiten.

Hilfebedürftig ist, wer seinen Lebensunterhalt, seine Eingliedcrung in Arbeit und den Lebensunterhalt der mit ihm in einer sogenannten Bedarfsgemeinschaft (siehe Glossar) lebenden Personen nicht oder nicht ausreichend

- ➔ aus eigenen Kräften und Mitteln,
- ➔ durch Aufnahme einer zumutbaren Arbeit,
- ➔ aus dem zu berücksichtigenden Einkommen oder Vermögen sichern kann und die Hilfe nicht von anderen Institutionen oder Personen erhält.

WIE VIEL?

Hier geht es um die Absicherung Ihres Existenzminimums, also um nicht mehr und nicht weniger als eine Grundsicherung. Diese beträgt derzeit 359 € pro Person. Bei Lebensgemeinschaften mit volljährigen Partnern erhält jeder der beiden 323 € im Monat. Für Kinder, die im Haushalt leben, sind bis zum Alter von sechs Jahren 215 €, bis 14 Jahren 251 € und im Alter von 15 bis 25 Jahren 287 € vorgesehen (Stand 1. Juli 2009).

Die Höhe der Grundsicherung wird vom Staat geschätzt und festgesetzt. Dazu dient eine Liste von notwendigen Haushaltskosten. Nichtraucher sind dabei im Vorteil, Vieltelefonierer haben ein Problem. Folgende Ausgaben sind vorgesehen:

Nahrung, Getränke, Tabakwaren	ca. 37 %	132,83 €
Bekleidung, Schuhe	ca. 10 %	35,90 €
Wohnung (ohne Mietkosten), Strom usw.	ca. 8 %	28,72 €
Möbel, Apparate, Haushaltsgeräte	ca. 7 %	25,13 €
Gesundheitspflege (z. B. Medikamente, Hilfsmittel)	ca. 4 %	14,36 €
Verkehr	ca. 4 %	14,36 €
Telefon, Fax	ca. 9 %	32,31 €
Freizeit, Kultur	ca. 11 %	39,49 €
Beherbergungs- und Gaststättenleistungen	ca. 2 %	7,18 €
Sonstige Waren und Dienstleistungen (insb. Kosten für Körperpflege und Hygiene)	ca. 8 %	28,72 €
Grundsicherung		359,00 €

Regelleistung = Grundsicherung + Sozialversicherung + Kosten der Unterkunft

Die Regelleistung geht über die Grundsicherung hinaus, denn es werden bis zu einer bestimmten Höhe Miet- und Heizkosten übernommen, außerdem die Krankenkasse sowie Renten- und Pflegeversicherungsbeiträge bezahlt. Des Weiteren sind in bestimmten Fällen zusätzliche Leistungen möglich. Das Arbeitslosengeld II wird am Anfang des Monats ausgezahlt.

WIE LANGE?

Solange Sie hilfebedürftig sind und die Voraussetzungen erfüllen, erhalten Sie Arbeitslosengeld II. Die Träger der Grundsicherung prüfen in der Regel alle sechs Monate, ob sich die Voraussetzungen geändert haben.

WOHER?

Das Arbeitslosengeld II wird aus Steuern finanziert.

GESETZ

Rechtsgrundlage ist das Sozialgesetzbuch Zweites Buch - SGB II -, die jeweils letztgültige Fassung.

Sozialgeld

WER?

Sozialgeld steht Menschen zu, die nicht erwerbsfähig sind und die wegen Krankheit oder Behinderung auf absehbare Zeit nicht mehr als drei Stunden am Tag auf dem allgemeinen Arbeitsmarkt arbeiten können.

WIE VIEL?

Die Leistungen des Sozialgeldes entsprechen denen des Arbeitslosengeldes II.

WIE LANGE?

Solange die Voraussetzungen für den Bezug von Sozialgeld gegeben sind.

WOHER?

Das Sozialgeld wird aus Steuern finanziert.

GESETZ

Rechtsgrundlage ist das Sozialgesetzbuch Zwölftes Buch - SGB XII -, die jeweils letztgültige Fassung.

Eine Kündigung und ihre Folgen

Auch in wirtschaftlich guten Zeiten verlieren Menschen ihren Job. Der Arbeitsmarkt ist in ständiger Bewegung. So gehen an jedem Arbeitstag in Deutschland circa 30 000 Beschäftigungsverhältnisse zu Ende, sei es durch Kündigung, Entlassung, aus Altersgründen oder durch das Auslaufen von befristeten Arbeitsverträgen. Aber ebenso viele Arbeitsverhältnisse werden täglich wieder neu eingegangen. Auf das Jahr gesehen ergeben sich so über sechs Millionen beginnende und endende Beschäftigungsverhältnisse.

Wer heutzutage arbeitslos wird, hat im Durchschnitt nach fünf Monaten wieder einen neuen Arbeitsvertrag in der Tasche. Arbeitslos zu sein ist also im Normalfall lediglich eine vorübergehende Phase. Im Angloamerikanischen spricht man deshalb auch nicht von Arbeitslosigkeit, sondern von „in-between jobs", einer Spanne zwischen der ehemaligen Beschäftigung und einer kommenden.

MEIN JOB IST IN GEFAHR

Wir brauchen nicht immer die großen Schlagzeilen, um uns in unserer Umwelt zurechtzufinden. Auch eine Reihe von diskreteren Signalen vermögen wir zu deuten. Was der Volksmund als siebten Sinn bezeichnet, haben Gehirnforscher in unserem Großhirn entdeckt. Ein inneres Frühwarnsystem puzzelt Umwelteindrücke und vergangene Erfahrungen zusammen und vermittelt ein Gefühl für bevorstehende Schwierigkeiten. Zuweilen warnt es uns vor Risiken und Gefahren.

Die gute Nachricht ist, dass man den Blick für Schwierigkeiten auch schulen kann. Schauen Sie also genauer hin: Auslagerung oder Verkauf von Betriebsteilen können Alarmzeichen sein. Umstellungen innerbetrieblicher Prozesse, vermehrte Betriebsratssitzungen, Managementwechsel, Änderung von Ladenzeiten können auf eine potenzielle Gefahr für den Arbeitsplatz hindeuten. Ganz konkrete Zeichen sollten Sie hinterfragen. Wenn eine Ihrer Aufgaben an einen Kollegen übergeben wird und der Grund nicht eindeutig ist, Ihre Teilnahme an einer Messe oder Veranstaltung abgelehnt wird, wenn Sie aus E-Mail- oder Zeitschriftenverteilern verschwinden oder zu Team-Meetings gar nicht mehr eingeladen werden, könnte sich der kritische Ernstfall ankündigen. Gute Kontakte zu Kollegen in anderen Abteilungen erweisen sich als umso nützlicher, wenn es um erste Anzeichen einer drohenden Entlassung geht.

Was können Sie tun? Sprechen Sie mit Ihrem Betriebsrat (wenn es einen gibt) oder mit Ihrem Vorgesetzten. Versuchen Sie, die Gefahr zu konkretisieren. Wenn sich tatsächlich eine Kündigung anbahnt, steht Ihnen das Servicetelefon der Bundesagentur für Arbeit zur Verfügung. Dort können Sie sich frühzeitig beraten lassen.

Service-Hotline der Bundesagentur für Arbeit: 0 18 01/55 51 11
(Preis aus dem deutschen Festnetz 3,9 ct/Min., Mobilfunk abweichend)
Montag bis Freitag von 8 bis 18 Uhr

MEIN BEFRISTETER VERTRAG LÄUFT AUS

Gleiches gilt, wenn Sie einen befristeten Arbeitsvertrag und noch keine Aussicht auf eine neue Arbeitsstelle haben. Um Ihre Nerven und Ihr Konto zu schonen: Melden Sie sich mindestens drei Monate vor Ablauf der Befristung, und holen Sie sich Unterstützung auf der Suche nach einer neuen Tätigkeit sowie finanzielle Absicherung.

Arbeitsrechtlich gelten befristete Arbeitsverträge nur dann als zulässig, wenn ein Sachgrund vorliegt; das heißt, wenn ein Mitarbeiter vorübergehend einen fehlenden Arbeitnehmer vertritt, zum Beispiel bei Mutterschutzurlaub/Elternzeit. Oder wenn für ein vorübergehendes Projekt auf bestimmte Zeit eine zusätzliche Unterstützung benötigt wird. Eine Befristung ohne Sachgrund ist nur bei einer Ersteinstellung eines Mitarbeiters zulässig, dann aber auch nur für maximal zwei Jahre.

Bislang waren Kettenbefristungen, also immer wieder aufeinanderfolgende befristete Verträge mit derselben Arbeitstätigkeit, unwirksam. Manche Arbeitnehmer erwirkten sich auf dem Rechtsweg eine unbefristete Anstellung. Ab 2010 wird es diesbezüglich mehr Flexibilität für Unternehmer geben. So wird die abermalige befristete Beschäftigung von Mitarbeitern bei demselben Arbeitgeber in Zukunft zulässig sein, vorausgesetzt, zwischen zwei identischen, befristeten Arbeitsverträgen liegt eine Auszeit von mindestens einem Jahr.

Davon unabhängig können Sie sich juristischen Ratschlag einholen, denn diesen kann die Arbeitsagentur nicht ersetzen. Zum Beispiel stehen die Gewerkschaften als Rechtsberater zur Verfügung. Wer Gewerkschaftsmitglied ist, erhält die Beratung über den Deutschen Gewerkschaftsbund - DGB - kostenfrei.

SELBSTSTÄNDIG

Als Einzelunternehmer sollten Sie erst recht auf Ihr Frühwarnsystem hören, noch ehe der Schuldenberg anwächst, Insolvenz oder Privatinsolvenz drohen. Wenn Sie als Selbstständiger freiwillig in die staatliche Arbeitslosenversicherung einbezahlt haben, können Sie auch Arbeitslosengeld I beziehen. Dazu müssen Sie Ihre Beiträge aber in den letzten zwei Jahren entrichtet haben, sei es als Selbstständiger oder aus einer früheren versicherungspflichtigen Beschäftigung heraus.

Wenn Sie auf diese Weise keinen Anspruch auf Arbeitslosengeld I erworben haben, können Sie im Bedarfsfall Arbeitslosengeld II beziehen. Vorausgesetzt wird dann, dass Sie sich neu orientieren oder als Arbeitnehmer bewerben.

Oder wirft Ihre Selbstständigkeit einfach noch nicht genügend ab, um damit Ihre Existenz zu sichern? Dann können auch Selbstständige ergänzendes Arbeitslosengeld II sowie andere Leistungen erhalten. Hierfür müssen Sie Angaben zu Ihren tatsächlichen Einnahmen und Ausgaben im Bewilligungszeitraum machen und gegebenenfalls rückwirkend abrechnen. Der rechtzeitige Gang zu einem Berater der ARGE/des Jobcenters kann Ihnen eine strukturelle Beratung eröffnen. Im Zweifelsfall finden Sie Unterstützung, Ihr Geschäftsmodell und Ihre Branche zu analysieren oder Ihre kaufmännischen Fähigkeiten in einem Kurs zu vertiefen.

Spätestens nach fünf Jahren sollten Sie aber auf den grünen Zweig gekommen sein und Gewinne erwirtschaften, sonst schauen das Finanzamt und auch die ARGE/das Jobcenter umso genauer hin.

MIR WURDE FRISTGERECHT GEKÜNDIGT

Ihnen ist gekündigt worden? Lassen Sie zunächst klären, ob die Kündigung rechtmäßig ist. Ein unbefristetes Arbeitsverhältnis darf vom Arbeitgeber nur unter bestimmten Bedingungen gekündigt werden. Ist die Kündigung rechtens, wird nach einer Kündigungsfrist gemäß Ihres Arbeitsvertrags Ihr Arbeitsverhältnis beendet. Jetzt ist es an der Zeit, zu handeln.

Grundsätzlich müssen Sie sich unverzüglich arbeitsuchend melden, um sich alle Ansprüche zu sichern - und Sie sollten es auch tun. Denn je schneller Sie handeln, desto besser sind Ihre Chancen, schnell wieder einen neuen Job zu finden. Unterrichten Sie Ihre Arbeitsagentur von der ausgesprochenen Kündigung und lassen Sie sich einen Termin beim Berater/Vermittler geben. Klären Sie mit ihm Ihre Ansprüche ab, damit Sie für den Fall der Fälle nicht lange ohne Geld dastehen, und vor allem, damit Sie wissen, ob Sie mit Arbeitslosengeld I oder II rechnen können (Arbeitslosengeld II kommt zum Beispiel dann infrage, wenn Sie nicht lange genug in die Arbeitslosenversicherung eingezahlt haben, um sich einen Anspruch auf Arbeitslosengeld I zu erwerben). Holen Sie Informationen ein, damit Sie konkret Ihren Notfallplan durchdenken können. Planung ist der erste wirksame Schritt zu einer neuen Arbeitsstelle.
Folgende Möglichkeiten der Kontaktaufnahme haben Sie:

a. Telefonisch: Service-Hotline 0 18 01/55 51 11 (Preis aus dem deutschen Festnetz 3,9 ct/Min., Mobilfunk abweichend)
b. Persönlich: Besuch bei der Arbeitsagentur oder der ARGE/dem Jobcenter,
c. Schriftlich: postalisch an die Agenturadresse
d. Elektronische Post: E-Mail unter Angaben von Name, Anschrift, Geburtsdatum, Ende der Beschäftigung und Telefonnummer
e. Online: über die Homepage der Bundesagentur für Arbeit: www.arbeitsagentur.de; dort auf „Jobbörse" klicken, wo sich die Rubrik für Arbeitsuchende, „Arbeitsuchend melden", befindet.

MELDEZEITEN

Drei Monate vor Ende der Beschäftigung müssen sich Arbeitnehmer persönlich bei der Arbeitsagentur melden. Bei kürzeren Kündigungsfristen müssen sich Arbeitnehmer innerhalb von drei Tagen nach Kenntnis der Kündigung melden. Sonst drohen eine Woche Sperrzeit und weitere Nachteile. Wer selbst kündigt oder seine Arbeitslosigkeit selbst verschuldet hat, also verhaltensbedingt gekündigt wurde, muss damit rechnen, bis zu drei Monate lang kein Geld zu bekommen. Melden Sie sich unbedingt trotzdem rechtzeitig, Ihre Ansprüche werden individuell abgewogen.

PRÜFEN, OB DIE KÜNDIGUNG GERECHTFERTIGT WAR

Wenn Sie Zweifel haben, ob Ihre Kündigung gerechtfertigt ist, müssen Sie Widerspruch einlegen. Wollen Sie gegen die Kündigung vorgehen, bleiben Ihnen nur drei Wochen Zeit, juristisch dagegen einzuschreiten. Bevor Sie jedoch den Rechtsweg bemühen, können Sie Ihren Widerspruch auf privatrechtlichem Weg durch ein Schreiben an den Arbeitgeber einlegen. So haben Sie Zeit - möglicherweise staatlicherseits unterstützt durch Prozesskostenhilfe -, anwaltliche Hilfe einzuholen. Einen Beratungsschein erhalten Sie beim örtlichen Amtsgericht.

VERHANDELN BEI KÜNDIGUNGEN

1. Handeln Sie, wenn möglich, eine individuelle Abfindung mit Ihrem Vorgesetzten aus. Erkundigen Sie sich im Personalbüro, ob eine solche möglicherweise bereits in einem Sozialplan (bei betriebsbedingten größeren Kündigungswellen) des Unternehmens geregelt ist. Der Start in einen neuen Job fällt mit einem finanziellen Polster oft leichter, und eine Entschädigung tut Ihrer Psyche gut. Dennoch, das Finanzamt möchte Steuern, und die Arbeitsagentur wird eine Abfindung bei Arbeitslosengeld II gegebenenfalls mitberechnen.
2. Regeln Sie mit Ihrem Arbeitgeber nach Möglichkeit den Bezug des letzten Lohns. Fragen Sie in der Lohnbuchabteilung nach, ob sich Unregelmäßigkeiten ergeben, denn verspätete Auszahlungen könnten sich ungünstig auf den Beginn Ihres Anspruchs auf Arbeitslosengeld II auswirken.
3. Sie haben Anspruch auf ein Zeugnis mit einer objektiven Beurteilung Ihrer Leistungen. Leider lässt das Zeugnis oft auf sich warten oder geht im schlimmsten Fall durch eine Betriebsauflösung oder den Konkurs unter. Da Ihr letztes Zeugnis aber für zukünftige Bewerbungen das aussagekräftigste sein wird, halten Sie Ihre Tätigkeitsgebiete und Inhalte sowie Ihre Erfolge schon einmal selbst schriftlich fest. Rufen Sie im Personalbüro an und teilen Sie mit, dass Sie die Zeugnisinhalte übersenden werden. Vereinbaren Sie einen Termin, zu dem man Ihnen das Zeugnis zurückschickt. Prüfen Sie dann sorgfältig die Formulierungen, denn auch hier lassen sich nicht nur positive Botschaften entdecken. Eine gute Hilfestellung finden Sie unter www.arbeitskammer.de, unter der Schlagworteingabe „Arbeitszeugnis“.

TIPP

Bei der etwaigen Berechnung von Arbeitslosengeld II werden Ihre Einnahmen für den Monat angerechnet, in dem sie auf Ihrem Konto eingehen. Wenn nun etwa Ihr Gehalt, das Sie üblicherweise Ende August rückwirkend für Ihren Arbeitsmonat bekommen, mit Verspätung erst Anfang September auf Ihrem Konto eingeht, würden Sie im Monat September kein Arbeitslosengeld II bekommen. Denn dieses Geld steht Ihnen schließlich für die Deckung Ihrer Ausgaben im September zur Verfügung. So sieht es das Gesetz vor. Machen Sie Ihrem Arbeitgeber also klar, dass er unbedingt pünktlich überweisen soll.

MIR WURDE FRISTLOS GEKÜNDIGT

Ihnen ist gekündigt worden? Sogar von heute auf morgen, fristlos? Sie befinden sich womöglich im freien Fall und haben andere Sorgen. Doch genau jetzt ist erhöhte Aufmerksamkeit notwendig.

➔ Befolgen Sie die nachfolgende Aufstellung der wichtigsten Schritte, und diese bitte auch recht schnell - zu Ihrem eigenen Vorteil. Mit ihnen sind die Weichen für Ihre soziale Absicherung gestellt. Und wenn Sie es in den nächsten 14 Tagen schaffen, möglichst viele der folgenden Ratschläge umzusetzen, haben Sie die wichtigsten Formalitäten geklärt. Dann schreiten Sie mit aufrechtem Gang auf dem Weg zu Ihrem nächsten Job weiter zum zweiten Teil des Plans.

Die ersten 14 Tage* – Schritt für Schritt

→ **Sie melden sich bei der Bundesagentur für Arbeit arbeitslos.**

→ **Sie füllen den Antrag aus und klären Ihre Ansprüche.**

→ **Sie gehen zum Berater.**

→ **Sie nehmen an einer Informationsveranstaltung teil.**

IN KÜRZE:

IHRE PERSÖNLICHE ANMELDUNG KÖNNTE SO AUSSEHEN

1. Sie gehen zum Empfang Ihrer Agentur und sagen, Sie möchten sich arbeitslos melden und einen Antrag auf Arbeitslosengeld stellen. Am Empfang wird man Sie in die sogenannte Eingangszone weiterleiten.
2. Der Mitarbeiter in der Eingangszone nimmt Ihre Daten auf, berät Sie und händigt Ihnen einen Antrag aus. (Wenn Sie die entsprechenden Unterlagen – Personalausweis, Gehaltsnachweise der letzten zwei Jahre – bei sich haben, kann Ihnen im Fall von Arbeitslosengeld I bereits die konkrete Summe genannt werden, mit der Sie pro Monat rechnen können.) Sie bekommen zwei verbindliche Termine. Den ersten Termin zur Antragsabgabe und den zweiten Termin für ein Erstgespräch beim Berater. Beide Termine liegen innerhalb von 10 bis 14 Tagen.
3. Zu diesen Terminen gehen Sie mit Ihrem ausgefüllten Antrag und allen Unterlagen 1) direkt in die Leistungsabteilung und 2) zum Erstgespräch mit Ihrem Berater.

*Wenn Sie sich an diesen exemplarischen Plan halten, geht es auch noch schneller.

Tag 1: Sich telefonisch melden

Melden Sie sich bei der Arbeitsagentur! Das ist die erste Voraussetzung, Ansprüche geltend zu machen. Für die Gewährung von Arbeitslosengeld zählt jeder Tag! Je früher Sie sich melden, desto mehr Vorteile ergeben sich:

- desto besser können die Arbeitsagentur und die ARGE/das Jobcenter Sie dabei unterstützen, eine neue Arbeitsstelle zu finden, ohne dass Sie überhaupt arbeitslos werden – Job to Job –, das ist der Idealfall für Sie und hat Priorität für die Arbeitsagentur/ARGE;
- umso besser können Sie Ihre finanzielle Absicherung steuern. Melden Sie sich rechtzeitig, damit Sie nach Auszahlung Ihres letzten Gehalts das Arbeitslosengeld I oder II übergangslos absichert. Das gilt auch für die Weiterführung Ihrer Krankenversicherung.

SERVICE-CENTER ANRUFEN UND SICH ARBEITSLOS MELDEN

Sie legen sich die Unterlagen Ihrer Beschäftigungen und Sozialversicherungsangaben der letzten zwei Jahre bereit. Dann fällt es leichter, zu klären, ob Arbeitslosengeld I oder II für Sie in Betracht kommt. Liegt die Höhe Ihres Arbeitslosengeldes I unter der Regelleistung von Arbeitslosengeld II, können Sie ergänzendes Arbeitslosengeld II beantragen (sogenannte Aufstocker).

- Sie rufen zwischen 8 und 18 Uhr bei der Service-Hotline an. Telefonnummer: 0 18 01/55 51 11 (Preis aus dem deutschen Festnetz 3,9 ct/Min., Mobilfunk abweichend)
- Sie melden sich telefonisch arbeitslos und geben Ihre persönlichen Daten an. Jetzt sind Sie registriert, und ab jetzt läuft es!
- Sie klären am Telefon, ob Sie Ansprüche auf Arbeitslosengeld I oder II haben.
- Sie fragen nach Adresse und Öffnungszeiten Ihrer zuständigen Agentur.
- Sie können telefonisch Ihre dringlichsten Fragen klären.

DIE ADRESSE MEINER AGENTUR HERAUSSUCHEN

Die Adresse Ihrer zuständigen Agentur, zu der Sie morgen gehen, haben Sie bei der Service-Hotline gleich mit erfragt. Oder Sie schauen

- im Internet unter www.arbeitsagentur.de nach und geben dann unter der Rubrik „Partner vor Ort“ Ihre Postleitzahl oder Ihren Wohnort ein. Dort finden Sie auch die E-Mail-Adressen;
- oder werfen einen Blick in Ihr örtliches Telefonbuch, das kostenlos in allen Postfilialen erhältlich ist.

Bitte achten Sie, wenn Sie die Adresse heraussuchen, auch auf die Öffnungszeiten von Arbeitsagentur und ARGE/Jobcenter, denn diese variieren. Geöffnet ist jedoch bei allen ab 8 Uhr.

Tag 2: Antrag abholen

Heute ist wirklich an viel zu denken, vor allem planen Sie Wege und Zeiten ein. Stellen Sie andere Verabredungen zurück. Sonst setzen Sie sich unter Zeitdruck und können sich nicht auf das wirklich Wichtige - Ihre finanzielle Absicherung - konzentrieren. Da der Empfang und die Eingangszone ohne Termin arbeiten, kommt es möglicherweise zu Wartezeiten, da prinzipiell jeder Bürger ab morgens 8 Uhr bis Öffnungsschluss kommen kann. Natürlich gibt es Stoßzeiten: Am Anfang und am Ende des Monats herrscht mehr Betrieb. Und auch an den Montagen, denn viele Menschen bereiten sich am Wochenende auf den ungeliebten Behördengang vor.

MEINEN ANTRAG PERSÖNLICH IN DER AGENTUR ABHOLEN

Der Antrag gehört zu den notwendigen Formalitäten. Nicht verzagen! Sondern Schritt für Schritt ausfüllen und die entsprechenden Vorteile nutzen, denn:

- ➔ nur so können Sie Ihre Ansprüche geltend machen;
- ➔ wer finanzielle Unterstützung erhält, ist auch kranken-, pflege- und rentenversichert;
- ➔ dann sind Sie unfallversichert, wenn Sie auf Aufforderung der Agentur aus dem Haus gehen (Vorstellungsgespräche, Weiterbildung);
- ➔ dann können Sie nachfolgend an Aus- und Weiterbildungskursen teilnehmen;
- ➔ dann können Sie Fördermöglichkeiten erhalten;
- ➔ dann können Sie je nach Bundesland und Kommune vergünstigte Konditionen (Fahrausweise, Eintrittskarten usw.) in Anspruch nehmen.

Wenn Sie gestern bereits Ihre Daten telefonisch übermittelt haben, geht's schneller. Der Antrag auf Arbeitslosengeld I muss persönlich in der Agentur abgeholt werden. Anträge auf Arbeitslosengeld II sind zusätzlich online verfügbar. Hilfreicher ist in jedem Fall der persönliche Gang zur ARGE/zum Jobcenter. Die wichtigsten Formulare und Anträge liegen auf den Internetseiten unter www.arbeitsagentur.de, Rubrik „Formulare" bereit.

ZUM EMPFANG UND IN DIE EINGANGSZONE GEHEN

Sie nehmen Ihren Personalausweis (Identitätsnachweis) zum Empfangsbereich mit und sagen, worum es Ihnen geht. Der Empfang trägt Sie am Computer für den Wartebereich der Eingangszone ein. Somit wissen die Mitarbeiter dort, wer Sie sind und was Sie heute gemeinsam angehen werden.

In der Eingangszone wird der Mitarbeiter Sie aufrufen, und dann kann es losgehen. Ihre persönlichen Daten werden registriert, und Ihnen wird Ihr Antrag ausgehändigt. Für die weitere Bearbeitung erhalten Sie hier eine Kundennummer. Ihre dringlichsten Fragen, die Sie idealerweise zuvor auf einem Zettel notiert haben, stellen Sie jetzt, sofern Sie das nicht schon telefonisch getan haben.

Der Mitarbeiter gibt Ihnen gleichzeitig auch einen Termin, der zur Antragsabgabe bei einem Mitarbeiter der Leistungsabteilung innerhalb der nächsten zehn Tage liegt. Ebenso erhalten Sie einen Termin für das Erstgespräch bei Ihrem Berater, dieser liegt zeitlich nach dem Termin in der Leistungsabteilung, findet aber noch innerhalb von 14 Tagen statt.

IDENTITÄTSNACHWEIS

Das ist Ihr Personalausweis oder Ihr Pass mit Meldebestätigung oder Ihr Ersatzdokument mit Lichtbild. Die Bewilligung eines Antrags erfolgt erst dann, wenn Sie den Identitätsnachweis vorgelegt haben.

ARBEITSPAKET MIT HAUSAUFGABE

Bei der Antragsausgabe erhalten Sie vom Mitarbeiter zusätzlich ein sogenanntes Arbeitspaket. Dieses umfasst weitere Formulare im Sinne einer Hausaufgabe für beide Seiten. Das Arbeitspaket erfragt persönliche und berufliche Angaben. Da es dem Berater/Vermittler zur Vorbereitung auf Ihr erstes Beratungsgespräch dient, füllen Sie es zu Hause aus und senden es rechtzeitig wieder zurück.

BROSCHÜREN MITNEHMEN – CHECKEN SIE IHRE ANSPRÜCHE

Ebenfalls erhalten Sie bei der Antragsausgabe die wichtigste Übersicht vom Leistungsumfang der Bundesagentur für Arbeit.

Arbeitslosengeld I:

➔ „Was? Wie viel? Wer? Finanzielle Hilfen auf einen Blick“ (ca. 96 Seiten)

Arbeitslosengeld II:

➔ „SGB II. Was? Wie viel? Wer? Finanzielle Hilfen auf einen Blick“ (ca. 68 Seiten)

➔ Fragen Sie auch nach dem Merkblatt: „SGB II. Grundsicherung für Arbeitsuchende. Arbeitslosengeld II/Sozialgeld“ (ca. 72 Seiten)

Ansonsten finden Sie die beiden Broschüren zum Arbeitslosengeld I und II auch online auf den Internetseiten der Bundesagentur für Arbeit (Internetadressen und -links siehe Teil 3 dieses Buchs).

Tage 3 – 8: Unterlagen zusammentragen

Die ersten Tage der Arbeitslosigkeit machen Arbeit. Nehmen Sie das wörtlich, es gibt einiges zu tun. Je besser Sie Ihre jetzige Situation in den Griff bekommen, desto eher finden Sie tatsächlich wieder Arbeit. Also gehen Sie strukturiert vor. Notieren Sie sich als Erstes den Termin zur Antragsabgabe im Kalender. Machen Sie sich dann einen Tages- und Wochenplan mit den Erledigungen. Priorität hat der korrekt ausgefüllte Antrag auf Arbeitslosengeld I oder II. Der Antrag auf Arbeitslosengeld II ist etwas umfangreicher und benötigt durch das Zusammentragen von Mietvertrag, Versicherungsverträgen usw. mehr Zeit.

Nehmen Sie jeweils die Originale zu Ihrem ersten Termin mit in die Leistungsabteilung. Bevor Sie diese wieder an verschiedene Orte wegheften, markieren

Sie sie mit einer Haftnotiz. Sollten die entsprechenden Unterlagen noch einmal vorgelegt werden müssen, haben Sie so schnelleren Zugriff. Am besten, Sie machen sich gleich von allen Unterlagen eine Kopie und legen einen extra Ordner an. Vor allem Ihren ausgefüllten Antrag sollten Sie vor der Abgabe kopieren, umso leichter fällt es Ihnen im Falle einer Antragsverlängerung, die bestehen bleibenden Angaben zu übernehmen. Beschriften Sie Ihren neuen Ordner ruhig netter als bloß mit „Arbeitsagentur“ oder „Jobcenter“. Schließlich steht er bei Ihnen im Regal, und Sie tragen ihn auf dem Weg zu einem Termin bisweilen auch durch die Öffentlichkeit. Warum nicht „Keine Panik!“ daraufschreiben? Aber vielleicht fällt Ihnen etwas viel Besseres ein, und Sie finden ein Bild, das Ihnen hilft, die „Ohren steifzuhalten“. Versöhnen Sie sich mit den bürokratischen Formalitäten, wissend, dass es nur eine Phase - in-between Jobs - ist und dass Sie alles zu Ihrem eigenen Wohl, Ihrer Absicherung, tun.

ANTRÄGE AUSFÜLLEN

Lesen Sie sich den Antrag zu Hause in Ruhe durch und suchen Sie alle erforderlichen Dokumente (Unterlagen und Nachweise) zusammen. Am besten, Sie machen das zu einer Tageszeit, zu der Ihnen die Service-Hotline Fragen beantworten kann. Zögern Sie nicht, bauen Sie sich keine inneren Hürden auf, nehmen Sie sich der Sache energisch an.

Wenn Sie absehen können, dass Sie in der Lage sind, Ihren Antrag schneller auszufüllen, und alle Unterlagen beisammenhaben, können Sie im Service-Center anrufen und nach einem früheren Abgabetermin fragen.

Wer sich hingegen zu spät um seine soziale Grundabsicherung gekümmert und den Gang zur ARGE/zum Jobcenter aufgeschoben hat, sodass es nun finanziell schon fünf vor zwölf ist, der kann, wenn er dann auch ganz schnell alle Unterlagen gesammelt hat, am nächsten Tag schon in der ARGE/dem Jobcenter seinen Antrag abgeben und durchrechnen lassen. Die Mitarbeiter werden schnellstmöglich alles in die Wege leiten, um zu helfen.

Für alle Anträge und Formulare gilt: Je genauer und präziser die Antworten und beigefügten Unterlagen sind, umso zügiger läuft die Bearbeitung und ist das Geld auf dem Konto.

HILFESTELLUNGEN BEI ANTRÄGEN

Auch hier gilt: Ein Anruf genügt oft. Darüber hinaus stehen Ihnen zusätzlich schriftliche Ausfüllhilfen - auch online - neben den Antragsformularen zur Verfügung. Diese sind streng systematisch gestaltet. Legen Sie sie am besten beim Ausfüllen neben den Antrag, wie die Spielanleitung eines Brettspiels. Die Formulierungen sind nicht hübsch, aber hilfreich.

AMTSDEUTSCH UND FACHCHINESISCH. BLOSS KEINE PANIK!

Nehmen Sie sich Zeit zum Ausfüllen des Antrags. Schalten Sie Lärmquellen in Ihrer Umgebung aus. Versuchen Sie der Logik auf die Spur zu kommen. Wenn Sie trotz klarem Kopf, Ausfüllhilfen und Service-Hotline nicht weiterkommen, lassen Sie den Punkt offen und machen weiter. Markieren Sie die entsprechende Stelle des Antrags mit einer Haftnotiz, und besprechen Sie dieses Detail gezielt mit Ihrem Leistungssachbearbeiter.

ÜBERSETZUNGSBEIHILFE

Antragsteller mit unzureichenden Deutschkenntnissen suchen sich zum Ausfüllen des Antrages am besten eine vertrauenswürdige Person mit deutschen Sprachkenntnissen als Hilfe. Im besten Fall begleitet sie diese Person auch zu Terminen beim Leistungssachbearbeiter und beim Berater/Vermittler. So vermeidet man Verständnisprobleme und zeitliche Verzögerungen bei der Antragstellung. Ist dies nicht möglich, stehen für Übersetzungen (schriftlich) und Dolmetscherdienste (mündlich) auch Mitarbeiter innerhalb der Agentur zur Verfügung. Sollte kein Mitarbeiter vor Ort die gefragte Sprache sprechen, können in Vereinbarung mit der Arbeitsagentur/ARGE kostenfreie Dolmetscher bzw. Übersetzungsdienste privater Übersetzungsbüros in Anspruch genommen werden. Die Bundesagentur macht diese Kosten übrigens bei der EU geltend. Alternativ stehen auch auf kurzem Wege lokale soziale Verbände bzw. ehrenamtliche Einrichtungen für Dolmetscherdienste zur Verfügung.

ONLINEBERECHNUNG MEINER LEISTUNG

Arbeitslosengeld I kann im Selbstberechnungsprogramm auf der Internetseite der Bundesagentur für Arbeit kalkuliert werden (www.arbeitsagentur.de – Bürgerinnen & Bürger – Arbeitslosigkeit – Arbeitslosengeld – Links: Selbstberechnungsprogramm). Sie brauchen nur vier Angaben: Ihr monatliches Bruttoarbeitsentgelt, Ihre Steuerklasse, in welchen Bundesländern Sie vorwiegend tätig waren und ob Sie ein Kind haben. Die Berechnung dauert nur eine Minute, und danach sehen Sie Ihren voraussichtlichen Tagessatz an Arbeitslosengeld.

HAUSAUFGABEN MACHEN

In diesen Tagen füllen Sie auch die Formulare des sogenannten Arbeitspakets zu Hause aus. Jedem Kunden wird empfohlen, auch seine letzte Bewerbungsmappe beizulegen – für einen ersten Check, ob diese noch den marktgängigen Kriterien entspricht. Der Vorteil ist, der Vermittler kann sich auf Sie vorbereiten, wenn Sie ein paar Tage später zum Erstberatungsgespräch vorbeikommen.

Übersenden Sie innerhalb von sieben Tagen alle Papiere an die Agentur/ARGE. Oder nutzen Sie einfach den Hausbriefkasten am Dienstgebäude.

BROSCHÜREN LESEN ZU SONSTIGEN LEISTUNGEN

Wer liest, ist klar im Vorteil. Vertrauen Sie also nicht der stillen Post, sondern informieren Sie sich. Sie können damit den etwaigen Nachteil, niemanden in Ihrem Bekanntenkreis zu haben, den Sie fragen können oder wollen, mehr als kompensieren. Hier finden Sie alle wirklich relevanten Informationen. Werten Sie diese für Ihre persönliche Situation aus. Notieren Sie sich gezielte Fragen für Ihr Gespräch beim Leistungssachbearbeiter, und markieren Sie sich zusätzlich die Stelle in Ihrer Broschüre. Nochmals – wenn Sie etwas nicht verstehen, rufen Sie die Service-Hotline an. Und Sie müssen den Stoff nicht zu Ihrer Bettlektüre machen, denn auch für Ihre neue Situation gilt: Irgendwann ist Feierabend (siehe Teil 2, Seite 130, Abschnitt „Freizeit ist Pflicht – Energie aufteilen").

KRANKENVERSICHERUNG KLÄREN

Sind Sie bislang privat krankenversichert?

Durch den Bezug von Arbeitslosengeld I werden Sie in der gesetzlichen Kranken- und Pflegeversicherung versicherungspflichtig aufgenommen. Mit einer Ausnahme: Wenn Sie die letzten fünf Jahre privat versichert waren und es bleiben möchten, müssen Sie eine Befreiung von der gesetzlichen Versicherungspflicht beantragen. Dazu wenden Sie sich an eine gesetzliche Krankenkasse, weisen per Beleg Ihre Privatkrankenversicherung der letzten fünf Jahre nach und lassen sich aufgrund dessen eine Befreiung von der gesetzlichen Krankenversicherungspflicht ausstellen. Diese reichen Sie dann bei der Antragsabgabe in der Arbeitsagentur mit ein. Wichtig ist, zu wissen, dass die Arbeitsagentur Ihnen Ihren Krankenkassenbeitrag zur privaten Versicherung nur bis zur durchschnittlichen Beitragshöhe einer gesetzlichen Krankenkasse zahlt. Sollte Ihr bisheriger monatlicher Beitrag höher sein als der gesetzliche, müssten Sie die Differenz aus eigener Tasche zahlen. Wägen Sie also ab, und rechnen Sie einmal durch, wie hoch die kostenmäßigen Nachteile durch den Ausstieg sind, wenn Sie nach Ende der Arbeitslosigkeit bei Ihrer privaten Krankenversicherung neu einsteigen. Der Beitragssatz steigt schließlich mit Ihrem Eintrittsalter.

Empfänger von Arbeitslosengeld II können grundsätzlich in der privaten Krankenversicherung bleiben. Liegt der Monatsbeitrag der jetzigen Privatkrankenversicherung über dem einer gesetzlichen Krankenkasse, muss die Differenz selbst gezahlt werden. Überlegen Sie also genau, damit Ihnen keine Schulden entstehen.

Ansonsten: Die gesetzliche Krankenkasse können Sie nun frei wählen. Erkundigen Sie sich in diesen Tagen, welche Krankenkasse Ihnen geeignet erscheint, da Sie auf Ihrem Arbeitslosengeldantrag eine Krankenkasse angeben müssen.

Tag 9: Erster Termin

Nehmen Sie den persönlichen Termin bei dem Mitarbeiter der Leistungsabteilung auf jeden Fall wahr. Es geht um Ihr Geld! Packen Sie Ihre Unterlagen zusammen. Was noch fehlt, reichen Sie nach, was im Notfall besser ist, als den ganzen Antrag zu verzögern.

ANTRAG IN DER LEISTUNGSABTEILUNG ABGEBEN

Vor Ort gehen Sie mit dem Mitarbeiter gemeinsam den Antrag durch. Sie haben das Recht auf eine Beratung, der Mitarbeiter die entsprechende Pflicht.

Manchmal erschweren Missverständnisse die Kommunikation, gerade wenn es um rechtliche Begriffe geht. Wenn Sie etwas nicht verstanden haben, fragen Sie nach. Gehen Sie Ihre eigene Liste durch (auf der sollte auch eine Nachfrage zur Befreiung von den Rundfunkgebühren stehen), und rechnen Sie damit, dass auch der Mitarbeiter der Agentur nachfragt, um Ihre Lage besser zu verstehen. (Zum Thema „Gesprächsklima“ lesen Sie mehr auf Seite 25, Abschnitt „Tag 10–13“.)

Liegen alle Unterlagen vor, wird Ihnen direkt mitgeteilt, ob alle Voraussetzungen erfüllt sind. Im Falle von Arbeitslosengeld I wird der Sachbearbeiter Ihnen schon die Summe nennen können, wenn er über die letzte Gehaltsbescheinigung verfügt, sowie das voraussichtliche Datum der ersten Zahlung.

Im Fall von Arbeitslosengeld II sind es andere Antworten: Erkennt man Ihre Bedürftigkeit an, oder müssen Sie auf vorhandene finanzielle Rücklagen zurückgreifen? Keine Panik: Das Schonvermögen ist jüngst erhöht worden. Aktuelles finden Sie immer auf der Internetseite der Bundesagentur für Arbeit. Wird Ihre Wohnung der Größe und den Kosten nach als angemessen anerkannt? Keine Panik: Von heute auf morgen muss niemand sein Heim oder Haus verlassen. Sie wiederum gehen mit einem flauen Gefühl aus dem Gespräch? Im Gegenteil, Sie haben jetzt das Beste aus Ihrer Situation gemacht und sind auf dem richtigen Weg.

Der Sachbearbeiter wird nun Ihren Antrag innerhalb von 14 Tagen – gemäß einer verbindlichen Selbstverpflichtung der Bundesagentur für Arbeit – bearbeiten. Danach geht Ihnen der Bewilligungsbescheid zu. Ihre sogenannte Bedarfsgemeinschaftsnummer (im Falle von Arbeitslosengeld II) erhalten Sie erst, wenn Ihr Antrag bewilligt wurde. Diese steht auf dem Bewilligungsbescheid. Wundern Sie sich nicht, auch eine einzelne Person gilt als Bedarfsgemeinschaft.

MUSTER: BEWILLIGUNGSBESCHEID

Exemplarisch finden Sie auf den Internetseiten der Bundesagentur für Arbeit einen Musterbescheid zum Arbeitslosengeld II: www.arbeitsagentur.de – Bürgerinnen & Bürger – Arbeitslosigkeit (in der linken Spalte) – Arbeitslosengeld II – Der Bescheid (unter: Finanzielle Hilfen).

DIE AUSZAHLUNG: ARBEITSLOSENGELD I

Ihre erste Monatszahlung wird rückwirkend berechnet. Schließlich müssen Sie zuvor die letzte Verdienstbescheinigung vorweisen.

DIE AUSZAHLUNG: ARBEITSLOSENGELD II

Arbeitslosengeld II wird im ersten Bewilligungsmonat für die verbleibenden Tage im Monat berechnet. Von da an erfolgt die Überweisung auf Ihr angegebenes Konto zum Monatsbeginn.

KONTO

Ein vorhandener Schufa-Eintrag ist grundsätzlich noch kein Grund, eine Kontoeröffnung abzulehnen. Dennoch: Es besteht kein gesetzlicher Anspruch auf die Eröffnung eines Kontos. Wenn Sie kein Konto haben und eine Bank Ihre Kontoeröffnung ablehnt, können Sie sich diese Ablehnung direkt vor Ort bescheinigen lassen. Leistungsempfängern ohne Konto wird von der Arbeitsagentur/ARGE eine „Zahlungsanweisung zur Verrechnung“ zugeleitet. Die können Sie sich bei jeder Auszahlungsstelle der Deutschen Postbank bar auszahlen lassen. Dafür werden Ihnen jedoch pauschal Kosten in Höhe von 2,10 € von den zustehenden Leistungen abgezogen. Reichen Sie den Ablehnungsnachweis bei der Arbeitsagentur/ARGE ein, dann wird auf den Abzug verzichtet. Rechnen Sie aber damit, dass man Sie möglicherweise bittet, mehrere Banken oder die Sparkasse aufzusuchen.

SCHULDEN/ DROHENDE INSOLVENZ

Schulden können bedrohlich werden, vor allem dann, wenn Sie momentan nicht mehr in der Lage sind, Ihren Zahlungsverpflichtungen nachzukommen. Dann müssen Sie zusätzliche Hilfe einfordern. Fakt ist, kein Mensch kann alles allein und von selbst. Die Mitarbeiter der Schuldnerberatung sind Profis. Und weil es deren tägliches Geschäft ist, treffen Sie dort auch nicht auf Unverständnis mit Ihrem persönlichen Schuldenstand.

Schulden können krank machen. Das weiß wirklich jeder. Geben Sie also den Druck, der auf Ihnen lastet, in die Hände von Experten. Sprechen Sie Ihren Berater von der Arbeitsagentur/ARGE an. Oder fragen Sie ganz anonym beim Telefonservice Ihrer Agentur/ ARGE nach einer Schuldnerberatung vor Ort. Oftmals liegen auch schon entsprechende Broschüren im Empfangsbereich und in den Warteräumen der Eingangszonen aus. Nehmen Sie das Heft des Handelns in die Hand!

Die meisten Schuldnerberatungsstellen werden kostenfrei von den namhaften Verbänden der freien Wohlfahrtspflege betrieben. Hierzu gehören die Arbeiterwohlfahrt, die Caritas, das Deutsche Rote Kreuz, das Diakonische Werk und der Paritätische Wohlfahrtsverband. Diese sind mit ihren Adressen auch im Internet vertreten. Des Weiteren betreiben viele Städte und Gemeinden eigene Beratungsstellen. Wählen Sie in jedem Fall eine staatlich zertifizierte Schuldnerberatungsstelle.

TIPP

Managen Sie den Übergang von Lohn/Gehalt zum Arbeitslosengeld

Nach dem Termin in der Leistungsabteilung wissen Sie jetzt, womit Sie rechnen können.

Planen Sie den Übergang zwischen letztem Lohn und Gehalt und Arbeitslosengeld I oder II, damit Sie mit Mietabbuchungen, Daueraufträgen und anderen Verpflichtungen nicht in Schwierigkeiten kommen. Hatten Sie bisher einen Dispositionsrahmen von Ihrer Bank eingeräumt bekommen, könnte es sein, dass die Bank diesen jetzt infrage stellt. Denken Sie auch daran, dass der Staat keine Privatschulden übernimmt.

Suchen Sie frühzeitig das Gespräch mit Ihrem Kundenberater von der Bank. Wenn es einmal wirklich drauf ankommt, zahlt sich ein gepflegtes Vertrauensverhältnis meistens aus. Und falsch wäre es jetzt, den Kopf in den Sand zu stecken.

ANDERE VERSICHERUNGEN

Über kurz oder lang sollten Sie alle Ihre laufenden Versicherungsverträge auf Ihre neue Situation hin abklopfen. Haben Sie außer den gesetzlichen Pflichtversicherungen zusätzliche Versicherungen, deren monatliche Belastungen in keinem gesunden Verhältnis zur augenblicklichen Notwendigkeit stehen? Fragen Sie bei der jeweiligen Versicherung nach, inwiefern Sie Versicherungsbeiträge aussetzen können. Ihr Versicherungsschutz wird dann gegebenenfalls unterbrochen. Die Police bleibt aber erhalten, und sie können sie reaktivieren, sobald Sie diese wieder brauchen und zahlen können. Oder können die anlaufenden Versicherungsbeiträge notfalls gestundet werden? Schildern Sie Ihre Situation, wenn Sie dort anrufen. Versicherungen sind grundsätzlich auf die Realität vorbereitet.

LAUFENDE KOSTEN

Die meisten Ihrer Lebenshaltungskosten haben Sie sicherlich bereits im Blick. Aber schauen Sie auf Ihren Kontoauszügen der vergangenen Monate einmal genauer nach: Haben Sie Posten übersehen, die bislang durch Daueraufträge versorgt oder per Lastschriftverfahren regelmäßig von Ihrem Konto abgebucht worden sind? Vielleicht ist jetzt der richtige Zeitpunkt, um Ihrerseits die eine oder andere Kündigung oder Kürzung vorzunehmen - vor allem dort, wo Sie es schon länger vorhatten.

Für Empfänger von Arbeitslosengeld II wird eine Frage unumgänglich: Kommen Sie mit 32,31 € im Monat für Telefonkosten hin, wenn Ihr jetziger Handytarif nicht angepasst wird? Auch hier werden Sie sehen: Wenn Sie Ihren Anbieter darauf hinweisen, dass Sie - sei es vorübergehend - in Zahlungsschwierigkeiten kommen könnten, wird die Umstufung in einen günstigeren Grundtarif meist zum nächsten Monat vollzogen. Nur sollten Sie im Konsum genauso anpassungsfähig sein wie Ihr Anbieter.

Tage 10–13: Orientierung

Finanziell ist jetzt das Wichtigste geklärt. Möglicherweise müssen Sie noch einige fehlende Unterlagen nachreichen. Bleiben Sie dran! Ansonsten haben Sie einige Tage Zeit, sich auf das Erstgespräch bei Ihrem Berater vorzubereiten. Am besten notieren Sie sich vor dem Gespräch Ihre Fragen, beispielsweise zu folgenden Themen:

Meine Orientierungsfragen:
- ➔ Wie stehen meine Chancen derzeit auf dem Arbeitsmarkt?
- ➔ Welche Möglichkeiten der Arbeitsuche habe ich?
- ➔ Gibt es alternative Bewerbungsstrategien?
- ➔ Welche Weiterbildungen kommen infrage?
- ➔ Entsprechen meine Bewerbungsunterlagen noch den gültigen Standards?

Meine Gedanken zur beruflichen Zukunft:
- ➔ Wie sehe ich meine konkreten beruflichen Ziele oder Zwischenziele?
- ➔ Realistisch eingeschätzt: Was kann ich in drei, sechs oder zwölf Monaten erreichen?
- ➔ Wie sehen meine beruflichen Alternativen aus: Pläne A, B und C im Hinblick auf Beruf, Branche und Region?

Machen Sie sich klipp und klar:
- ➔ Mit welchen Erwartungen gehe ich in das Gespräch?
- ➔ Welche Hilfe und Unterstützung benötige ich auf jeden Fall?
- ➔ Was würde ich mir vom Berater/Vermittler und der Agentur/ARGE wünschen?

TIPP Wetterprognose – Das Gesprächsklima

Zwei Menschen können nicht aufeinandertreffen, ohne dass sich da eine Wetterlage bildet. Eine der gleichzeitig selbstverständlichsten und erstaunlichsten Aussagen dazu lautet: „Man kann nicht nicht interagieren." Anders gesagt: Es bildet sich immer ein Verhältnis. Sie können dazu beitragen, dass es sich positiv - und damit hilfreich für Sie - entwickelt.

Die Umstände, unter denen Menschen zusammenkommen, prägen häufig Ihre Umgangsformen und das Gespräch. Die persönliche Situation von Kunde und Mitarbeiter ist sehr verschieden. Emotionaler Unmut ist dabei häufiger die seelische Realität des Kunden.

Der Kunde denkt vielleicht: „Für die bin ich nur ein Fall." Oder: „Die wollen mich nur aus der Arbeitslosenstatistik schieben." Der Berater wiederum hat mit Sicherheit schon schwierigere Kunden als Sie erlebt. Das macht es für Sie nicht unbedingt leichter und auch die Kommunikation auf Augenhöhe nicht einfacher. Da kann an so einem Tag auch schon einmal das ein oder andere zusammenkommen.

Stehen Sie dazu, dass Sie Ihre Sichtweise auf die Dinge haben, und stehen Sie dazu, dass das Ihre Sichtweise ist. Verstehen Sie aber auch, dass Ihr Gegenüber diesen Blickwinkel möglicherweise nicht zwangsläufig erfasst hat.

Es ist sicher eine gute Idee, wenn Sie sich vor Ihrem Termin ein, zwei Gedanken um das kommende Gespräch machen. Führen Sie sich klar vor Augen, worum es geht, und ganz besonders, worum es Ihnen geht. Diese innere und äußere Klarheit ist hilfreich. Je mehr Sie zuvor für sich ausgemacht haben, was Sie wollen, desto klarer können Sie sich äußern. Ihre Chancen auf ein konstruktives Gespräch steigen dadurch allemal. Trennen Sie gedanklich im Vorfeld, soweit das möglich ist, die Sachinformationen vom emotionalen Aufruhr, den Sie mit Ihrer Situation bislang verbinden. Der Berater kann auf Sachinformationen besser mit etwas Konkretem reagieren. Das heißt nicht, dass die emotionalen Aspekte Ihrer Lage nicht zählen.

Sind Sie verunsichert und mutlos, weil es nur Absagen hagelt? Möglicherweise kann der Berater Sie über Ihre Bewerbungsstrategie beraten. Oder er findet auf diesem Weg gemeinsam mit Ihnen heraus, dass Qualifizierungsbedarf besteht. Da kann Abhilfe geschaffen werden. Und wer aus Kummer, Sorgen und Verzweiflung drauf und dran ist, ein Alkoholproblem nicht mehr in den Griff zu bekommen, tut gut daran, darüber zu sprechen. Der Berater weiß auch dann zu helfen.

Auf jeden Fall geht es im Beratungsgespräch um Sie. Vergessen Sie den Gedanken an eine undefinierte Masse von Fällen oder die jüngste Arbeitslosenstatistik. Man kann sich so ein Gespräch auch durch die Macht der eigenen Voreingenommenheit verbauen. Negative Gedanken bringen keine positiven Lösungen hervor. Und um wegweisende Lösungen geht es schließlich.

Gehen Sie deshalb überhaupt nie unvorbereitet in ein Beratungsgespräch. Und so können Sie das Gespräch auf Ihr Anliegen hinleiten:

- ➔ Überlegen Sie vorher, was Sie wollen (positives Szenario);
- ➔ formulieren Sie Ihr Anliegen klar;
- ➔ achten Sie auf die Wortwahl, die Formulierung und auf Ihr Gegenüber;
- ➔ Mimik und Gestik sind die wichtigsten Punkte der nonverbalen Kommunikation;
- ➔ aber auch der Ton macht die Musik;
- ➔ kooperieren Sie mit Ihrem Berater.

Wenn Sie in das persönliche Beratungsgespräch gehen, überlegen Sie, was der Kundenberater von Ihnen weiß. Solange der Berater Sie gar nicht kennt, sind Sie tatsächlich nur ein Antragsteller. Sie haben es in der Hand, wie der Kundenberater Sie sieht. Stellen Sie sich vor. Stellen Sie sich dar!

Bevor Sie das Büro wieder verlassen, sollten Sie es geschafft haben, Ihr Anliegen so zu vermitteln, dass Ihr Berater eine Lösung herbeiführen kann. Am Ende des Gesprächs fasst ein echter Profi noch einmal kurz zusammen, worum es ging und was beschlossen wurde. Damit halten Sie das Ergebnis fest. Und ganz nebenbei überprüfen Sie, wie gut Ihnen gelungen ist, was Sie sich vorgenommen hatten.

Tag 14: Zweiter Termin

Ihr Termin zum ersten Beratungsgespräch ist für Sie reserviert, nehmen Sie ihn in Ihrem eigenen Interesse wahr. Nur wenn Sie aus wirklich wichtigen Gründen verhindert sind, sagen Sie telefonisch über die Service-Hotline ab.

Machen Sie sich den Unterschied zwischen „wichtig“ und „dringend“ bewusst: den Leistungsbezug zu regeln ist dringend. Der Termin heute ist wichtig! Je pünktlicher Sie sind, desto weniger Hektik entsteht im Vorfeld, und für Ihre Anliegen bleibt mehr Zeit zur Verfügung.

Im Idealfall hat Ihr Berater/Vermittler Ihre Unterlagen auch schon erhalten, die Sie ihm zugeschickt haben. So geben Sie ihm die Möglichkeit, zusätzlich zu dem persönlichen Eindruck, den Sie machen, auch ihren beruflichen Werdegang im Voraus zu kennen. Das heißt, Sie können die Zeit besser nutzen.

IHR BERATER/VERMITTLER ODER PERSÖNLICHER ANSPRECHPARTNER BIETET IHNEN:

- ➔ umfassende Informationen über den Arbeitsmarkt und offene Stellen;
- ➔ professionelle Unterstützung bei der Jobsuche;
- ➔ Informationen über den Bezug bestimmter Geldleistungen;
- ➔ Informationen über alle gesetzlichen und sonstigen Bestimmungen, die Sie während Ihrer Arbeitsuche beachten müssen, beispielsweise Meldepflichten, Umgang mit Stellenangeboten, Urlaubsregelung;
- ➔ Informationen über Weiterbildungsmöglichkeiten;
- ➔ Informationen über Kinderbetreuungsmöglichkeiten sowie andere Beratungs- und Betreuungseinrichtungen;
- ➔ Informationen über das Internetangebot der Bundesagentur, insbesondere die Jobbörse;
- ➔ Informationen zur sogenannten Selbstinformationseinheit der Agenturen/ARGEn (siehe Teil 1, „Navigation durch Agentur und ARGE“);
- ➔ Informationen und Einbindung weiterer interner Fachkräfte wie Berufsberatung, Fachvermittlungsdienste der ZAV (Zentrale Auslands- und Fachvermittlung) wie die Künstler-, Hotel- und Gaststättenvermittlung, Auslandsvermittlung, Managementvermittlung sowie Rehabilitationsdienste, psychologischer Dienst, spezielle Vermittlung für unter 25-Jährige mit oder ohne Ausbildung.

Ein weiterer Experte im Beratungsverbund ist der Fallmanager einer ARGE. Der Berater/Vermittler verweist dann an den Fallmanager, wenn sich aus dem Gespräch spezieller Bedarf ergibt. Der Fallmanager betreut Menschen, die besondere Unterstützung benötigen, um eine Arbeit oder eine Ausbildung aufzunehmen. Er hilft bei Konstellationen wie Sucht, Überschuldung, familiären und sozialen Problemen. Da er besonders gut mit anderen internen und externen Beratungsstellen vernetzt ist, kann er gezielte Angebote machen.

Überhaupt gilt: Ihr Berater kann Sie nur wirksam unterstützen, wenn Sie mitwirken. Mitwirkung drückt sich aus im Einhalten von Terminen, Vereinbarungen, Aktivitäten und in Ihrer Eigeninitiative. Hilfe ist nur möglich, wenn Sie sich helfen lassen und Ihrem Gegenüber die Chance dazu geben.

SO LÄUFT EIN ERSTES BERATUNGSGESPRÄCH AB

Je besser Sie mit Ihrem Berater zusammenarbeiten, je ehrlicher und wahrheitsgetreuer Sie mit Zielen, Stärken und Schwächen umgehen, umso genauer kann er seine Unterstützung aus seinem Leistungsspektrum ausschöpfen.

Ihr erstes Gespräch beim Berater/Vermittler wird folgende inhaltliche Schwerpunkte haben:

1) PROFILING – FAHRPLAN ERKUNDEN

Auch die Bundesagentur für Arbeit orientiert sich an internationalen Konzepten und Methoden. Der aus dem Englischen stammende Begriff „Profiling" zeugt davon. Darin steckt das Wort „Profil". Und genau das ist das Ziel: zu erkunden und systematisch festzuhalten, welche beruflichen Stärken, Schwächen, Erfahrungen und Neigungen der Arbeitsuchende hat.

Ihr Profiling wird mit Ihnen direkt am PC durchgeführt. Ihre Selbsteinschätzungen werden als Teil des Profilings vom Berater direkt in die Software eingegeben. Dann wird Ihr Profil mit den Profilen infrage kommender Stellenanzeigen verglichen. Dieser Prozess des Abgleichs nennt sich – wieder neudeutsch – Matching und orientiert sich an der Idee des Benchmarking (etwa: „Vergleich mit Maßstäben"):

Vergleich macht klug! Es gilt festzustellen, ob Ihr Profil zu den typischen Maßstäben passt, die man auf dem Markt anlegt und die ein Unternehmen letztlich als Anforderungen an neue Kandidaten stellt.

Ihr persönliches Profil wird also abgeglichen mit der tagesaktuell erhobenen Jobdatenbank der Bundesagentur für Arbeit. So kommen Sie und Ihr Berater/Vermittler systematisch zu einer Analyse und an präzise Antworten auf die Fragen: Wie sind meine Chancen, wo stehe ich? Werde ich viele Angebote bekommen oder nicht? Dieser Prozess erlaubt somit eine Erfolgsvorhersage für Ihre Bewerbung.

Worum geht es im Profiling inhaltlich? Um die für Ihren Beruf relevanten Merkmale:

- ➔ Wissen, Kompetenzen, Fachkenntnisse;
- ➔ allgemeine und bestimmte kognitive Fähigkeiten;
- ➔ berufliche Motivation;
- ➔ Verhaltensstärken wie Belastbarkeit, Eigeninitiative, Kreativität, Teamfähigkeit.

Spätestens bei Ihrem persönlichen Bewerbungsgespräch mit einem zukünftigen Arbeitgeber wird Ihr Gegenüber wissen wollen: Kann der Kandidat den Job machen? Will der Kandidat den Job machen? Hat er die Verhaltensstärken, den Job zu machen? Mit Ihrem Berater/Vermittler finden Sie beim Profiling bereits die Antwort auf diese Fragen.

2) BERATUNG – FAHRPLAN ERSTELLEN

Sie in den Beruf zu vermitteln, den Sie zuletzt ausgeübt haben, ist naheliegend. Und entsprechend hat diese Bemühung im Normalfall Priorität – für Sie und Ihren Berater/Vermittler. Sollte das nach einiger Zeit keinen Erfolg bringen, müssen Sie allerdings weitläufiger suchen und Ihren Blickwinkel erweitern. Sie sollten sich schon im Vorfeld gedanklich mit den Fragen nach Ihrer Mobilität und der Branche beschäftigt haben. Ihr Berater/Vermittler wird mit Ihnen die Chancen und Risiken für Ihren beruflichen Fahrplan abwägen.

3) EINGLIEDERUNGSVEREINBARUNG – FAHRPLAN FÜR BEIDE SEITEN FESTHALTEN

Profiling und Beratung münden in die Eingliederungsvereinbarung. Eine Eingliederungsvereinbarung dient Ihnen zur Orientierung und als Fahrplan der nächsten Aktivitäten.

Nach der Kündigung hat man meist andere Sorgen und Dinge im Kopf, als sich strukturiert mit der Arbeitsuche zu beschäftigen. Dabei sind die ersten Monate nach dem Verlust einer Arbeit die wichtigsten, um einen neuen Job zu finden. Die Eingliederungsvereinbarung kann hilfreich sein, wenn Sie Ihre berufliche Zukunft planen, sich an Ihre eigenen Vereinbarungen halten und wissen, womit und wobei der Staat Sie unterstützen kann. Voraussetzung ist, dass Sie diese Vereinbarung aktiv mitgestalten.

INHALT DER EINGLIEDERUNGSVEREINBARUNG

Überlassen Sie die inhaltlichen Punkte der Vereinbarung nicht dem Berater/Vermittler allein. Es geht immerhin um die verbindliche Planung Ihrer nächsten Schritte, meist für die nächsten sechs oder zwölf Monate. Und das Prinzip „Fordern und Fördern“ gilt auch im Umkehrschluss: fordern und gefördert werden.

Sie tragen die gewonnenen Erkenntnisse aus dem Profiling sowie dem Beratungsgespräch und Ihre individuellen Überlegungen zusammen und setzen sich ein realistisches Ziel.

1) Ihr Ziel: Was soll erreicht werden? Sie formulieren daraus Ihren beruflichen Zielfahrplan.

Ihr Ziel sollte realistisch sein, sonst werden Sie keinen Erfolg haben. Sie müssen aber auch den Willen aufbringen, dieses zu verfolgen. Beispiel: „Ich möchte einen Vollzeitjob in meinem Beruf und in derselben Branche.“

Ihr Berater hilft Ihnen, daraus einen Plan zu machen. Gemeinsam strukturieren sie Ihre Aktivitäten und richten sie an Ihrem Ziel aus.

2) Selbstverpflichtung – Kunde: Sie vereinbaren Ihre Aktivitäten. „Was tue ich, um mein Ziel zu erreichen?“

Jetzt, wo Sie ihr Ziel bestimmt haben, legen Sie Ihre Bewerbungsschritte auf dem Weg dorthin fest:

- ➔ wie ich mich bewerbe: auf Stellenanzeigen, Initiativbewerbungen, eigene Stellengesuche/-annoncen usw.;
- ➔ womit ich mich bewerbe: mit einer aktuellen Bewerbungsmappe, mit meinen Zeugnissen, mit meinen Qualifikationen, Fähigkeiten usw. – mit meinem Profil;
- ➔ wo ich mich bewerbe: Arbeitgeber aus der Branche X, im Umkreis XY;
- ➔ wie viele Bewerbungen ich schreibe: Planung der voraussichtlichen Bewerbungen pro Woche, Monat.

Beispiel 1: Sie haben seit Jahren keinen Lebenslauf mehr geschrieben. „Assessment-Center“ ist ein Fremdwort für Sie? Nicht allein die Bewerbungsunterlagen sind entscheidend, sondern es gilt, im Bewerbungsgespräch zu punkten sowie sich der Herausforderung von Bewerbungstests zu stellen. Kurzum, Sie sind aus der Übung und benötigen einen Auffrischungskurs, um Ihre formellen Bewerbungschancen zu erhöhen. Hierbei kann Ihnen der Berater/Vermittler helfen – auch wenn es darum geht, Ihre Bewerbungsmappe mit Ihnen durchzusprechen. Halten Sie also diese Unterstützungsleistung in der Eingliederungsvereinbarung mit dem Mitarbeiter fest!

Beispiel 2: Im Profiling haben Sie erkannt, dass Sie sich mit Ihrem derzeitigen Profil grundsätzlich unmittelbar in Ihrem bisherigen Arbeitsfeld bewerben können. Sie haben aber erfahren, dass in Ihrer Branche mit verschiedenen Softwareanwendungen gearbeitet wird, die Sie nicht alle kennen. Wenn Sie jetzt Ihre Fähigkeiten ausbauen, erweitern Sie den Kreis potenzieller Unternehmen, die als Arbeitgeber für Sie infrage kämen. Halten Sie demnach Ihren speziellen Qualifizierungsbedarf in der Eingliederungsvereinbarung fest! Bewerben Sie sich weiterhin auf die Stellen, die infrage kommen. Suchen Sie außerdem gemeinsam mit Ihrem Berater/Vermittler einen entsprechenden Fortbildungskurs aus, und verbessern Sie durch die Zusatzqualifizierung Ihre Chancen auf dem Arbeitsmarkt und für Ihre berufliche Zukunft.

3) Selbstverpflichtung – Agentur: Sie vereinbaren die Aktivitäten der Agentur. „Was tut die Agentur, um mich bei meinem Ziel zu unterstützen?“

Ihre Bemühungen, Ihre Arbeitslosigkeit zu beenden, werden mit verschiedenen Mitteln unterstützt. In der Eingliederungsvereinbarung können folgende im Gesetz vorgesehene Leistungen vereinbart werden:

- Leistungen gemäß SGB III wie Fort- und Weiterbildung;
- individuelle Förderung aus dem Vermittlungsbudget § 45 SGB III;
- Arbeitnehmerhilfe, Überbrückungsgeld, Berufsausbildungshilfe usw.;
- Hilfe zur Kinderbetreuung oder bei pflegebedürftigen Angehörigen;
- Sucht- oder Schuldnerberatung als kommunale Leistung (§ 16a SGB II);
- Einstiegsgeld nach § 29 SGB II und
- Leistungen entsprechend dem Altersteilzeitgesetz.

Jeder Berater hat ein Vermittlungsbudget pro Kunde, innerhalb dieser Summe kann er für und mit seinem Kunden die besten unterstützenden Leistungen zur Arbeitsuche vereinbaren. Das heißt, es gibt zum Beispiel keine allgemeingültigen Pauschalen wie die Förderung von 5 € pro Bewerbungsmappe bei maximaler Fördersumme von 260 € im Jahr mehr. Pauschalen können jetzt individuell vereinbart werden. Schreibt ein Kunde mehr Bewerbungen, kann er den Mehraufwand geltend machen, wenn er es vorher mit seinem Berater abspricht. Braucht er eine bestimmte Arbeitskleidung, die der zukünftige Betrieb nicht stellt, kann er auch deren Kostenübernahme vereinbaren. Die individuell erfolgversprechendsten Hilfestellungen zählen, wenn es darum geht, die Ausbildungs- und Arbeitsuche zu beenden. Bei dem einen wird es ein Fortbildungskurs sein, bei dem anderen kommen möglicherweise Fahrt- und Umzugskosten in Betracht. Das Vermittlungsbudget soll flexibel, unbürokratisch und bedarfsgerecht – also dem jeweiligen Kunden angepasst – gewährt werden.

KONKRETE ASPEKTE ZUR INDIVIDUELLEN VEREINBARUNG SIND BEISPIELSWEISE:

- Unterstützung bei der Arbeits- und Ausbildungssuche/-aufnahme;
- Unterbreitung einer Mindestzahl X von geeigneten Vermittlungsvorschlägen gemäß der beruflichen Qualifikationen im ortsnahen Bereich oder im Umkreis von X km;
- finanzielle Unterstützung der Bewerbungen:
  a. Bewerbungskosten,
  b. Fahrtkosten zum Vorstellungsgespräch,
  c. Fahrten zum privaten Arbeitsvermittler – wenn von der Agentur/ARGE angeordnet,
  d. Leistungen zur Aufnahme einer Arbeit: Kosten für Arbeitskleidung, Umzugskosten;
- Förderung der beruflichen Weiterbildung im Bereich X;
- Aufnahme in die Bewerberdatenbank – Jobbörse.

NACHWEIS DER BEMÜHUNGEN

Eine neue Arbeit zu finden ist sicherlich in Ihrem ureigensten Interesse, Sie bewerben sich also ohnehin. Deshalb mutet es Ihnen vielleicht oberlehrerhaft an, dass Sie Ihre Bewerbungsbemühungen darlegen sollen. Dieser Nachweis hilft Ihnen erfahrungsgemäß aber auch, die eigenen Ziele zu überprüfen, und ist gleichzeitig die Vorlage, um sich Bewerbungskosten erstatten zu lassen.

EIGENINITIATIVE

Wenn Sie sich nicht selbst bewerben und einen Job suchen, übernimmt Ihr Berater von der Arbeitsagentur/ARGE diese Aufgabe für Sie. Er ist per Gesetz dazu aufgefordert, Ihnen einen Weg zurück zum Erwerbsleben aufzuzeigen. Dafür können seine Jobangebote, wenn sie zumutbar sind, ein probates Mittel sein.

Wenn Sie aber keinen zugewiesenen Job ausüben möchten, dann kommen Sie mit einer besseren Alternative! Wer kein Ziel hat und keinen eigenen Plan dahingehend entwickelt, verpasst es, sein Leben in die eigene Hand zu nehmen. Derjenige bekommt Stellenangebote und muss sich darauf bewerben. Für eine Ablehnung hat er triftige Gründe anzuführen. Ansonsten kommt es zur Kürzung insbesondere beim Arbeitslosengeld II. Wenn man nichts machen möchte und alles nicht recht ist, dann können mitunter 30 Prozent der Grundsicherung abgezogen werden, und das drei Monate lang und darüber hinaus. Wen das nicht schreckt, der wird nicht um die Frage herumkommen, ob er andere Reserven oder Einkünfte hat.

UNTERZEICHNUNG

Der Inhalt der Vereinbarung ist das wichtigste Steuerungsinstrument der Agenturen und ARGEn. Hier wird Ihr individuell vereinbarter Fahrplan festgehalten: was Sie vom Staat erhalten und welches Mindestmaß an Bemühungen Sie unternehmen werden. Die Vereinbarung ist deshalb so bedeutungsvoll, weil Ihnen Nachteile und Sanktionen daraus erwachsen können, wenn Sie sich nicht an die mit Ihnen vereinbarten Bemühungen halten.

Da diese Vereinbarung grundsätzlich unterschrieben werden muss, ist es wichtig:

- dass Sie selbst berufliche Zukunftspläne haben, die man in Zielen oder Zwischenzielen festhält – nur realistische Ziele sind erreichbar und damit erfolgversprechend;
- dass Sie die Vereinbarung gemeinsam mit dem Berater verhandeln;
- dass Sie sich im Klaren sind, dass Sie für die Aktivitäten unterzeichnen, die Sie unternehmen werden;
- dass Sie wissen, dass der Mitarbeiter der Agentur oder der ARGE/des Jobcenters, für die Anstrengungen unterschreibt, die er machen wird.

Damit haben Sie auch einen Anspruch auf die Ihnen zugesicherten Leistungen aus der Vereinbarung.

TIPP Bedenkzeit

Falls Sie noch nicht alles bedacht haben, noch mehr Informationen benötigen oder mit einem besseren, individuelleren Vorschlag wiederkommen möchten: Nehmen Sie eine nicht unterschriebene Kopie mit nach Hause und überlegen Sie, was darin stehen sollte und was nicht. Welche Fördermöglichkeit passt zu Ihnen, zu Ihrem realistischen Ziel, zu ihrem individuellen Fahrplan? Die Broschüre „Was? Wie viel? Wer?" enthält einen ganzen Katalog zu Ihrer Anregung.

Vereinbaren Sie mit Ihrem Berater einen nächsten Termin, zu dem Sie Ihre Punkte aufführen und besprechen werden, um dann gemeinsam die Eingliederungsvereinbarung zu unterschreiben.

IN VIER-PHASEN ZUM JOB

Die Zusammenarbeit mir Ihrem Berater endet natürlich nicht nach dem Erstgespräch, viel wichtiger ist, Sie nun bei der Umsetzung Ihrer Strategien auf dem Weg zum nächsten Job zu begleiten. Nach dem Erstgespräch haben Sie bereits die ersten drei Phasen konkretisiert. Phase 1: Bestimmung Ihrer Stärken und Kompetenzen, Phase 2: Bestimmung Ihres realistisch erreichbaren Ziels auf dem Arbeitsmarkt sowie Phase 3: Entwicklung der Handlungsstrategien. Phase 4 steht also ganz im Zeichen Ihrer zielgerichteten Aktivitäten.

Ein paar Tipps, wie Sie dabei planerisch vorgehen können, finden Sie im zweiten Teil des Buches.

Tag der Absicherung

Ihr Bewilligungsbescheid ist heute per Post angekommen. Die wichtigsten Angaben darin sind: Beginn und Ende des Bewilligungszeitraums und die Höhe der finanziellen Absicherung und übrigen Leistungen.

Überprüfen Sie in Ihrem eigenen Interesse, ob Ihre Bankverbindung stimmt. Sollte die Leistung nicht in der erwarteten Höhe ausfallen, informieren Sie sich bei der Service-Hotline über die Möglichkeiten zum formellen Widerspruch. Am besten lassen Sie sich aber zuvor einen Termin in der Leistungsabteilung geben.

Ihren Bescheid kopieren Sie sich gleich einige Male, denn Sie benötigen ihn voraussichtlich für weitere Ermäßigungs- oder Freistellungsanträge. Denken Sie auch an die Befreiung von der durch die GEZ eingezogenen Rundfunk- und Fernsehgebühren beim Bürgeramt. Die Ermäßigungen für Eintrittsgelder zu Kultureinrichtungen, Schwimmbädern usw. sind kommunal unterschiedlich geregelt. Ebenso sollten Sie sich erkundigen, welche weiteren Ermäßigungen Ihnen, zum Beispiel im öffentlichen Personennahverkehr, angeboten werden.

Der Bescheid zum Arbeitslosengeld II dient auch als Vorlage beim Amtsgericht, wenn Sie dort Prozesskostenbeihilfe beantragen möchten. Sie zahlen dann vor Ort 10 € und erhalten einen Beratungsschein, mit dem Sie einen Anwalt aufsuchen, der Sie berät und gegebenenfalls vor Gericht vertritt.

MEINE SOZIALVERSICHERUNG

Bei der Krankenkasse werden Sie automatisch angemeldet. Der Beginn des Bewilligungszeitraums ist zugleich der Stichtag, an dem für Sie die Kranken-, Pflege- und Rentenversicherungsbeiträge bezahlt werden. In diesem Punkt brauchen Sie sich um nichts zu kümmern.

ARZNEIMITTELZUZAHLUNG

Gesetzlich Versicherte brauchen nach dem Sozialgesetzbuch während jedes Kalenderjahres nur Zuzahlungen bis zu einer festgesetzten Belastungsgrenze zu leisten. Die Belastungsgrenze beträgt zwei Prozent der jährlichen Bruttoeinnahmen (Arbeitslosengeld eingerechnet). Bis zu dieser Höhe zahlen Sie die Medikamentengebühr u. ä. selbst, darüber hinaus sind Sie befreit. Auf Antrag stellt die Krankenkasse dem Versicherten eine Bescheinigung über die Befreiung aus.

TIPP Verlängerung von Arbeitslosengeld

Termin eintragen!

Das Arbeitslosengeld gibt es als soziale Absicherung für die Zeit der Arbeitsuche. Man geht nicht davon aus, dass sie ewig oder falsch suchen, deshalb sind die Leistungsbezüge auf bestimmte Zeitdauern angelegt, und deswegen wird auch ein Berater/Vermittler Sie auf diesem Weg begleiten. Wenn man Ihnen die Absicherung zum Beispiel für sechs Monate bewilligt, rechnet man damit, dass Sie diese Zeit aktiv für die Arbeitsuche verwenden und einen neuen Job suchen und finden. Wenn Sie sich nach Ablauf der sechs Monate nicht wieder von selbst melden, signalisieren Sie: „Job gefunden, ich kann mich selbst durch meine Arbeit finanzieren."

Hat sich aber im Bewilligungszeitraum keine Arbeitsmöglichkeit für Sie geboten, ist es nicht nur wichtig, genauer hinzuschauen, was womöglich schiefgelaufen ist und woran es lag. Ebenso bedeutend ist es, rechtzeitig die Verlängerung von Arbeitslosengeld zu beantragen. Beides geht nicht automatisch.

Arbeitslosengeld II: Hier stellen Sie einen vereinfachten Antrag auf Weiterbewilligung.

Arbeitslosengeld I: Ist die maximale Dauer für Ihr Arbeitslosengeld I abgelaufen, dann können Sie Arbeitslosengeld II beantragen. Das ist ein kompletter Neuantrag bei der ARGE/dem Jobcenter, wie zuvor beschrieben.

Schauen Sie auf den Bewilligungsbescheid. Einen Monat vor Ende des Zahlungszeitraums sollten Sie Ihren Antrag verlängern. Tragen Sie den Tag sicherheitshalber in Ihren Kalender an der Wand oder im Handy mit Signalton ein. So werden Sie rechtzeitig daran erinnert: Antrag verlängern! Wenn Sie zwischenzeitlich schon einen Job gefunden haben, werden Sie sich erst recht über die überflüssig gewordene Erinnerung freuen. Melden Sie sich für diesen Fall auch umgehend bei der Agentur/ARGE aus dem Leistungsbezug ab. Sonst erhalten Sie Leistungen, die Sie rechtmäßig zurücküberweisen müssen. Diese Formalitäten wiederum kosten Zeit.

VERANSTALTUNGEN BESUCHEN – ANREGUNGEN HOLEN

Jetzt, wo alle Termine hinter Ihnen liegen und Sie sich mitten in der Orientierungsphase zum nächsten Job befinden, nutzen Sie die Zeit, um sich in einer Veranstaltung weitere Tipps und Anregungen zu holen. Die Arbeitsagentur bietet allen Arbeitsuchenden in fast jeder Stadt regelmäßige Thementage oder auch nur stundenweise Vorträge oder Workshops an. Hier finden Sie außerdem Anleitungen zur Selbsthilfe, zum Beispiel wenn es darum geht, mit der Familie die finanziellen Einbußen zu managen. Alle Angebote sind kostenfrei.

Die gesamte Übersicht können Sie auf der Internetseite der Bundesagentur für Arbeit abrufen (www.arbeitsagentur.de - Bürgerinnen & Bürger - Veranstaltungsdatenbank (rechte Spalte)). Hier können Sie bundesweit oder konkret nach Terminen in Ihrer Stadt suchen. Ebenfalls finden Sie die wichtigsten Berufs- und Jobmessen in Ihrer Region und darüber hinaus, beispielsweise **Infoveranstaltungen** wie:

- Jobbörse Zeitarbeit;
- Arbeitslosigkeit: Familie und Kinder versorgen;
- Steuern sparen;
- Unterlagen-Check;
- Abitur und dann? - Wege nach dem Abitur;
- Kunst - Design - Medien;
- Fit für Übersee;
- Leben und Arbeiten im Ausland (spezielle Länderschwerpunkte);

und weitere zu jeglichen Ausbildungsberufen und Studiengängen und **Workshops** zu:

- Projektmanagement - Basiskurs;
- Existenzgründung und
- professionellem Netzwerken.

Navigation durch Agentur und ARGE – Wer, wo und was?

Die Bundesagentur für Arbeit befindet sich seit 2003 in einer Reform, die mehrere Phasen durchläuft. Die erste und wichtigste Phase war, den arbeitslosen Menschen in den Mittelpunkt zu stellen und entlang seiner Bedürfnisse die Wege und Prozesse neu und transparent zu strukturieren. Es ging darum, von einer juristisch geprägten „Ausführungsbehörde“ zu einem Dienstleister zu werden, der schnell, fachkundig, freundlich und ergebnisorientiert hilft. Dieser Anspruch prägt auch den Begriff des Kunden. Die Bezeichnung „Kunde“ mag für Sie erst einmal ungewöhnlich klingen, da Sie ja nicht freiwillig in die Arbeitsagentur kommen, aber sie soll die Serviceverpflichtung Ihnen gegenüber verdeutlichen: Sie sind nicht Bittsteller, keine Nummer, kein Fall - sondern ein Kunde, der Aufmerksamkeit verdient.

In der Folge gibt es kein Arbeitsamt mehr, sondern ein Kundenzentrum. Es gilt als Kernstück der innerorganisatorischen Neugestaltung der Bundesagentur für Arbeit auf dem Weg, die Arbeitsvermittlung deutlich zu verbessern.

Wenn Sie also heute zu einer Agentur oder ARGE gehen, treffen Sie deutschlandweit folgende Struktur an:

1. Empfang- und Eingangszone (ohne Termin),
2. Leistung (mit Termin),
3. Beratung/Vermittlung (mit Termin)

sowie die Selbstinformationseinheit und das telefonische Service-Center.

1) Der **Empfang** ist der erste Anlaufpunkt in der Agentur/ARGE. Hier sagen Sie, was Sie heute gern erledigen möchten. Die Mitarbeiter am Empfang können Sie dann weiterleiten oder auch selbst kleine Anliegen kurz und schnell für Sie erledigen. Der Empfang dient Ihnen auch als Briefkasten, für den Fall, dass Sie nur schnell etwas loswerden wollen und müssen. Zusätzlich befindet sich auch immer ein Hausbriefkasten außen am Gebäude. Wichtig ist: Auf alle Dokumente gehört Ihre Kunden- oder Ihre Bedarfsgemeinschaftsnummer, falls diese schon vorhanden ist.

Am Empfang können Sie beispielsweise schnell und unbürokratisch die Abgabe von

- ➔ Krankenscheinen,
- ➔ Abwesenheits- und Veränderungsmeldungen (Formulare),
- ➔ Einkommensnachweisen und
- ➔ Arbeitspaketen erledigen.

2) Die **Eingangszone** ist, bildlich gesprochen, das „hilfreiche Vorzimmer“ der beiden Bereiche Vermittlung und Leistung. Hier sitzen mehrere persönliche Ansprechpartner, die allgemeine vermittlerische und leistungsrechtliche Auskünfte erteilen und Arbeitslos- oder Arbeitsuchendmeldungen einschließlich der Datenaufnahme bearbeiten. In der Eingangszone geht es darum, Ihnen als Kunden schnell Erste Hilfe zu gewähren. Die Mitarbeiter unterstützen die Beratung und die Leistungsabteilung, die vorwiegend mit Terminen arbeiten.

Zu den Mitarbeitern der Eingangszone können Sie jederzeit gehen, um Fragen und Anliegen zu klären. Da dieses aber auch für alle anderen Mitbürger gilt, muss hier schon einmal mit Wartezeiten gerechnet werden.

Die Eingangszonen sind in ihrer Raumanordnung mit mehreren Einzelplätzen offen gestaltet, um Ihnen einen Einblick in die Abläufe zu geben. Die Arbeitsplätze sind voneinander abgeschirmt, um den Datenschutz zu gewährleisten und Ihr privates Anliegen sicher zu halten.

Hinweis: Einige Häuser und Gebäude bieten aufgrund der bauspezifischen Aufteilung der Räume keinen Platz für den Empfang und die zusätzliche Eingangszone. Hier ist beides zusammengelegt.

3) **Beratung/Vermittlung** und **Leistungsabteilung** sind zwei organisatorisch getrennte Bereiche. Die Kollegen arbeiten in ihren Kernaufgaben jeweils mit unterschiedlichen Computerprogrammen. So hat zum Beispiel der Mitarbeiter in der Beratung/Vermittlung keinen Zugriff auf die Berechnung Ihres Arbeitslosengeldes.

Das Gespräch unter terminlicher Vereinbarung findet in einem geschlossenen Büro statt, das von einem oder zwei Mitarbeitern genutzt wird. Ihr persönlicher Termin gewährleistet Ihnen eine störungsfreie Beratung und Sachbearbeitung.

Zur Beratung/Vermittlung gehören auch Teams mit ausgebildeten Spezialisten wie Arbeitgeberservice, Reha-Service (Rehabilitation und Schwerbehindertenservice) sowie der Bereich U 25 (Jugendliche im Alter unter 25 Jahren mit bzw. ohne Ausbildung). Weiter gibt es Fachvermittlungen, z. B. die Künstlervermittlung, Hotel- und Gaststättenvermittlung.

Im Antragsservice der Leistungsabteilung werden die Arbeitslosengeldanträge der Kunden auf Termin angenommen und in ihrer Gegenwart bearbeitet. Wenn alle Unterlagen vollständig sind, kann bei diesem Termin schon die Höhe des Arbeitslosengeldes bestimmt werden. Damit erhalten Sie als Kunde eine wichtige Information.

Die Mitarbeiter sind in einem Team zusammengefasst und sind einem Teamleiter unterstellt. Diesen können Sie grundsätzlich sprechen oder zum Gespräch dazubitten, falls Sie einmal Unstimmigkeiten mit Ihrem Bearbeiter haben.

Termine: Beide Bereiche, Beratung/Vermittlung und Leistungsabteilung, arbeiten mit Terminen. Termine können Sie telefonisch über das Service-Center machen oder über die Empfangs-/Eingangszone in der Agentur. Diese Bereiche prüfen zunächst, ob Sie Ihr Anliegen selbst bearbeiten können oder ob wirklich ein Vorsprechen in der Vermittlung/Leistung erforderlich ist. So sparen Sie unter Umständen Zeit. Service-Center sowie die Empfangs-/Eingangszone können im Kalender der Vermittler/Leistungsbearbeiter Termineinbuchungen vornehmen. Da die Termine getaktet sind, sollten Sie den Ihren auch einhalten oder mit guten Gründen rechtzeitig absagen und für andere Kunden freigeben.

4) Das **Service-Center** für telefonische Anfragen spart Zeit und Wege! Die Nummer Ihrer telefonischen Betreuung lautet von Montag bis Freitag von 8 bis 18 Uhr: 0 18 01/55 51 11 (Preis aus dem deutschen Festnetz 3,9 ct/Min., Mobilfunk abweichend). Hier können fast 80 Prozent Ihrer Anliegen abschließend bearbeitet werden. Sollten Ihre Fragen am Telefon nicht geklärt werden können,

wird man Sie zeitnah zurückrufen. Bitte geben Sie daher Ihre Telefonnummer für einen Rückruf an. Falls Sie schon eine Kunden- oder Bedarfsgemeinschaftsnummer haben, geben Sie bitte auch diese an.

Ihre Anliegen können beispielsweise sein:

- Arbeitsuchend-/Arbeitslosmeldung;
- Fragen zum Arbeitslosengeldantrag;
- Fragen zum Sozialgesetzbuch II und III;
- Fragen zur Versicherungspflicht;
- Fragen zum Kindergeld;
- Termine für Leistung und Berater/Vermittler machen.

Die Service-Center kümmern sich intern um die Bearbeitung und Vernetzung mit den Mitarbeitern der Agentur/ARGE. Vor der Einführung der Service-Center durch die Reform gab es jährlich 90 Millionen Anrufe, die direkt in die Agenturen eingingen. Heute entlasten die Service-Center die Arbeit der Fachkräfte in der Agentur, die sich nun während Ihres Termins auf Sie konzentrieren können.

TIPP

Aus Gründen der Systemsicherheit können keine USB-Datenträger am PC angeschlossen werden. Auch das Scannen von Fotos, Zeugnissen oder Unterschriften ist nicht möglich. Bearbeiten Sie daher die Anhänge für Ihre Onlinebewerbung im pdf-Format - nicht größer als 2 MB - am heimischen PC vor. Senden Sie diese Anhänge an Ihre eingerichtete E-Mail-Adresse. Falls Sie einmal vom PC der Bundesagentur direkt auf ein Jobangebot reagieren möchten, können Sie auf die Anhänge Ihres E-Mail-Accounts zurückgreifen.

5) Eine **PC-Selbstinformationseinheit (SIE)** hat jede Agentur. Hier stehen Ihnen PCs und ein kostenloser Internetzugang für Ihre Arbeitsuche zur Verfügung. Somit können Sie alle Jobportale durchsuchen, eine E-Mail-Adresse einrichten (kostenlos bei GMX, Web.de usw.) und auf E-Mails antworten. Außerdem können Sie deutschlandweit kostenfrei beim Arbeitgeber anrufen, auch auf Mobilfunknummern. Vor Ort steht Ihnen ein Mitarbeiter für Fragen zur Verfügung.

Broschüren und Informationen finden Sie in jeder Agentur. Die wichtigsten Broschüren sind:

Arbeitslosengeld I:

„Was? Wie viel? Wer? Finanzielle Hilfen auf einen Blick“ (ca. 96 Seiten)

Arbeitslosengeld II:

„SGB II. Was? Wie viel? Wer? Finanzielle Hilfen auf einen Blick“ (ca. 68 Seiten)

„SGB II. Grundsicherung für Arbeitsuchende. Arbeitslosengeld II/Sozialgeld“ (ca. 72 Seiten)

6) **Berufsinformationszentren (BIZ)** befinden sich in den Haupt-Arbeitsagenturen, jedoch nicht in ARGEn/Jobcentern. Das BIZ können Sie aufsuchen, wenn Sie vor einer beruflichen Entscheidung oder Umorientierung stehen. Es bietet nicht nur eine umfassende Datenbank über alle gängigen Berufsbilder und deren Anforderungen, sondern auch fachkundliche Berufsfilme, die Ihnen die Berufspraxis näher bringen. Sie können das BIZ ohne Termin und kostenfrei nutzen sowie über alle Informationsbroschüren frei verfügen. Vor Ort helfen Ihnen die Agenturmitarbeiter des BIZ weiter. (In Teil 3 des Buches finden Sie die wichtigsten Internetlinks zur beruflichen Orientierung.)

Die Bundesagentur für Arbeit von innen – Mitarbeiterinnen und Mitarbeiter

DIE BUNDESAGENTUR – DAS SIND DIE FAKTEN

Damals:	Gründung der Reichsanstalt für Arbeitsvermittlung und Arbeitslosenversicherung 1927 als erste selbstständige Körperschaft des öffentlichen Rechts, die sich nach dem Ersten Weltkrieg deutschlandweit mit der Arbeitsvermittlung, Berufsberatung und Arbeitslosenversicherung beschäftigte.
Heute:	Die Bundesagentur für Arbeit ist eine bundesunmittelbare Körperschaft des öffentlichen Rechts mit Selbstverwaltung.
Leitsatz:	Wir bringen Menschen und Arbeit zusammen
Hauptsitz:	Zentrale Nürnberg, Bayern
Dienststellen:	Regionaldirektionen, Arbeitsagenturen, Beteiligungen an Arbeitsgemeinschaften (ARGEn), Geschäftsstellen sowie besondere Dienststellen
Mitarbeiter:	rund 120 000
Beamte:	ca. 17 Prozent der Mitarbeiter
Letzte Verbeamtung:	2003
Kundenstrom:	Jährlich betreut die Bundesagentur bis zu sieben Millionen Menschen bei der Suche nach einem Arbeits- oder Ausbildungsplatz, Wiedereinstieg oder Perspektivwechsel.
Große Reform:	seit 2002 fortdauernd

DIE BUNDESAGENTUR – DAS SIND DIE MENSCHEN

Sie kennen nun die Fakten. Die Bundesagentur für Arbeit - BA - ist die erste notwendige Anlaufstelle für jeden, der arbeitslos geworden ist. Doch die Servicenummer der Bundesagentur möchte man verständlicherweise nicht allzu oft im Leben in sein Notizbuch übertragen. Zu den „Gelben Engeln“ vom ADAC sagt man schließlich auch nicht „Auf Wiedersehen!“. Aber wenn Sie dann doch erneut eine Panne haben, freuen Sie sich trotzdem, sie zu sehen.

Und jetzt haben Sie die Gelegenheit, sich, ohne dafür auf der Straße stehen zu müssen, einen Eindruck von den Menschen zu verschaffen, die bereitstehen, falls Sie auf Ihrem Berufsweg Starthilfe brauchen. Kein Grund zur Panik! Die folgenden Interviews führen Sie durch die wichtigsten Bereiche der Arbeitsagenturen und ARGEn. Sie geben Einblicke und Auskünfte, wie die Bundesagentur für Arbeit aufgestellt ist, um mit Ihnen den Weg aus der Arbeitslosigkeit zu beschreiten. Hier treffen Sie die Mitarbeiter.

Im Vorstandsbüro:

Dr. rer. pol. h.c. Frank Jürgen Weise, 58

VORSTANDSVORSITZENDER DER BUNDESAGENTUR FÜR ARBEIT

Welche Rolle die Bundesagentur an der Seite der Menschen in Zukunft spielen kann. Persönliche Tipps für die Arbeitsuche

Geburtsort:	Radebeul, Sachsen
Jahre bei der BA:	7
Erlernter Beruf:	Diplom-Betriebswirt
Arbeitsort:	Zentrale Nürnberg, Bayern
Hobbys:	Joggen, Segeln, Klaviermusik

Wie sieht die Zukunft der Arbeitsagenturen und der Jobcenter aus? Was passiert ab 2010?
Die Arbeitsagenturen sind auf einem guten und stabilen Weg, und jetzt geht es darum, die Arbeit kontinuierlich weiter zu verbessern. Gerade die Wirtschaftskrise hat gezeigt, dass wir in unserer Rolle gebraucht werden. Das bedeutet aber auch gleichzeitig, dass wir uns weiterhin den Veränderungen in der Gesellschaft und der Wirtschaft anpassen müssen. Der demografische Wandel wird sich bemerkbar machen, Fachkräfte werden dann verstärkt gesucht. Hierbei können wir die Verbindung zwischen Arbeitgeber und Arbeitnehmer herstellen, sei es durch Qualifikation, Mobilitätshilfen oder Vermittlung.

Anders ist die Lage bei den Jobcentern, hier gibt es Änderungen im Ablauf: Das Bundesverfassungsgericht hat die bisherige Mischverwaltung aus Bundesagentur und Kommunen für rechtswidrig erklärt. Im Jahr 2010 werden wir daher die Verwaltungsstruktur ändern und ab 2011 in die sogenannte getrennte Aufgabenwahrnehmung übergehen. Das heißt, die BA ist im Bereich des Arbeitslosengeldes II zuständig für die Beratung und Vermittlung und für die Auszahlung der Geldleistung, die Kommune ist verantwortlich für die Kosten der Unterkunft.

Welche Rolle könnte die Bundesagentur an der Seite der Menschen in Zukunft spielen?
Wir möchten unsere Tätigkeit nicht ausschließlich auf die Zeit der Arbeitslosigkeit beschränken. Wir werden unsere Rolle weiterentwickeln und definieren, um zu einem lebenslangen Begleiter durch Ausbildung, Beruf und Karriere zu werden. Die Zeiten, in denen ein Mensch 40 Jahre in einer Firma am selben Platz gearbeitet hat, gehören der Vergangenheit an. Berufliche Wechsel und lebenslanges Lernen werden die Regel. Dabei brauchen viele Menschen Hilfe und Unterstützung.

Wie lautet Ihr Arbeitsmotto innerhalb der BA?
Wir wollen Arbeitnehmern und Arbeitgebern schnell, fachkundig, freundlich und ergebnisorientiert helfen.

Haben Sie Ihre Tochter und Ihren Sohn bei der Berufswahl beraten?
Die grundsätzliche Richtung war meinen beiden Kindern recht klar, aber dennoch gab es häufig Fragen, auf die ich gut überlegte Antworten geben musste. Entscheidet man sich erst für eine Ausbildung, bevor man studiert? Wenn ja, welcher Beruf kommt sowohl vorher als auch hinterher infrage? Jemand, der beispielsweise Betriebswirtschaft studiert, hat oft ganz verschiedene Möglichkeiten. Bei handwerklichen Berufen wiederum muss man schon vor der Ausbildung konkret wissen, für welchen Beruf man sich entscheidet.

Ihre fünf Ratschläge an einen arbeitsuchenden Menschen?
Erstens: Das eigene Wissen und Können analysieren und sich der eigenen Stärken und auch Schwächen bewusst werden. Zweitens: Die Stärken ausbauen und gezielt als individuelles Kapital nach außen „verkaufen“. Drittens: Bilden Sie sich fort! Nehmen Sie alle Angebote in Anspruch, die sich Ihnen bieten. Nur wenn Sie sich persönlich und beruflich weiterentwickeln, kommen Sie auch vorwärts. Viertens: Flexibel sein - sowohl räumlich als auch, was die Tätigkeit, die Bezahlung oder die Branche betrifft. Viele Menschen haben ihr Glück dort gefunden, wo sie es nie vermutet hätten. Fünftens: Niemals aufgeben.

Im Service-Center:

Sonja Sauer, 21

FACHKRAFT IM TELEFONSERVICE

Welche Anliegen am Telefon geklärt werden können und was man damit in Gang setzt

Geburtsort:	Gießen, Hessen
Jahre bei der BA:	6
Erlernter Beruf:	Fachangestellte für Arbeitsförderung
Arbeitsort:	Service-Center Wetzlar, Hessen
Hobbys:	Lesen, Kino, etwas mit Freunden unternehmen

Wie viele Service-Center gibt es in der Bundesagentur?
Deutschlandweit 52. Allein bei uns in Wetzlar telefonieren 77 Leute für die Arbeitsagenturen.

Erzählen Sie uns doch bitte einmal, wie so ein ganz typischer Arbeitstag einer Telefonserviceberaterin aussieht.
Morgens um 7 Uhr 45 anfangen. Ab 8 Uhr stehen wir den Kunden dann den ganzen Tag telefonisch zur Verfügung – bis zum Feierabend um 18 Uhr. Wir versuchen, in dieser Zeit möglichst viele Anfragen abschließend zu klären.

Sitzen bei der Agentur die Generalisten am Telefon und hinter den Schreibtischen die Spezialisten?
Das ist vereinfacht, aber man kann es so sehen. Bei uns kommt eben im Fünfminutentakt ein anderer Kunde. Jeder hat immer wieder ein anderes Anliegen. Wir müssen uns immer neu einstellen, über alle Bereiche von der Leistung bis zur Arbeitsvermittlung und Berufsberatung genug wissen, um dem Kunden helfen zu können.

Das heißt, Sie vermitteln nicht in erster Linie weiter, sondern versuchen, die Anliegen direkt zu klären?
Richtig. Nur wenn das nicht klappt und wirklich der Vermittler oder die Leistungsabteilung zurate gezogen werden muss, dann veranlassen wir einen Rückruf. Grundsätzlich sind wir bemüht, alle Anliegen unmittelbar bei uns zu klären.

Innerhalb welchen Zeitraums wird der Kunde zurückgerufen?
Das sind 48 Stunden, in denen der Berater oder die Leistungsabteilung zurückrufen soll. Wenn das nicht klappt, landen die Leute telefonisch wieder bei uns und werden von uns dann weitergeleitet an den Teamleiter, eine Ebene über dem Berater oder Sachbearbeiter.

Wie oft schafft es die Agentur nicht, binnen 48 Stunden zu antworten?
Selten. Am Anfang, als die Service-Center eingerichtet wurden, war es schlechter. Jetzt sind es vielleicht noch zehn Prozent, die wir in diesem Zeitfenster nicht schaffen.

Funktioniert es eigentlich auch andersherum – dass ein Vermittler das Service-Center bittet, einen Kunden zu erreichen?
Ja. Wenn die Vermittler zum Beispiel eine Reihe von Kunden haben, von denen nicht feststeht, ob sie nun inzwischen in Arbeit oder Ausbildung sind, dann bekommen wir eine Liste. Das sind mitunter bis zu 3000 Kundennummern. Und dann rufen wir die Kunden an und fragen nach: „Sie waren bei der Agentur oder sind bei der Agentur gemeldet. Sie haben sich nicht mehr bei uns gemeldet. Haben Sie Arbeit gefunden?“ Dann vermerken wir das und schicken das Ergebnis wieder an die Berater zurück.

Die Service-Center sind Teil der Reform in der Bundesagentur. Helfen die denn wirklich, die Arbeitsprozesse zu verbessern?
Die Wartezeiten sind seitdem jedenfalls kürzer, und bei den Vermittlern klingelt während der Beratungstermine auch nicht mehr das Telefon.

Wann stellen Sie dennoch einmal direkt zu einem Vermittler durch?

Wenn zum Beispiel an einem Freitagnachmittag jemand anruft und am Montag eine Trainingsmaßnahme bei einem Arbeitgeber hat. Das kommt sehr oft vor. Die Trainingsmaßnahmen müssen ja von den Vermittlern genehmigt werden. Arbeitgeber stellen wir auch direkt durch, denn die Stellenangebote ermöglichen uns ja, Arbeitnehmer in Arbeit zu bringen.

Was können Sie denn vom Telefon aus alles in die Wege leiten?

Wir können im Grunde genommen einen Rückruf von buchstäblich jedem in der Agentur organisieren. Bei Fragen zur Leistung können wir die Fragen der Kunden meistens direkt beantworten, denn wir haben elektronisch Zugriff auf Teile der Akten. Wir sehen, ob und wann Zahlungen herausgegangen sind, was eine häufige Kundenfrage ist. Wir versuchen auf jeden Fall, alles in Bewegung zu setzen, um die Anliegen zu klären. Es ist ein Tabu, zu sagen: „Dann haben Sie Pech gehabt und müssen halt noch einmal anrufen." Wir rufen auch bei Fachkollegen an und haken nach, wenn wir etwas beantworten wollen. Danach rufen wir den Kunden zurück.

Wie können Sie jemandem helfen, der zum ersten Mal bei der Agentur anruft?

Wir können ihn komplett übers Telefon bei uns anmelden. Wir sind so wie der Empfang oder die Eingangszone eine erste Anlaufstelle. Alle Grundfragen, Anmeldungen oder Abmeldungen können wir komplett telefonisch erledigen.

Und bei der Vermittlung?
Können Sie auch eine Umschulung am Telefon organisieren?

Das persönliche Gespräch mit dem Vermittler bleibt natürlich unersetzlich. Und der entscheidet mit dem Kunden über solche Dinge wie eine Umschulung.

Wie lange dauert so ein durchschnittliches Telefonat?

Zwischen fünf und sechs Minuten, die Nachbearbeitungszeit eingerechnet. Natürlich gibt es auch Gespräche, die komplizierter oder komplexer sind.

Menschen, die bei Ihnen anrufen, sind oft persönlich in einer schwierigen Lage. Was bekommen sie an Emotionen mit?

Alles. Wut, Tränen, Ärger und auch mal Freude. Da versucht man dann schon einmal, die Leute zu beruhigen und ihnen Mut zu machen. Wir finden eine Lösung.

Was ist die am häufigsten gestellte Frage?

Am Anfang des Monats: Wo bleibt mein Geld? Sonst rufen die meisten Kunden an, um einen Termin mit dem Berater zu vereinbaren.

Was ist die ungewöhnlichste Frage, die Ihnen hier begegnet ist?
Bei mir wollte einmal jemand Pizza bestellen. Und eine Frau wollte ein Sofa bei mir abgeben. Sie wollte das Sofa am Empfang abstellen, weil sie dachte, vielleicht kann es irgendein hilfebedürftiger Mensch gebrauchen.

Gibt es im Lauf des Tages Zeiträume, in denen keiner anruft, und auch totale Stoßzeiten?
Eigentlich nicht. Vielleicht ist es in der Mittagszeit ein bisschen ruhiger.

Machen Sie einen Vermerk über jedes Gespräch?
Grundsätzlich ja, es sei denn, jemand fragt nur nach den Öffnungszeiten.

Gibt es ein festgelegtes Prozedere für die Gespräche?
Wir haben sogenannte Gesprächsleitfäden. Die geben uns vor, wie solche Gespräche begonnen werden, welche Abläufe es gibt. Aber auch nur zu bestimmten Themen.

Wie viele Stunden telefonieren Sie am Tag?
Maximal neun Stunden.

Telefonieren Sie privat noch gern?
Nein. Ich habe vorher wahnsinnig viel telefoniert. Aber mittlerweile habe ich auch schon allen Freunden und Bekannten gesagt, dass ich keine Lust mehr habe, abends zu telefonieren. Manchmal mag ich auch gar nicht mehr viel sprechen, sondern nur still sein.

Im Kundenzentrum:

Rolf Steil, 63

VORSITZENDER DER GESCHÄFTSFÜHRUNG
AGENTUR FÜR ARBEIT

**Was in den Eingangszonen passiert.
Vom Umgang mit den Kunden.
Und warum an Moscheen für Ausbildung geworben wird**

Geburtsort:	Trier, Rheinland-Pfalz
Jahre bei der BA:	34
Erlernter Beruf:	Jurist
Arbeitsort:	Agentur für Arbeit Hamburg, Hamburg
Hobbys:	Joggen, Skifahren, Segeln, Oper

Sie sind Geschäftsführer, wie viele Mitarbeiter sind Ihnen als Führungskraft unterstellt?
Hamburg und auch München sind die beiden größten Agenturen in Deutschland. Hamburg hat die Besonderheit, dass die Agentur parallel zu der Größe des Stadtstaates organisiert ist, und wir haben knapp 1350 Beschäftigte. Da ist die ARGE nicht mitgerechnet, die zählt allein inzwischen fast 2000, wobei wir einen Teil des Personals dort stellen. Wir sitzen an sieben Standorten in der Stadt. Das ist schon eine große Organisation.

Warum gibt es denn auf einmal den Begriff „Kunde"?
Auf der einen Seite, um zu zeigen, dass wir die Menschen ernst nehmen wollen in ihrer Situation. Zum anderen aber auch, weil sich herausgestellt hat - auch in der Gesellschaft, im allgemeinen Bewusstsein -, dass Arbeitslosigkeit im Gegensatz zu früheren Perspektiven nicht etwas ist, was das Individuum verschuldet. Früher hieß es: „Wer arbeiten will, findet auch Arbeit" - ein uralter Spruch, der falsch ist, wenn man die Größenordnung der Arbeitslosigkeit insgesamt betrachtet. Das wird übrigens auch bei Personalchefs in den Firmen heute anders gesehen, weil sie erleben, dass das durch alle Reihen und Qualifikationen geht. Der Begriff „Kunde" zeigt also eine andere Haltung als früher.

Vom Arbeitsamt zum Kundenzentrum.
Was hat sich da in den vergangenen Jahren bei Ihnen geändert?
Ich denke, es gab zwei wichtige Veränderungen. Einmal, dass wir den Menschen gegenüber anders auftreten wollen, dass wir sie als Personen, als Individuen wahrnehmen wollen, sie aber auch ein Stück weit fordern. Und das ist für mich auch eine Ausprägung dessen, was im Gesetz steht: „Fordern und Fördern." Ein Mensch muss selbst aktiv sein, um zum Erfolg zu kommen. Zudem haben wir strukturelle Abläufe systematisiert, die Organisation verbessert und über unsere eigene Leistungsfähigkeit Transparenz geschaffen.

Was ist die erste Anlaufstelle?
Die erste Anlaufadresse ist der Empfang, wo man nur ein paar Daten angibt, anschließend in einen Zwischenwartebereich kommt, aus dem man dann namentlich aufgerufen wird. Ab dort ist es dann auch persönlich. Das ist eine sehr gute Veränderung. Ich nehme wahr, dass die Menschen, die das erleben, durchaus positiv beeindruckt sind. Sie sitzen nicht mehr mit unsicherer Wartezeit im Flur, sondern es geht schnell.

Große Eingangszonen und helle Korridore sollen Aggressionen entschärfen, Beklemmungen und Angst lösen. Funktioniert das?
Es funktioniert weitgehend. Man darf nicht naiv sein und meinen, dass Arbeitslosigkeit keine Belastung wäre. Es ist eine Belastung und gesellschaftlich in Deutschland auch immer noch ein Makel. Darunter leiden die Menschen, und jetzt geht es darum, das Gefühl so schnell wie möglich zu neutralisieren und die Betroffenen zu einer Einstellung zu bringen, ihre Situation aktiv anzugehen. Dazu braucht man eine freundliche Atmosphäre.

Hat sich die Agentur eigentlich selbst einen „Knigge" im Umgang mit den Kunden verschrieben?

Wir haben Grundprinzipien. Wir wollen schnell, freundlich, kompetent, ergebnisorientiert und so unbürokratisch wie möglich helfen. Wir als Behörde haben kein Ewigkeitsprinzip, sondern müssen eine gute Dienstleistung bringen für Arbeitgeber wie auch für Arbeitslose. Ein „Knigge" gilt auch im Umgang mit dem Geld, das wir von den Beitragszahlern haben: Wir wollen damit wirtschaftlich, gut und effizient umgehen.

Vom Bittsteller zum Kunden – hat sich auch die Sicht der Mitarbeiter auf ihre Klientel verändert?

Ja, durchaus. Aber auch vorher schon hatte ein guter Vermittler die Einstellung, dass er versucht hat, auf Augenhöhe mit den Menschen umzugehen, und nicht, wie das so schön im Neudeutsch heißt, aus einer sozialen Asymmetrie heraus, also von oben herab. Schließlich gibt es internationale Erfahrungen und Vergleiche, wann Integration und Vermittlung am besten gelingt, dann nämlich, wenn man eine Kundenbeziehung auf Augenhöhe hat. Wenn man also den Menschen annimmt und mit ihm wie mit einem Partner, einem echten Partner, umgeht. Und das wird auch geschult. Die Mitarbeiter sind heute auch lieber Dienstleister als Amtspersonen wie früher.

Was hat sich dabei in der Arbeit der Vermittler geändert?

In erster Linie soll durch die Vergabe fester Termine gewährleistet werden, dass die Vermittler sich in der gesamten Beratungszeit auf das Anliegen des Kunden konzentrieren können. Ich denke, die Vermittler sind damit sehr zufrieden, weil sie nun ohne den Druck des Flurs, wie das früher immer hieß, arbeiten.

Ihre Kunden haben sich ja auch geändert. Und Sie haben in Hamburg ein Projekt an Moscheen gestartet. Können Sie uns darüber etwas erzählen?
Wenn ich aus meinem Arbeitszimmer durchs Fenster rausschaue, sehe ich in etwas weiterer Entfernung zwei himmelblaue Türmchen - die Türmchen einer Moschee. In Hamburg gibt es über 40 Moscheen. Vor vielen Jahren habe ich den Imam einer Moschee besucht - wie ich auch einen Betrieb besuche, um ihn kennenzulernen -, um einen Einblick in die türkische religiöse Gesellschaft zu bekommen. In einer Predigt hat der Imam gesagt, im Koran stehe, dass jemand, der gesund ist und arbeiten kann, nicht auf Dauer vom Staat leben soll. Und das war unsere Verbindung. Wir haben uns verabredet, einen ganzen Monat lang die Punkte „Ausbildung“, „Schulabschluss“ und „Arbeit“ gemeinsam zu thematisieren - er in seiner Predigt zu den Männern und wir an vier Freitagen und zusätzlich durch Berufsberaterinnen auch an Sonntagen, an denen die Mütter mit ihren Kindern in die Moschee kommen.

Wie war die Resonanz?
Wir haben beide Gruppierungen erreicht, und es gab Erstaunen, aber eben auch positive, freundliche Rückmeldungen, dass es als sehr angenehm empfunden wurde, dass wir als Behörde praktisch von uns aus den Schritt auf die Muslime zu gemacht haben; denn es gibt oft Berührungsängste - auch Behörden gegenüber -, und die haben wir, der Imam und ich, gemeinsam ein Stück überwunden.

Sind muslimische Mädchen stark in ihrer Berufswahl eingeschränkt?
Nein, jedenfalls weniger über den religiösen Hintergrund. Die Mädchen sind oft viel fleißiger in der Schule und haben auch die besseren Schulabschlüsse. Ich sehe das größere Problem eher bei den männlichen und dort speziell türkischen Jugendlichen, denn die haben in Hamburg doppelt so hohe Misserfolgsquoten in der Hauptschule wie alle Hauptschüler zusammen.

Sie sind der Erfinder des „Döner-Abiturs“, was ist das?
Wir sind derzeit mit sechs türkischen Betrieben, die Döner herstellen, im Gespräch, ob ihre Mitarbeiter nicht in eine Ausbildung gehen könnten. Wir hatten schon einmal ein Vorläuferprojekt mit Modulen über Hygiene und über deutsche Rechtsvorschriften in der Lebensmittelverarbeitung. Dazu kam noch ein Sprachkurs mit Fachbegriffen in Deutsch, denn ein bisschen Deutsch zu lernen ist immer gut. Das Projekt war ein Riesenerfolg, ging medial um die ganze Welt, bis nach New York wurde berichtet - und hieß nachher „Döner-Abitur“.

Im Leistungsbescheid:

Helga Bettermann, 57

LEISTUNGSSACHBEARBEITERIN

Wie und wie lange ein Antrag die Agentur durchläuft. Über den Umgang mit Widersprüchen und anonymen Hinweisen

Geburtsort:	Oelsnitz, Sachsen
Jahre bei der BA:	19
Erlernter Beruf:	Ingenieurin für Textilindustrie
Arbeitsort:	ARGE Leipzig, Sachsen
Hobbys:	Lesen, Sport, Reisen

Fast jeder Sechste in der Bundesagentur für Arbeit macht einen Job wie den Ihrigen. Was genau tun Sie denn?
Also, wir sorgen dafür, dass Menschen, die den Antrag auf Arbeitslosengeld II stellen, auch pünktlich das Geld bekommen, das ihnen zusteht. Das heißt, in der zuständigen Eingangszone der ARGE werden die vollständigen Antragsunterlagen ausgehändigt und Termine für die Leistungsabteilung vereinbart. Nach Eingang der Unterlagen wird bei uns über den Antrag der Grundsicherung dem Bedarf entsprechend entschieden. Es wird ein Bescheid erstellt, der gleichzeitig die Entscheidung zu den Mietkosten beinhaltet.

Wie durchläuft ein Antrag die Agentur?
Der Kunde erhält in der Eingangszone einen Antrag oder kann ihn sich telefonisch übers Service-Center zuschicken lassen. Auch online sind die Anträge erhältlich. Den Antrag muss er ausfüllen. Wenn er sich sehr sicher ist, dass er im Zusammentragen seiner Unterlagen schnell sein wird, bekommt der Kunde auf kürzestem Weg dort schon einen Termin für die Leistungsabteilung. Ein Fachassistent bereitet die Bearbeitung vor. Zum Sachbearbeiter kommt die angelegte Leistungsakte dann zum Prüfen und Anordnen, also zur Bewilligung. Der Fachassistent stellt auch fest, ob es ein Antrag mit oder ohne Schwierigkeiten ist.

Wie schnell geht das?
Wir haben strikte Vorgaben, innerhalb von 14 Tagen nach Vorlage aller Unterlagen die eingereichten Anträge zu bearbeiten. Es kann aber passieren, dass immer noch etwas fehlt - dann wird der Kunde noch einmal angeschrieben und muss das Fehlende nachreichen. Wenn der Antrag vollständig ist und von uns in dieser Vorgabefrist bearbeitet wird, erfolgt eine Mitteilung an den Arbeitsvermittler. Dieser bereitet dann das Erstgespräch mit dem Kunden vor.

Weiß der Kunde, was er alles beantragen kann?
Mancher Kunde ja, mancher nein. Und wir stehen ja auch in der Beratungspflicht. Das heißt, ich kann den Antrag nicht einfach so entgegennehmen. Ich muss das, was der Kunde angibt, genau hinterfragen. Ich muss ihm sagen, was geht und was nicht. Wir besprechen also bei der Entgegennahme des Antrags, welche Bedeutung die jeweiligen Angaben haben. Für die Leistungssachbearbeitung ist das der wesentliche Teil der Beratung, denn es geht vor allem ums Geld, um Rechte und um Pflichten.

Liegen oft Kommunikationsschwierigkeiten vor?
Ja, auch. Fehlt etwas oder sind die Unterlagen zu unpräzise, dann muss ich natürlich wissen: Was meint der Kunde damit? Diese Nachfragen dienen ja der Aufklärung des Sachverhalts, werden aber vom Kunden oft missverstanden.

Wer kümmert sich um die komplexeren Anträge?
Das mache ich. Meine Aufgabe als Sachbearbeiterin ist es, mir komplexere Anträge anzuschauen. Das heißt, wenn z. B. Selbstständigkeit, Immobilienbesitz und derlei Dinge hinzukommen. Dann müssen Entscheidungen getroffen werden, ob trotz alldem Bedürftigkeit vorliegt, ob die Grundsicherung normal gewährt werden kann oder ob gegebenenfalls Leistungen nur in Form von Darlehen bewilligt werden können.

Wie viele Akten bewegen Sie denn täglich?
Täglich um die 60 bis 100 Akten durch Posteingänge oder Neuanträge. Nicht nur die gesetzlichen Auslegungen ändern sich häufig, sondern auch die persönlichen Änderungsmitteilungen der Kunden finden hier Eingang, z. B. zu Mietkosten, Umzugswünschen, Personen, die in die Bedarfsgemeinschaft hinein- oder aus ihr herausgehen, Überzahlungen durch Arbeitsaufnahmen usw. Das sind alles Vorgänge, die bearbeitet werden müssen, in denen Zahlungen zum Soll gestellt und entsprechend Bescheide erstellt werden.

Was entgegnen Sie dem Vorwurf, dass die BA sich selbst verwaltet?
Zunächst einmal ist die Agentur bzw. die ARGE personell so besetzt, dass die anstehenden Aufgaben bewältigt werden müssen. Die Zahl der Leistungsempfänger in der ARGE bzw. die Anzahl der Bedarfsgemeinschaften ist immerhin wieder gestiegen. Da alles sehr ordentlich und geregelt bearbeitet werden soll, ist der personelle Einsatz auch erforderlich.

Ist Behördenwillkür ausgeschlossen?
Ich jedenfalls kann nicht willkürlich entscheiden. Grundsätzlich ist die Vorgabe durch das Gesetz, durch das SGB II, gegeben. Es gibt gewisse Entscheidungen, bezüglich der Kosten der Unterkunft zum Beispiel, bei denen ein Ermessensspielraum besteht, aber auch der ist relativ eng.

Trotzdem fühlen sich einige ungerecht behandelt?
Ja, ich spüre das im persönlichen Gespräch, wenn Menschen zu uns kommen und sagen: „Ich hab da etwas anderes gelesen“, oder: „Mein Nachbar kriegt das, warum kriege ich das nicht?“ Und jedem Einzelnen dann zu vermitteln, dass jeder Fall ein individuelles Anliegen ist, aber dennoch nach Recht und Gesetz geprüft wird, das ist auch unsere Aufgabe. Aber wir verkaufen nun mal kein Schokoladeneis. Wir müssen viel Ärger einstecken, das ist klar.

Wie gehen Sie mit Widersprüchen um?
Auch da stehen wir in der Kritik, weil es viele Widersprüche gibt. Aber jeder Kunde hat das Recht zu widersprechen, auch wenn es sich als unberechtigt herausstellt. Wenn ein Widerspruch eingeht, prüfe ich im Vorfeld, welche Ursache dieser hat: Haben wir das Recht fehlerhaft umgesetzt, oder sind es Dinge, mit denen die betreffende Person aus eigenem Empfinden nicht einverstanden ist?

Wie erklären Sie sich die Klagewelle?
Ein neues Gesetz führt zu Rechtsunsicherheiten. Es gibt keine Routine im Umgang damit und noch keine Grundsatzurteile. Die Klagewelle an sich ist größer geworden, was auch eine Folgeerscheinung der sozialgerichtlichen Entscheidungen ist. Demnach müssen wir bei Überzahlungen zum Beispiel nach dem sogenannten Individualprinzip ermitteln. Das heißt, jedes volljährige Mitglied der Bedarfsgemeinschaft erhält einen Bescheid. Besteht eine Bedarfsgemeinschaft zum Beispiel aus sieben volljährigen Personen, sind das dann sieben Bescheide. Nimmt ein Mitglied der Bedarfsgemeinschaft etwa eine Beschäftigung auf und führt dies zu einer Überzahlung, dann bekommt jede Person einen separaten und geänderten Bescheid. Jedes Familienmitglied kann also Widerspruch einlegen, womit dann sieben Widersprüche vorliegen.

Das kann zu einer Welle werden?
Das ist möglich, weil eine Ursache mehrere Widersprüche nach sich ziehen kann. Plus die geänderte Rechtsauffassung. Darüber müssen wir täglich mehr oder weniger viel erklären und argumentieren. Das Gesetz an sich hat sich weniger geändert, die Rechtsauffassung hingegen viel mehr. Nehmen wir beispielsweise die Kürzung der Regelleistungen bei Aufenthalten im Krankenhaus. Da hat sich innerhalb kürzester Zeit die Auffassung mehrfach geändert, sodass wir hin und wieder unglaubwürdig erschienen.

Wie sieht ihr Arbeitsplatz aus?
Wir sind zwei Sachbearbeiter in einem Büro. Das Zimmer könnte manchmal größer sein, wir haben ja auch mitunter Gespräche mit Kunden und müssen an den Datenschutz denken. Wir versuchen, das Beste daraus zu machen, indem wir die Kunden zeitversetzt bestellen. Überwiegend befinden sich aber Akten bei mir, also beschäftige ich mich mehr mit Papier.

Was hat man Ihnen denn schon alles auf dem Papier vorzumachen versucht?
Es wird immer einzelne Menschen geben, die versuchen, unrechtmäßig Sozialleistungen abzuschöpfen. Auf der anderen Seite nehmen anonyme Anzeigen und Hinweise immer mehr zu. Nicht immer entsprechen sie den Tatsachen. Aber manchmal ist das eine Art Insiderwissen, das eigentlich nur ein guter Bekannter oder Verwandter haben kann. Prinzipiell müssen wir aber jeden Hinweis prüfen.

Wie gehen Sie auf anonyme Hinweise ein? Laden Sie vor?
Nein, nicht sofort. Zunächst recherchieren wir intern, bevor man jemanden aufgrund eines Hinweises einlädt, der nicht immer vertrauensvoll ist. Das wäre für die betreffende Person zu ärgerlich. Als Zweites kann unser Außendienst probieren, vor Ort zu prüfen, sofern sich die Anzeige auf die Wohnverhältnisse bezieht. Ob jemand den Prüfdienst hineinlässt oder nicht, steht natürlich auf

einem anderen Blatt. Wenn jemand beschuldigt wird, einer ungemeldeten Tätigkeit nachzugehen, kann ich allerdings nur diese betreffende Person selbst befragen und mir entsprechende Unterlagen vorlegen lassen. Wenn aber eine Firma genannt wird, kann das Hauptzollamt - dort wird Schwarzarbeit verfolgt - beauftragt werden, das Unternehmen entsprechend zu überprüfen. Wir brauchen ganz sichere Beweise, bevor leistungsrechtliche Konsequenzen veranlasst werden. Denn gerade wenn der Verdacht entsteht, wir würden vorschnell handeln, ist das ein beliebtes Thema für die Medien.

Was ärgert Sie am meisten?
Das Ausnutzen der Solidargemeinschaft. Wir bemühen uns, durch die gesetzlichen Grundlagen jedem gegenüber gerechte Entscheidungen zu treffen. Wenn man dann sieht, wie schlimm mancher im Alltag trotzdem dran ist - eine über die Maßen ehrliche Haut, mitunter auch alleinerziehend, die sich mehr schlecht als recht finanziell über den Monat schleppt und sich nur im Notfall an die ARGE wendet -, dann ärgert man sich sehr, dass auf der anderen Seite wissentlich falsche Angaben gemacht werden, um Sozialleistungen zu kassieren.

Haben Sie jemandem schon einmal zum Anspruch verholfen, den derjenige vorher gar nicht erwartet hat?
Bei einem Neuantrag kommt das seltener vor. Aber in einem aktuellen Fall hatte eine Kundin bei mir vorgesprochen. Ihre finanzielle Situation war sehr schlecht. Laut Aktenlage wurden ihr Unterhaltszahlungen als Einkommen für das Kind angerechnet. Ich habe aber daran gezweifelt, ob sie diese vom Vater überhaupt erhält. Im Gespräch kam dann heraus, dass sie gar keinen Unterhalt bekommt und daher einen höheren Leistungsanspruch hätte. Ob bei der Befragung damals etwas schiefgegangen ist oder ob die Kundin das Geld vom Vater zwar erwartete, es aber dann nicht erhielt, kann ich nicht mehr nachvollziehen. Doch ohne die Zusammenarbeit mit den Kunden kann ich rückwirkend nichts prüfen.

In der Vermittlung (ARGE):

Yalçin Altundağ, 31

ARBEITSVERMITTLER

Was eine Eingliederungsvereinbarung ist.
Welche Angaben im Bewerberprofil stehen.
Was Arbeitshemmnisse sind

Geburtsort:	Berlin, Berlin
Jahre bei der BA:	4
Erlernter Beruf:	Diplom-Wirtschaftswissenschaftler
Arbeitsort:	ARGE Berlin-Neukölln, Berlin
Hobbys:	Fußball, Auto und EDV-Technik

Ihr Arbeitsplatz wird von Wachleuten beschützt, was machen Sie denn Gefährliches?
Ja, es stehen immer zwei bis drei Sicherheitskräfte rund um die Uhr am Eingang. Es gab schon ab und zu Kunden, die halt etwas aggressiver aufgetreten sind. Ihnen wurde ein Hausverbot ausgesprochen. Die Sicherheitskräfte achten darauf, dass diese Kunden nicht ins Gebäude kommen.

Hausverbot im Jobcenter, geht das?
Es gibt Fälle, da treten Kunden vor allem in der Leistungsabteilung aggressiv auf. Ab und zu kommt es auch zu Übergriffen. Solche Kunden dürfen das Dienstgebäude dann grundsätzlich nicht mehr betreten bzw. nicht ohne Begleitung der Sicherheitskräfte. Das Beratungsgespräch mit dem Vermittler findet dann im Beisein der Sicherheitskräfte statt. Natürlich haben sich diese Kunden, wie jeder andere auch, dennoch dem Arbeitsmarkt zur Verfügung zu stellen. Auch wenn jemand ein Hausverbot hat, verfolgen wir trotzdem die Ziele der Eingliederungsvereinbarung.

Warum verschafft sich die Aggression gerade bei Ihnen Luft?
Eigentlich passiert das eher in der Leistungsabteilung. Dort, wo es um das Geld, um das Substanzielle, also um die Grundsicherung geht. Aber auch bei uns in der Vermittlung gibt es natürlich Härten. Es kommt zu Konflikten, etwa wenn Sanktionen geprüft werden.

Wann könnte denn sanktioniert werden?
Ein Beispiel: Dem Kunden wurde ein Vermittlungsvorschlag für eine Arbeitsstelle angeboten. Er hat sich nicht darauf beworben und kommt dann zum Vermittler. Jetzt muss er die Gründe darlegen. Wenn diese dann im Sinne des SGB II nicht stichhaltig sind, müssen wir sanktionieren. Wenn er sich nicht bei uns meldet, sind es zehn Prozent der Regelleistung, wenn er einem Vermittlungsvorschlag nicht nachgeht, 30 Prozent, die abgezogen werden. Im Hinblick auf die familiären und sozialen Hintergründe haben wir einen kleinen Ermessensspielraum. Aber der ist bei Wiederholungen dann irgendwann auch ausgeschöpft.

Warum glauben Sie, dass die Menschen eher im Jobcenter aggressiv reagieren als zum Beispiel beim Finanzamt? Das fordert ja auch Geld.
Das liegt einfach daran, dass Hartz IV die Grundsicherung ist, wirklich das Essenzielle, was der Bürger täglich benötigt. Wenn man da noch kürzt, nehmen die Kunden das als Bedrohung wahr. Und der Sanktionszeitraum beträgt immer drei Monate. Wenn man 359 € im Monat hat und eine 30-prozentige Kürzung verkraften muss, was mehr als über 100 € ausmacht, dann ist das ein gewaltiger Einschnitt.

Das ist in der Tat eine heftige Einbuße.
Ja, aber die Kunden wissen das seit dem Erstgespräch. Dem Kunden wird mit der Eingliederungsvereinbarung auch mitgeteilt, welche Pflichten er hat. Er weiß also, dass er mitwirken muss und es Folgen hat, wenn er dem nicht nachkommt. Das ist ja auch so eine Art Vertrag mit dem Staat und unserem Sozialsystem: Der Staat fängt dich auf und verpflichtet sich, pünktlich zu zahlen. Dafür möchte er auch, dass du selbst etwas tust, um bald wieder deinen eigenen Lebensunterhalt zu verdienen. Es ist also ein Vertrag auf Gegenseitigkeit.

Sie selbst sind türkischer Muttersprachler. Bedienen Sie sich manchmal Ihrer Muttersprache?
Nein, Amtssprache ist Deutsch. Ich lasse mich da auch nicht hinreißen. Wenn man plötzlich in der Muttersprache spricht, hat man schnell eine persönliche Ebene erreicht. Und das führt dann dazu, dass man sich plötzlich duzt, dass man zueinander „Freund" sagt, sich mit „Bruder" anspricht, was auch immer. Wenn ich dann die gesetzlichen Rahmenbedingungen des Staates klarmachen möchte, dann funktioniert das nicht.

Wäre Ihre Muttersprache nicht manchmal hilfreich?
Doch, schon. Es gibt natürlich begründete Ausnahmefälle, bei denen es unumgänglich ist, meine Muttersprache anzuwenden. Wenn ich den Kunden auffordere, zum nächsten Termin mit einem Dolmetscher zu erscheinen. Oder wir bestellen einen Dolmetscher dazu. Ich selber habe für Kollegen auch schon gedolmetscht.

Was erfahren Sie alles über einen Menschen, wenn Sie in das Computersystem schauen?
Ich lese etwas über seine Leistungsfähigkeit und seine Arbeitserfahrung. Ich erhalte Informationen über seine Motivation, darüber, wie er sich um Bewerbungen bemüht. Dann erfahre ich etwas über die finanzielle Situation, die Wohnsituation, die familiäre Konstellation. Und ich erhalte natürlich Wissen über seine Qualifikationen: Hat er einen Schulabschluss? Welche Fähigkeiten und Kenntnisse bringt er mit?

Was steht im Bewerberprofil?
Das ist abhängig von seinem beruflichen Werdegang und von seinen bestimmten Fähigkeiten und Kenntnissen. Das, was er im Profiling angibt, was er besonders gut kann, müsste er theoretisch auch nachweisen können, durch Berufspraxis, Qualifizierungsnachweise und Zeugnisse. Alle Informationen aus dem Bewerberprofil dienen dem Matching-Prozess. Das heißt, basierend auf diesen Grundlagen führe ich eine Suchabfrage auf dem allgemeinen Arbeitsmarkt für dieses Bewerberprofil durch. Und je besser dieses Matching übereinstimmt, umso eher haben wir ein entsprechend qualitativ hochwertiges Ergebnis, nämlich den Vermittlungsvorschlag. Aber es gibt auch Kunden, die sehr weit davon entfernt sind, in den Arbeitsmarkt integriert werden zu können. Um sie kümmert sich dann ein Fallmanager, der versucht, die Vermittlungshemmnisse auszuräumen.

Mit welcher Erwartungshaltung kommen die meisten Menschen zu Ihnen?
Das ist relativ unterschiedlich. Die Kunden, mit denen wir es in Neukölln zu tun haben, haben zum größten Teil einen Migrationshintergrund. Manche kommen ängstlich mit der Frage: „Was kommt auf mich zu?" Das gilt für Kunden, die bereits ein gewisses Alter erreicht haben oder bisher nicht auf Sozialleistungen angewiesen waren. Dann gibt es Kunden, die sehr vieles verlangen, ohne sich über die rechtlichen Voraussetzungen und Möglichkeiten im Klaren zu sein. Die kommen mit einer klaren Erwartungshaltung und berufen sich auf irgendwelche Dinge, die sie von Dritten gehört haben wollen.

Mit welchen Wünschen kommen die Leute?
Ein Beispiel: Manche kommen und sagen, sie wollen Kraftfahrzeugmechaniker werden, weil sie das bei einem Freund gesehen bzw. von jemandem darüber gehört haben und das interessant finden. Aber sie wissen nicht, dass so eine Umschulung sowohl zeitintensiv als auch an rechtliche Zugangsvoraussetzungen gebunden ist. Nicht bei jedem ist es möglich, ein so langfristiges Ziel überhaupt anzugehen. Die meisten Kunden besitzen diesen langen Atem gar nicht. Wenn man ihnen sagt, dass so eine Umschulung ca. 24 Monate dauert, dann antworten sie nicht selten: „Och nö." Sie wollen den Job, aber nicht die dazugehörige Ausbildung vorher absolvieren. Natürlich gibt es auch Fälle, bei denen alles wunderbar klappt.

Wie erklären Sie das Prinzip von Fordern und Fördern?
Vereinfacht: Wir bringen Leistungen zur beruflichen oder sozialen Eingliederung - das fördern wir. Dafür muss der Kunde sich auch selbst um die Verringerung bzw. Beendigung seiner Hilfebedürftigkeit bemühen - das fordern wir.

Und worum geht es bei Ihnen in der Beratung?
Bei uns in der Vermittlung geht es immer darum, die Arbeitsmarktintegration zu gewährleisten oder zu erhöhen. Und dann den Weg für den Kunden dahin abzustecken, natürlich in Zusammenarbeit mit ihm. Aber wir brauchen die echte Mitarbeit des Kunden. Wenn er wirklich motiviert ist, aber beispielsweise keinen Abschluss hat, dann haben wir selbstverständlich entsprechende Förderinstrumente, um ihn zu unterstützen. Denn zweifelsohne ist eine vernünftige Ausbildung und Qualifizierung der beste Schritt, um Arbeitslosigkeit abzuwenden.

Was sind die häufigsten Arbeitshemmnisse?
Bei den meisten Kunden in Neukölln ist es nun einmal so, dass da weder ein Schulabschluss existiert noch eine Ausbildung. Oft müssen erst einmal Deutschkenntnisse aufgebaut werden, um darauf basierend zu erreichen, sie über den zweiten Arbeitsmarkt an den ersten Arbeitsmarkt heranzuführen.

Was heißt „an den Arbeitsmarkt heranführen"?
Den Kunden fit zu machen für den ersten Arbeitsmarkt. Ein Instrument sind die Arbeitsgelegenheiten, die sogenannten Ein-Euro-Jobs. Eine Tätigkeit auf dem zweiten Arbeitsmarkt, um in einen ganz normalen Arbeitsrhythmus zu kommen. Das heißt, der Kunde steht morgens wieder regelmäßig auf, muss vielleicht auch noch vorher seine Kinder in den Kindergarten bringen und geht dann arbeiten - sechs Stunden pro Tag, an fünf Tagen die Woche, also eine 30-Stunden-Woche.

Gibt es Leute, die sich über einen kostenlosen Deutschkurs freuen?
Ja klar. Es gibt Kunden mit großem Engagement, und es gibt auch solche, die einfach einsichtig sind und sagen: „O.k., ich muss jetzt Deutsch lernen." Schließlich sind sie ja dann auch ein Vorbild für ihre Kinder.

Was waren und sind die größten Härten bei der Umsetzung von Hartz IV?
Vor der Reform ist es so gewesen, dass die Leute ihr Geld vom Sozialamt bekommen haben und mehr oder weniger in Ruhe gelassen worden sind. Nun muss jeder Kunde dazu beitragen, möglichst die Integration in den Arbeitsmarkt zu gewährleisten bzw. hierbei mitzuwirken. Ich glaube, eine Härte für viele war, dass man an jeden einzelnen Menschen mit der klaren Erwartung herangetreten ist, mit ihm gemeinsam einen Weg in den Arbeitsmarkt zu ermitteln. Das hat bei manchen sicher ein gewisses Angstgefühl erzeugt, denn es bedeutet, Anforderungen gerecht werden zu müssen.

Wie gehen Sie mit den Klischees über Arbeitslose in der Bevölkerung um?
Klischees höre ich nicht so oft. Ich habe eine ganze Menge Freunde, die selber von Arbeitslosigkeit bedroht sind. Vorurteile, wonach Arbeitslose nicht arbeiten wollen, kann ich nicht unbedingt bestätigen. In meinem Freundeskreis ist es so, dass die meisten wirklich bestrebt sind, ein vernünftiges Beschäftigungsverhältnis aufzunehmen. Das Problem ist aber, dass die Aufnahme einer gering vergüteten Beschäftigung - da sprechen wir von einem Bruttoverdienst von circa 1200€ - dem Arbeitslosen relativ schwerfällt, denn er macht eine Gegenrechnung auf: Vom Staat bekomme ich meine Regelleistung von 359€ plus Miete. Und das sind dann 500 bis 600€ Miete im Monat, für manche sogar mehr. Wenn er eine Beschäftigung aufnimmt mit einem Bruttolohn von 1000 oder 1100€, bleibt ihm ein Nettoverdienst von vielleicht 750€. In diesem Zusammenhang ist die Bedeutung des Vermittlers groß: Er muss dem Kunden die Wichtigkeit eines Beschäftigungsverhältnisses klarmachen und auch, dass sich selbst ein Zuverdienst in der Grundsicherung lohnt.

Und wie erklären Sie dann die Aufgabe der BA?
Obwohl wir einen Sozialstaat haben, in dem es eine Grundsicherung gibt, möchte doch niemand wirklich ein Leben lang von Hartz IV leben. Daher ist es unsere wichtigste Aufgabe, die Menschen beim Weg in eine Arbeit zu unterstützen. Jeder kann in kleinen Schritten anfangen. Und wir begleiten ihn dabei.

Und wer sich nicht qualifiziert?
Für den wird es schwer. Ganz klar ist das Angebot an Beschäftigungsmöglichkeiten für gering Qualifizierte auch in Berlin gesunken. Der gesamte Arbeitsmarkt ist ja ständig im Wandel. Es führt dazu, dass die Anspruchsvoraussetzungen höher werden, das Qualifizierungsniveau steigt. Die Arbeitgeber verlangen das.

Geben Sie Ihren Freunden gelegentlich einen Tipp?
Eigentlich versuche ich, die Arbeit auszuklammern. Aber mein Beruf begleitet mich auch in mein Privatleben, in meine Freizeit hinein. Da versuche ich selbstverständlich, meine Freunde bei Fragen zu unterstützen. Dann sage ich: „Geh zu deiner Vermittlungsfachkraft oder versuch, deine Fähigkeiten und Kenntnisse noch einmal aufzuarbeiten, um über den Matching-Prozess besser an Stellenangebote heranzukommen. Oder versuch, dich in dem und dem Bereich zu qualifizieren." Da mangelt es ja auch an Informationen. Die wenigsten wissen überhaupt, dass es tatsächlich so ein breites Spektrum an Qualifizierungsmaßnahmen gibt und in welchen Bereichen eine Integration möglich ist. Zum Beispiel sind die Jobchancen im Pflegebereich sehr gut.

In der Vermittlung (Arbeitsagentur):

Olaf Kind, 44

ARBEITSVERMITTLER

Wie ein Erstberatungsgespräch abläuft und wie sich der Berater auf seinen Kunden vorbereiten kann

Geburtsort:	Rochlitz, Sachsen
Jahre bei der BA:	19
Erlernter Beruf:	Dipl. Oec. der Fachrichtung Finanzen der Kombinate und Betriebe
Arbeitsort:	Arbeitsagentur Berlin-Mitte, Berlin
Hobbys:	Musik, Literatur, zur Entspannung Angeln, alle vier bis fünf Jahre das völlige Abschalten in der Wildnis Kanadas mit Kanu oder Seekajak

Wie beginnt Ihr Arbeitstag als Vermittler?
Offizieller Beginn ist 8 Uhr. Da wir vorterminiert sind, weiß ich praktisch schon Tage vorher, welche Bewerber bei mir zum Beratungsgespräch erscheinen. Und ich stelle mich darauf ein, weil es Unterschiede zwischen einer Erstberatung und einer Folgeberatung gibt. In der Erstberatung bauen wir eine Strategie auf. Ziel ist es, einen Arbeitnehmer, der wirklich erst vor Kurzem arbeitslos geworden ist, so schnell wie möglich wieder in Arbeit zu bringen.

Wie läuft die Erstberatung ab?
Die Erstgespräche laufen eine Stunde, inklusive Nachbereitungszeit. Im Gespräch wird erst einmal bestimmt, an welchem Punkt der Arbeitnehmer steht. Hierzu gibt es bestimmte Abfragen zu möglichen Hemmnissen oder zu den Bedingungen an einen zukünftigen Job. Anschließend nehmen wir eine Analyse vor, um zu ermitteln, wo Handlungsbedarf besteht. Wir klären also, mit welchem Aufwand, mit welchen Hilfestellungen, auch in welcher zu erwartenden Zeitspanne die Integration in einen neuen Job im besten Fall möglich ist.

Wie grenzen Sie Ihr Handlungsfeld ein?
Das hängt von den Fähigkeiten und Bedürfnissen des Kunden ab. Ist er ein Marktkunde, der sich eigentlich selbst gut helfen kann? Ist er ein Beratungskunde, der einige Hilfestellungen zur Perspektivänderung oder einen Anschub braucht? Oder ist es ein Betreuungskunde, um den ich mich intensiv kümmern muss? Wir schauen zusammen, ob Defizite in verschiedensten Dimensionen angesiedelt sind, seien es fehlende Fachkenntnisse, gesundheitliche Einschränkungen usw. Daraus leite ich ab, welche Handlungsmöglichkeiten ich nutzen könnte. Aufbauend darauf erarbeiten wir eine Strategie: Wo wollen wir gemeinsam hin, was wollen wir erreichen? Das mündet letzten Endes in eine Eingliederungsvereinbarung.

Eine Eingliederungsvereinbarung?
Ja, eine solche ist gesetzlich vorgegeben. Ich als Vermittler muss dem Kunden ganz klar darlegen, was der Staat machen und was er selbst unternehmen kann. Damit verbunden hat er Verpflichtungen. Und auch wir halten uns an bestimmte vereinbarte Positionen. Ich nenne das eine Hausaufgabe für beide.

Wozu verpflichten Sie sich als Mitarbeiter der Arbeitsagentur?
Das ist individuell unterschiedlich. Wenn ich Handlungsbedarf in Richtung beruflicher Weiterbildung erkenne, dann ist das unmittelbare Ziel die rasche Gewährung eines Bildungsgutscheins. Das ist meine Zusage.

Können Sie sich denn auf diese Erstberatungsgespräche vorbereiten?
Mittlerweile sehr gut. Die Eingangszone des Kundenzentrums, wo sich der Bewerber meldet, gibt ein Arbeitspaket aus. Je nachdem, wie flink der Kunde mitwirkt, habe ich diese Unterlagen dann ein paar Tage vor dem Erstgespräch vor mir liegen und kann mich vorbereiten.

Was ist das Arbeitspaket?
Das ist ein fünfseitiger Bogen, in dem der Kunde selbst seine wichtigsten Kenntnisse und Fähigkeiten einträgt. Er überlegt sich schon einmal einen gewissen

Ansatz, was seine Zielsetzung betrifft: Will er in Vollzeit arbeiten oder in Teilzeit, gibt es bestimmte Einschränkungen, ist er überregional, bundesweit oder im Ausland vermittelbar? Welche Vorstellungen hat er von der Tätigkeit, die er wieder anstrebt? Gibt es eine alternative Tätigkeit? Als Anlage kommt im besten Fall noch gleich die Bewerbungsmappe. Die ist meist nicht hundertprozentig aktuell, weil noch Referenzen des letzten Beschäftigungsverhältnisses usw. fehlen, aber im Prinzip bin ich dann schon sehr gut vorbereitet.

Wo bekommt er dieses Arbeitspaket?
Bei der Anmeldung zum Arbeitslosengeld I direkt in der Eingangszone. Es kann aber auch durch das Service-Center zugeschickt werden.

Was passiert nach dem Erstgespräch?
Nach diesen Erstgesprächen finden Folgegespräche statt. Mit einer Strategie allein ist es ja im Erstgespräch nicht getan. Ich weiß zwar, dass wir unseren Standpunkt danach gefunden haben, aber daran zu arbeiten und die Strategie auch umzusetzen ist genauso wichtig, wenn nicht sogar wichtiger.

Verfügen Sie zur Jobsuche über spezielle Internet-Suchmaschinen?
Ja, wir haben zum einen die Jobbörse der Agentur, dazu weitere Internet-Stellenbörsen, mit denen wir teilweise partnerschaftlich verbunden sind. Die sind selbstverständlich kostenfrei. Das ist eine Bombensache.

Aber auf die kann jeder zurückgreifen?
Auf die kann jeder zurückgreifen.

Dann müsste kein Kunde neben Ihnen sitzen und fragen: „Schauen Sie mal, ob für mich ein Job frei ist?“
Nein, das passiert nur noch selten. Ein aktiver Bewerber wird nicht warten, bis die Arbeitsagentur mit der Stellensuche für ihn beginnt. Hochqualifizierte Bewerber haben meist schon selbst ihre Profile bei geeigneten Stellenbörsen eingestellt. Es gibt natürlich Personengruppen, die man verstärkt unterstützen muss, damit sie diese Möglichkeiten nutzen. Mit diesen Kunden kann man sicher auch im Vor-Ort-Gespräch nach geeigneten Stellenangeboten recherchieren.

Haben viele kein Internet zu Hause?
Das ist nicht so selten. Es gibt Gespräche, während derer mir jemand sagt: „Sie wissen ja, wie wenig Arbeitslosengeld ich habe. Ich kann mir keinen Computer kaufen, und ich kann auch nicht jeden Tag ins Internetcafé gehen.“ Ich erlaube mir darüber kein Urteil. Aber für solche Fälle haben wir in den Agenturen kostenlos unsere Selbstinformationsstützpunkte. Da kann sich jeder dransetzen, kostenfrei surfen. Da kann man sogar kostenfrei mit den Arbeitgebern telefonieren. Das sollte also kein Problem sein.

Haben die Leute Hemmungen, wenn sie das erste Mal zu Ihnen kommen?
Ja, gewaltige Hemmungen. Arbeitslosigkeit ist mit Sicherheit für niemanden schön. Ich selbst war in meinem Leben noch nicht arbeitslos, aber ich habe ja Bekannte, Freunde, Verwandte, die in diese Situation geraten, und man merkt, was da in dieser Zeit geschieht. Ich kenne kaum jemanden, den das kaltlässt.

Wie nehmen Sie den Leuten die Hemmungen?
Ruhig und sachlich reden, zuhören, den Menschen ausreden lassen. Das nenne ich aktives Zuhören. Ich öffne die Tür, biete ihnen Platz an, stelle mich selbst namentlich vor, reiche die Hand, und dann sage ich ein paar Worte über mich. Und dann geht's los. Manchmal kann ich auch Pech haben und der Fahrplan entwickelt sich nicht so, wie eigentlich gedacht. Wichtig ist, dass der Kunde offen mit mir spricht, dann kann ich mich mit seinen Problemen auseinandersetzen. Dann kommt auch nicht das Gefühl auf, ihm nach Schema F etwas überstülpen zu wollen.

Können Sie uns ein Beispiel dafür nennen, wenn es nicht gut läuft?
Ja, wenn die erste Reaktion so lautet: „So ein Mist, jetzt bin ich arbeitslos, und Sie können mir sowieso nicht helfen."

Und was sagen Sie dann?
„Das bleibt abzuwarten."

Und werden die Leute im Verlauf der Beratung dann überrascht?
Ja, vielfach sogar. Aber es gibt auch die andere Seite. Manch einen kann man nicht überraschen, weil er es auch nicht will.

Was bedeutet „Perspektivänderung" eigentlich?
Die Perspektivänderung hängt meistens an objektiven Kriterien. Ein Beispiel: Wenn wir vorwiegend Stellenangebote im Süden Deutschlands haben und weniger in Berlin, dann sollte ein arbeitsloser Mensch in Berlin überlegen, ob Süddeutschland für ihn eine Perspektive ist.

Wer entwickelt die neue Perspektive?
Ich muss dazu beitragen, dass Mann oder Frau die Perspektive ändert und neue Blickwinkel in Betracht zieht. Mein Angebot könnte also sein: „Ich habe mittelfristig ein Angebot in Süddeutschland. Denken Sie doch darüber nach, und recherchieren Sie einmal, welche weiteren Möglichkeiten sich dadurch auftun."

Wenn der Kandidat erst einmal motiviert und aktiv unterwegs ist, stelle ich Mittel und Möglichkeiten in Aussicht, um die Arbeitsaufnahme in Süddeutschland gut zu begleiten.

Sie können dann bei einem Umzug beispielsweise auch finanziell unterstützen?
Das ist kein Problem. Natürlich gibt es da auch Spielregeln, aber das ist alles relativ unbürokratisch handelbar.

Ist eine Umschulung in einen neuen Beruf das Heilmittel?
Sie ist kein Instrument, um auf Dauer sinnvoll Arbeitsmarktpolitik zu gestalten. Ich erinnere mich an meine Anfänge in der Agentur 1990. Wir hatten eine relativ große Arbeitslosigkeit besonders im Osten, da waren ganze Betriebe weggebrochen. Teilweise waren wir täglich in Betrieben und haben am Tag 400 Leute arbeitslos gemeldet und aufgenommen. Umschulungen haben fürs Erste geholfen, die Arbeitslosigkeit zu umgehen. Das war damals besser, als die Menschen halt- und arbeitslos zu lassen.

Und heute?
Das hat sich geändert. Ich betreue ja Arbeitslosengeld-I-Kunden, der Fokus liegt auf Integration in den ersten Arbeitsmarkt. Nur wenn überhaupt nichts mehr geht und ich auch keine Vermittlungsmöglichkeiten mehr sehe, schlage ich eine Umschulung vor.

Weiterbildung oder Umschulung, haben die Kunden Bedenken?
Natürlich, vor allem in den Jobcentern. Dort werden überwiegend Menschen betreut, die in der Zeit des Arbeitslosengeldes I keinen Job gefunden haben: ungelernte, angelernte und ältere Arbeitnehmer. Das sind Menschen, die schon eine gewisse Arbeitslosigkeit durchlaufen haben. Da können natürlich die Ängste stärker sein, sich einer neuen Aufgabe zu stellen.

Agenturen unterstützen sowohl Arbeitnehmer als auch Arbeitgeber bei einer Weiterbildung?
Ja, zum Beispiel durch unser Programm mit dem Namen WeGebAU*. Wenn etwa ein Unternehmer Personal abbauen müsste, die Leute aber bei besserer Qualifikation weiterhin halten könnte, dann sind wir als Agentur natürlich dabei.

Was ist ein Vermittlungsgutschein?
Damit kann ein Kunde die Dienste eines privaten Arbeitsvermittlers auf Kosten der Arbeitsagentur in Anspruch nehmen, denn die Arbeitsagentur hat kein Vermittlungsmonopol. Das finde ich auch ganz gut, weil Konkurrenz das Geschäft belebt. Man kann sich gegenseitig befruchten. Wenn ein Kunde zu mir sagt: „Herr Kind, ich brauche einen Vermittlungsgutschein für einen privaten Vermittler“, finde ich das positiv. Es bringt doch zusätzliche Chancen, und man muss eben alle Möglichkeiten offensiv angehen.

Gehört Arbeitslosigkeit zur Normalität im Lebenslauf?
Eine Erwerbsbiografie ohne Auszeiten wird wahrscheinlich die Ausnahme werden. Man muss davon ausgehen, dass es kürzere oder mittlere Phasen von Arbeitslosigkeit geben wird.

*WeGebAU = Weiterbildung Geringqualifizierter und beschäftigter älterer Arbeitnehmer in Unternehmen

In der Künstlervermittlung:

Altera Piccolo, 42

TEAMLEITERIN

Wie die Beratung und Vermittlung von Künstlern funktioniert. Warum Künstler Ihren Blick auf den Arbeitsmarkt schärfen sollten

Geburtsort:	Kierspe, Nordrhein-Westfalen
Jahre bei der BA:	2
Erlernter Beruf:	Studierte Geisteswissenschaftlerin (Slawistik, Germanistik, Pädagogik)
Arbeitsort:	ZAV-Künstlervermittlung Köln, Nordrhein-Westfalen
Hobbys:	Tanzen, Musik, Kultur im weitesten Sinne

Können Sie uns erklären, was eine Künstlervermittlung ist und wie man Künstler im Sinne einer Arbeitsvermittlung überhaupt in Jobs bringt?
Was unsere Künstlervermittlung tut? Wir vermitteln darstellende Künstler ans Theater, in Filmproduktionen, TV-Serien, an Kreuzfahrt-Veranstalter und andere Arbeitgeber. Egal, ob der Auftrag zwei Jahre oder zwei Stunden Arbeit bringt – es geht dabei immer um abhängige Beschäftigungen. An den sieben Standorten der Künstlervermittlung arbeiten wir mit der gleichen Datenbank, denn Künstler sein ist quasi gleichbedeutend mit mobil sein, das heißt, ein Künstler in Sachsen kann durch uns auch nach Aachen vermittelt werden, oder jemand in Lübeck erhält über uns ein Engagement in Passau.

Wie funktioniert die Vermittlung im Einzelnen?
Wir führen eine Künstlerkartei. Die haben wir selbst aufgebaut. Kandidaten mit einer entsprechenden darstellerischen, tänzerischen oder sängerischen Ausbildung kommen zu uns. Wir schauen uns deren Fähigkeiten und Defizite an und entscheiden dann, ob wir sie in die Kartei aufnehmen – ausschlaggebend ist, ob wir sie für vermittelbar halten. Wenn wir eine Kartei mit nicht geeigneten Leuten führen würden, wären wir kein ernsthafter Ansprechpartner für die Arbeitgeber.

Und wie läuft das konkret ab?
Der Künstler absolviert erst einmal eine Eignungsdiagnostik. Wir veranstalten regelmäßig Vorsingen oder Auditions. Wenn jemand neu zu uns kommt, fordern wir die Bewerbungsunterlagen an, danach bekommt der Kunde einen Termin zum Vorsprechen. In Köln beispielsweise gibt es für Schauspieler alle zwei Wochen ein Vorsprechen. Zu diesen kommen dann die Schauspieler zu uns, die noch nicht in der Kartei sind, bereiten fünf Rollen vor und präsentieren sich. Im Anschluss findet die Beratung statt. Das ist eine sehr hilfreiche Maßnahme. Vorsprechen gehört zum Berufsbild dazu, man muss permanent vorsprechen, -singen oder -tanzen. Das Wichtigste aber ist die Beratung, die darauf folgt. Wir als Profis geben Tipps, wo die Leistung noch nicht rund ist.

Kann man sich Ihre Arbeit wie die eines Agenten oder Managers vorstellen?
Agenten sind wir nicht, da wir kein Künstlermanagement betreiben können. Dafür haben wir weder die Kapazitäten, noch ist das unser gesetzlicher Auftrag. Aber wir können dafür Sorge tragen, dass der Markt der darstellenden Kunst eine gewisse Stabilität erlangt. In Deutschland gibt es ja eine unglaublich reiche Theaterlandschaft. Das ist ziemlich einmalig. Wir haben die Staatstheater, wir haben die Stadttheater, wir haben die Landesbühnen. Und wir haben unwahrscheinlich viele kleine Theater, eine freie Szene. Das ist etwas ganz Besonderes, was ich für sehr erhaltenswert erachte. Was würde geschehen, wenn es von heute auf morgen keine Künstlervermittlung mehr gäbe? Wer verfügt denn über die Möglichkeit, für eine Berufsgruppe mit einer derart extremen Mobilität und ständig wechselnden Engagements eine solch komplizierte Vermittlung zu übernehmen?

Worin liegt der Vorteil der Künstlervermittlung?
Wir haben ein wirklich gutes Standing, wahrscheinlich deshalb, weil wir uns sowohl um die Arbeitnehmer als auch um die Arbeitgeber kümmern. Wir verwalten den größten Künstlerpool im deutschsprachigen Raum und besitzen ein gutes Netzwerk. Im Grunde können wir auf jede Anfrage mit passenden Vorschlägen antworten. Nehmen wir zum Beispiel ein Vorsingen: Wenn da nun in München ein Bass erscheint und gut singt, dann nehmen wir den in unsere Kartei auf. Über diesen Künstler informieren wir dann im kompletten Netzwerk der Künstlervermittlung. Vielleicht bekommt er schon eine Woche später ein Angebot aus Berlin oder Hamburg. Das ist etwas, was private Agenturen überhaupt nicht leisten können. Zudem arbeiten wir provisionsfrei und unparteiisch - wir verkaufen keine Künstler wie eine Privatagentur, die nur zehn oder 20 Leute vermittelt. Ein breites Spektrum und Neutralität sind unsere Alleinstellungsmerkmale.

Was tun die Berater, um ihre Kompetenz und ihr Netzwerk zu erhalten?
Sie schauen sich ganz viele Produktionen an, besuchen Premieren, bieten aber eben auch Sprechstunden an, besuchen Proben, Messen, Tagungen und andere Veranstaltungen - kurz: Sie sind ganz nah am Marktgeschehen dran.

Kommen die Künstler ausschließlich freiwillig zu Ihnen, um sich zu bewerben?
Klar - in der Regel kommen sie freiwillig, aber wer Leistungen der Bundesagentur empfängt und darstellender Künstler ist, wird uns von der jeweiligen Agentur übermittelt. Im Rahmen unserer Eignungsprüfung schätzen wir dann die Vermittelbarkeit ein, und ist die gegeben, erfolgt die Aufnahme in die Vermittlungsdatenbank. Wir sind nicht zuständig für die Schauspieler, die Schauspielerei als Hobby betreiben. Ohne das Handwerk nachweislich zu beherrschen, ist man bei uns an der falschen Adresse.

Unter welchen Bedingungen könnte ein Künstler ein Engagement eigentlich ablehnen? Gilt da etwas anderes als bei anderen Arbeitsuchenden?
Im Grunde nicht. Wenn er Leistungsempfänger ist und wir der Meinung sind, das ist eine Stelle, dann gibt es da kein Vertun. Es bestehen aber natürlich Einschränkungen - wie anderswo auch. Ein Beispiel: Vielleicht hatte der Künstler schon mit dem betreffenden Arbeitgeber zu tun und es gab Probleme. Man muss bedenken, dass die Künstler ihre Arbeitgeber sehr häufig wechseln und an vielen Theatern etwa in der Regel schon waren. Wenn wir wissen, da hat schon einmal etwas nicht funktioniert, werden wir dem Arbeitgeber diesen Arbeitnehmer nicht schicken. Wenn ein Künstler einen Job nicht annimmt, der ihm geboten wird, gibt es natürlich auch bei ihm eine Leistungskürzung. Aber Künstler sind ohnehin unheimlich flexibel. Sie haben ja nicht die Chance auf eine Festanstellung, sie sind schon froh, wenn sie einen Stückvertrag bekommen.

Sie finden eigentlich keine Künstler bei uns, die sich sträuben, ein Angebot anzunehmen.

Wenn ein Künstler kein Engagement bekommt, muss er in der Zeit seiner Arbeitslosigkeit dann keiner anderen Tätigkeit nachgehen?
Die Berater der lokalen Arbeitsagentur machen wenn möglich natürlich auch Vorschläge. Verfügt ein Künstler beispielsweise auch über eine kaufmännische Ausbildung, so bekommt er auch entsprechende Angebote. Da kann es theoretisch vorkommen, dass wir ein Engagement für einen Kunden haben, der jedoch gerade einen Bürojob absolviert. Das passiert jedoch eher selten, da den meisten Künstlern das zweite Standbein fehlt.

Zahlt ein Künstler in die Sozialversicherung ein?
Ja. Wir vermitteln ja in abhängige, sozialversicherungspflichtige Beschäftigungen, und wer in einem bestimmten Zeitkorridor eine gewisse Menge an Arbeitstagen angesammelt hat, kann auch entsprechend Arbeitslosengeld I beantragen. Problematisch ist es jedoch z.B. im Film- und Fernsehbereich. Die Tagesgagen sind auf den ersten Blick hoch. Sie müssen aber auch den Lebensunterhalt für die Wochen zwischen den Produktionen decken. Die Schauspieler zahlen also relativ hohe Sozialversicherungsbeiträge ein, haben im Grunde jedoch selten die Chance, Leistungen in Anspruch zu nehmen, da sie nur wenige Arbeitstage pro Jahr ansammeln.

Informieren Sie über die künstlerischen Berufe auch initiativ?
Sicher tun wir das. Jedes Jahr richten wir einen Aktionstag aus. Im letzten Jahr haben wir uns in Köln mit dem Thema „Nachwuchs in der darstellenden Kunst" beschäftigt – eine professionelle Casterin hat vor Publikum gezeigt, wie ein Casting abläuft, es gab einen Workshop zu der Frage, wie man sich richtig bewirbt, und einen Einblick in die Arbeit der Kölner Schauspielschulen. Wir arbeiten ebenfalls mit den Abi-Beratern der BA zusammen. Die waren auch am Aktionstag präsent, sind sie doch ein wichtiger Multiplikator für unser Fachwissen, weil sie schließlich an die Gymnasien gehen.

Wenn jemand auf die Bühne möchte, beschäftigt der sich dann überhaupt mit der Arbeitsmarktsituation?
Wer sich für den künstlerischen Bereich entscheidet, der macht das meistens aus dem Herzen heraus. Derjenige will Tänzer werden, meist ohne Rücksicht auf Verluste. Der sieht das als einzige Möglichkeit, sich selbst beruflich zu verwirklichen. Und dann gucken solche Leute manchmal auch nicht nach rechts und links. Deshalb gehen unsere Arbeitsvermittler ja auch an die Hochschulen, um sehr früh zu signalisieren, welche Schwierigkeiten es gibt und wie die Chancen gegenwärtig stehen. Häufig trifft man auf Künstler, die sagen, sie wollten auf der Welt nichts anderes machen. Aber irgendwann ist leider auch Kassensturz angesagt.

Schmieden Sie mit Ihren Kunden auch Pläne für eine weitere Zukunft?
Natürlich. Zum Beispiel geht eine Tänzerkarriere mit dem erreichten 30. Lebensjahr meist zu Ende. Wenn ich mir vorher keine Gedanken gemacht habe, was ich sonst eigentlich noch kann, ist das fahrlässig. Jeder muss überlegen: „Bin ich vielleicht pädagogisch talentiert - kann ich also tanzpädagogisch arbeiten? Oder kann ich mit einer medizinischen Qualifizierung weiterarbeiten? Will ich Physiotherapeut werden?" Im Massage- und Wellness-Bereich gibt es vielfältige Möglichkeiten. Bei der Orientierung helfen unsere Berufsberater von den Arbeitsagenturen weiter.

Sagt ein Künstler eigentlich, er sei arbeitslos? Oder spricht er von sich eher als jemand, der ohne Engagement sei?
Zum Teil ist es ein Tabu, arbeitslos zu sein - ob nun Künstler oder nicht. Wenn man zwischen zwei Verträgen arbeitslos ist, wird das nicht als dramatisch empfunden, weil das der Normalfall ist. Gegenüber Arbeitgebern zählt das Selbstmarketing. Und da hat man natürlich ein besseres Standing, wenn man suggeriert: „Mir geht es gut, ich bin erfolgreich." Das ist eigentlich nichts Künstlerspezifisches. Es gibt Künstler, die Hartz IV nicht in Anspruch nehmen, weil es einfach Vorbehalte gibt oder weil sie Angst haben, stigmatisiert zu werden. Aus unserer Sicht orientieren sich die Chancen, eine Stelle zu erhalten, an der fachlichen Qualität. Dennoch kommt auch der andere Fall vor.

Haben Sie schon einmal jemandem zum Durchbruch verholfen?
Was ein Durchbruch ist, kann ja sehr unterschiedlich definiert werden. Ist es nicht ein Durchbruch, wenn Sie einen Hochschulabsolventen von der Hochschule weg in einen Jahresvertrag vermitteln? Für mich ja. Im Grunde gibt es bei uns jeden Tag solche kleinen Schritte, diese kleinen Erfolgserlebnisse. Für uns ist einfach wichtig, dass die Leute in Arbeit bleiben. Wir können Leute Job to Job vermitteln: Wir wissen von einem Künstler, dessen Engagement zu Ende geht, und hören zugleich in einem Theater, dass genau so ein Künstler gesucht wird. Wir sind dem Ziel, Arbeitslosigkeit zu verhindern, immer auf der Spur, und das sehr erfolgreich.

In der Hotel- und Gaststättenvermittlung:

Susanne Koberstein, 40

ARBEITSVERMITTLERIN

Koch & Co. – eine Branche entdeckt das Saisongeschäft auf Kreuzfahrtschiffen. Für wen ein Job auf hoher See attraktiv ist

Geburtsort:	Suhl, Thüringen
Jahre bei der BA:	19
Erlernter Beruf:	Fachangestellte für Arbeitsförderung/Weg 5 gehobener Dienst
Arbeitsort:	Arbeitsagentur Suhl, Thüringen
Hobbys:	Joggen, Radfahren, Bergwandern, Freundinnen treffen, ein gutes Buch lesen

In der Hotel- und Gaststättenbranche wird häufig mit Saisonverträgen gearbeitet. Sie vermitteln Personal auf Kreuzfahrtschiffe, wie funktioniert das?
Den Arbeitsmarkt für Hotels und Gaststätten kann man nur bedingt regional betrachten. In der Gastronomie wird eine gewisse Wanderschaft vorausgesetzt. Wenn man sieht, wie viele Schiffe in den nächsten Jahren in den Dienst gestellt werden, dann muss das Personal dafür ja irgendwoher kommen. Und auf diese Vermittlung haben wir uns spezialisiert.

Welche Menschen interessieren sich für eine berufliche Seepartie?
Flexible, mobile junge Leute, die die Branche für sich entdecken wollen, die ihren Lebenslauf damit aufwerten möchten. Der überwiegende Teil an Bewerbern steht am Anfang der beruflichen Karriere, also bei Anfang bis Ende 20.

Auch Menschen ab 40 aufwärts?
Ja, zum Teil – im Bereich der Führungskräfte sind Erfahrene und Lebensältere sehr gern gesehen. Auch eine Reederei wie Deilmann sucht erfahrene Menschen als Bedienung – Deilmann gehört die MS Deutschland, also das Fernseh-Traumschiff, da kann ich nicht nur 20-Jährige hinsetzen.

Und jenseits der Gastronomie, was gibt es da noch für Berufe?
Alles von A bis Z. In der Kreuzfahrerei werden ja nicht nur Köche oder Hotelfachleute gesucht, sondern auch Krankenschwestern, Schneidermeister, Kosmetiker, Klempner oder Elektriker. Heute vermitteln wir das gesamte Spektrum.

Sie sind ja eine Hotel- und Gaststättenvermittlung, wie gehen Sie mit Anfragen außerhalb der Gastronomie um?
Unser Pool wird immer größer, und wir haben Bewerber, mit denen wir vor zwei oder drei Jahren noch nicht gearbeitet haben. Durch spezielle Anwerbetage kommen auch viele Menschen, die direkt an uns herantreten und sagen: „Ich bin Elektriker, könnten Sie sich vorstellen, mich auch an Bord zu vermitteln?"

Heuerstellen schließen – kümmern Sie sich auch um nautisches Personal?
Nein. In Hamburg gibt es noch eine Heuerstelle, die das nautisch-technische Personal betreut, weil das für uns zu spezifisch wäre. Dort sind Mitarbeiter, die früher selbst zur See gefahren sind und ihr Know-how mit einfließen lassen.

Was macht diese Jobs auf hoher See so attraktiv?
In erster Linie, denke ich, ist es das internationale Publikum, die internationale Crew. Man ist jeden Tag in einem anderen Hafen und sieht etwas von der Welt. Das Arbeiten in einer internationalen Crew ist eine tägliche Herausforderung. Bedürfnisse, Lebensgewohnheiten, Sichtweisen des anderen kennen- und verstehen zu lernen – das bringt einen doch weiter. Am Morgen und Abend sitzt man zu den Mahlzeiten in der Crewmesse, hat mit vielen Nationalitäten zu tun – man lernt Toleranz und Wertschätzung. Bei allem täglichen Stress, den man bei der wirklich harten Arbeit hat, zählen soziale Kompetenz und Freundschaften.

Sind die Verdienstmöglichkeiten besser als an Land?
Das kann man nicht behaupten – es hält sich die Waage. Kost und Logis an Bord sind frei, man hat nicht wie zu Hause Ausgaben für Essen, Miete und Kosten für

die Fahrt zum Arbeitsort. Aber in den Genuss kommen die Arbeitnehmer bei einer Vermittlung in Gastronomiebetriebe im Ausland wie Österreich und Schweiz auch.

Ihre Kandidaten wollen also wirklich auf See?
Ja, aber nicht nur auf See oder Fluss. Junge Leute brennen doch darauf, rauszukommen. Wo man hinhört, wollen alle weg, und nichts ist spießiger, als zu Hause zu bleiben und bei Mama, Papa, Onkel und Cousin am Abendbrottisch zu sitzen. Deswegen nutzen sie die Möglichkeit und vollführen sogar den Spagat zwischen diesem harten Job und dem Leben an Bord.

Sie führen auch Assessment-Center und Kochshows durch, was passiert da?
Der Arbeitgeber kommt mit zwei oder drei Mitarbeitern und präsentiert sein Unternehmen. Wir als Organisatoren laden zwischen 20 und 30 Bewerber ein, und jeder stellt sich einzeln vor: Warum will er an Bord? Was hat er für eine Vorstellung von dieser Tätigkeit? Und dann geht es schon straff los. Alle bekommen einen schriftlichen Test, den müssen sie bestehen. In der Zwischenzeit wird schon geguckt, wer anhand der ersten Vorstellungsrunde interessant sein könnte. Dann wird die Gruppe in Küche, Restaurant, Rezeption geteilt. Anschließend beginnt man mit klassischen Rollenspielen Kunde-Personal. Die Köche gehen zum Beispiel mit Kollegen der Reederei in ein angemietetes Kochstudio und kochen die Menüs, die auch an Bord gekocht werden, in drei, vier, fünf Stunden durch.

Sie schauen, wie schnell gekocht wird?
Ja, genau - es wird geschaut, wie gekocht wird, wie kreativ der Einzelne ist. Und natürlich achten wir auch auf gewisse Berufsstandards. Aus der Bewerbung kann man ja nicht alles herauslesen. So kann der Koch sein Fachwissen vor Ort auch besser unter Beweis stellen und verkaufen.

Greifen Sie bei der Kandidatenauswahl auf das gesamte Bundesgebiet, auf alle Agenturen und ARGEn zurück?
Ja - flexibles und gut ausgebildetes Personal gibt es im gesamten Bundesgebiet, und unsere Kollegen leisten entscheidende Vorarbeit. Aber ich muss auch ehrlich sagen, wer in dieser Branche länger als ein Jahr arbeitslos ist, bei dem stimmt etwas nicht. In der Hotellerie und Gastronomie kann man immer arbeiten, wenn man will.

Treffen Sie eine Vorauswahl für das Assessment-Center?
Unbedingt. Wir sichten die eingehenden Bewerbungsunterlagen und kontaktieren die Bewerber in einem Telefoninterview.

Sie bürgen dem Arbeitgeber gegenüber, den Sie betreuen, für Qualität?
Anders hätte das alles nicht funktioniert. Wir müssen schon Qualität bringen, sonst schaltet man uns nicht mehr ein. Eine Reederei muss sich auf die fachliche Qualität verlassen können. Es nützt keinem etwas, wenn der Bewerber im

nächsten Hafen das Schiff verlassen muss, weil er fachlich nicht geeignet war. Qualität sichert auch die Akzeptanz der Bundesagentur.

Wenn das alle täten, hätten wir dann eine bessere Vermittlungsquote?
Das machen alle Vermittler bereits. Der Vorteil bei unserem Projekt „Meer-Arbeit" ist, dass es eine ganz spezielle Branche ist und wir inzwischen wissen, was die Arbeitgeber wollen und was für die Arbeitnehmer wichtig ist, wenn sie an Bord gehen.

Was ist ein Hochseetauglichkeitstest, was kostet der, und wer bezahlt den eigentlich?
Ein solcher Test nennt sich Basic-Safety-Kurs. Der dauert eine Woche, das volle Programm: durch brennende Container laufen, von fünf Metern Höhe ins Wasser geworfen werden, eine Rettungsinsel aufbauen und mehr. Er kostet ungefähr 600 €, wird von der Finanzierung her aber ganz unterschiedlich gehandhabt. Es gibt Arbeitsagenturen, die unterstützen die Eintrittskarte zum Schiff. Aber auch der Arbeitgeber finanziert das, wenn jemand an Bord kommen soll. Da gibt es unterschiedliche Abstimmungen.

Muss man noch andere Tests bestehen, bevor man an Bord kommt?
Wenn, dann nur berufsspezifische Tests, Extrazertifikate als Barkeeper etwa – ansonsten werden Führungszeugnis und Gesundheitspass benötigt.

Gibt es auf See eine eigene Amtssprache?
Eine Amtssprache gibt es nicht, aber es gibt die Bordsprache, die im Hochseebereich meist Englisch und im Bereich Flusskreuzfahrten Deutsch ist.

Unterstützen Sie die Kunden auch bei Vertragsverhandlungen?
Da kommen wir an unsere Grenzen. Wir sind Vermittler und dafür zuständig, dass Arbeitgeber und Arbeitnehmer zusammengebracht werden. Die vertraglichen Konditionen können wir uns zwar anschauen, aber nicht in irgendeiner Form Einfluss nehmen. Doch distanzieren wir uns von Arbeitsangeboten, die z. B. 500 Dollar Gehalt im Monat und 2000 Dollar Trinkgeld versprechen. Von derartigen Zusicherungen weiß kein Mensch, ob sie zu halten sind.

Was muss beim Job auf See noch beachtet werden?
Vermitteln ist das eine. Aber der Arbeitnehmer muss sich versichern und absichern. Was ist, wenn wirklich mal was passiert? Wenn ein Schiff gekidnappt wird – was passiert mit der Besatzung? Wer bezahlt dann die Heimreise? Wer versichert ihn? Das sind natürlich Dinge, die auch der Bewerber mit dem Arbeitgeber besprechen sollte.

Liegt in der Schifffahrt die nächsten Jahre noch ausreichend Potenzial?
O ja. Bis 2011 werden 18 neue Schiffe in den Dienst gestellt. Das bedeutet neue Arbeitsplätze. Aber es geht nicht immer nur um deutsches Personal.

Ist deutsches Personal gefragt?
Klar, weil im Moment der deutsche Urlauber den Kreuzfahrtmarkt für sich erobert hat. 90 Prozent der Gäste sind deutschsprachig. Und die möchten natürlich im Frontpersonal von Rezeption, Restaurant, Wellness und Freizeit auch von deutschsprachigem Personal bedient werden.

Im Kundenreaktionsmanagement:

Nils Friedrich, 32

PERSÖNLICHER ANSPRECHPARTNER IM BEREICH SGB II

Welchen Weg eine Beschwerde nimmt.
Was man bereits im Gespräch klären kann.
Wie wichtig die Meinung der Kunden ist

Geburtsort:	Winsen, Niedersachsen
Jahre bei der BA:	5
Erlernter Beruf:	Diplom-Verwaltungswirt (kommunal)
Arbeitsort:	ARGE Harburg, Dienststelle Winsen, Niedersachsen
Hobbys:	Pen-&-Paper-Rollenspiele, Schreiben

Vermittler, Berater, persönlicher Ansprechpartner – viele Begriffe, ein Mitarbeiter?

„Vermittler“ ist ein sehr allgemeiner Terminus. Darunter waren und sind sämtliche Vermittlungsfachkräfte zusammengefasst. Das Zweite Sozialgesetzbuch, nach dem wir in den ARGEn arbeiten, spricht vom „persönlichen Ansprechpartner“. Diesen Ausdruck finde ich auch schöner als „Vermittler“. „Vermittler“ legt nahe, es gehe ausschließlich um Arbeitsaufnahmen. Menschen in Arbeit zu bringen ist zwar grundsätzlich unser Job. Die Arbeit mit dem Kunden setzt aber meistens schon viel früher an, etwa mit Schuldenberatung. Bis zum konkreten Job ist es oft ein langer Weg. Und deswegen ist „persönlicher Ansprechpartner“ treffender als „Vermittler“. Der Fallmanager wiederum ist für Kunden mit schwierigen Problemen da, technisch ausgedrückt also für Menschen, die mindestens drei oder mehr Vermittlungshemmnisse haben. Davon müssen zwei veränderbar sein, wie Langzeitarbeitslosigkeit, Schulden oder eine Suchtproblematik.

Sie arbeiten in der ARGE Harburg – wie viele Mitarbeiter arbeiten für wie viele Kunden?

Insgesamt haben wir ungefähr 120 Beschäftigte, auch Teilzeitkräfte. Dem stehen knapp 6000 Bedarfsgemeinschaften gegenüber – pro Bedarfsgemeinschaft im Schnitt 2,2 Personen, also haben wir insgesamt etwa 13 000 Kunden. Hierbei sind alle mitgezählt: Frauen, Männer, Kinder. Etwa 9000 davon sind sogenannte erwerbsfähige Hilfebedürftige, die wir tatsächlich betreuen. Davon wiederum befindet sich ein Teil in Arbeit; hier ist keine intensive Betreuung nötig, weil das Ziel der Integration und Beschäftigung erreicht ist. Aber alle anderen sind arbeitslos und benötigen Beratung und Betreuung.

Als Vermittlungsfachkraft betreuen Sie in Ihrer ARGE auch das Kundenreaktionsmanagement. Seit wann gibt es diese spezifische Aufgabe bei der BA?

Seit 2003. Richtig kümmern konnten wir uns um diesen Bereich erst seit dem Jahr 2007. Vorher, durch die Umstellung auf Hartz IV, mussten wir die Arbeit in der ARGE erst einmal gut zum Laufen bringen, das heißt, vor allem die Leistungsgewährung musste funktionieren.

Welchen Stellenwert hat das Kundenreaktionsmanagement?

Die Bedeutung des Kundenreaktionsmanagements wächst zusehends. In vielen ARGEn kümmert sich die Geschäftsführung persönlich darum, dass das Kundenreaktionsmanagement verantwortungsvoll wahrgenommen wird. Der Geschäftsführung ist regelmäßig darüber zu berichten, dem Verwaltungsausschuss auch. Und wir sind da schon ehrlich: Wenn wir Blödsinn angestellt haben, dann wird das auch genau so benannt. Und dann bekommt der Kunde eine Entschuldigung.

Warum hat man diesen Job eingerichtet?

Mit dem Kundenreaktionsmanagement können wir die Kundenzufriedenheit ablesen. Nur wenn wir herausfinden, was gut läuft und was nicht, können wir uns verbessern. Hier hören wir, was die Bürger zu unserer Arbeit sagen.

Wie bringen die Kunden ihre Beschwerde vor?

Persönlich, schriftlich, telefonisch. Es gibt auch den Weg der sogenannten Meinungskarte, auch wenn die bei uns in der ARGE noch nicht eingerichtet ist. Dabei handelt es sich um eine Karte, die im Eingangsbereich ausliegt. Auf diesem Weg kann man sich auch anonym beschweren. Dann ist zwar leider kein Feedback an den speziellen Kunden möglich, aber wir haben immerhin die Information, was ihn stört. Man muss dazusagen: Natürlich kommt nicht jede Beschwerde ins Kundenreaktionsmanagement, einige werden auch von den Kollegen direkt bearbeitet.

Erklären Sie uns doch einmal den Weg, den so eine Beschwerde nimmt.

Es gibt eine verbindliche Dienstanweisung. Ein Beispiel: Der Bearbeiter teilt dem Kunden seine Entscheidung mit. Dieser ist damit unzufrieden. Er hat die Möglichkeit, den Dienstvorgesetzten zu sprechen. Ist keine Klärung möglich, geht es eben noch eine Stufe höher. Wenn wir das Problem in der ARGE nicht klären können, geben wir es auch schon mal an die Regionaldirektion zur Prüfung ab. Wobei, wenn es rechtliche Fragestellungen sind, würde ich auch immer darauf hinweisen, dass jeder Kunde die Möglichkeit hat, gegen die Entscheidung Widerspruch einzulegen. Und dann prüft eine unabhängige Stelle letztendlich noch einmal die Rechtmäßigkeit unserer Entscheidung.

Haben Sie eine Frist, innerhalb der solche Beschwerden erledigt sein müssen?

Die Beschwerde sollte binnen 14 Tagen abgearbeitet sein. Wenn absehbar ist, dass es länger dauert, weil zum Beispiel die Akte nicht sofort verfügbar ist, dann erhält der Kunde umgehend eine Nachricht.

Lassen sich viele Unstimmigkeiten im persönlichen Kontakt klären?

Ich wage einmal zu behaupten, dass die allermeisten Beschwerden gleich am Schreibtisch erledigt werden. Oft sind es Missverständnisse: Man redet aneinander vorbei. Als persönlicher Ansprechpartner ist es mein Job, ein Arbeitsbündnis mit dem Kunden herzustellen, also zu klären, wie wir es zusammen schaffen, dass mein Gegenüber Arbeit findet, Vermittlungshemmnisse abbaut und so fort. Im Leistungsbereich läuft es ein bisschen anders. Da geschieht viel über Leistungsbescheide, die nicht immer so gut verständlich sind, gerade wenn man rechtlich nicht bewandert ist. Da ist es dann etwas schwieriger. Dort müsste von Anfang an die Beratung intensiviert werden.

Was steht auf der Beschwerden-Hitliste ganz oben?

Ganz oben stehen Beschwerden bezüglich der Leistungsgewährung. Da kommen Menschen, die in sehr schwierigen Verhältnissen leben und wirklich finanzielle Not oder gar kein Geld mehr haben und eine schnellstmögliche Entscheidung möchten. Leider kommen die meisten einfach zu spät zu uns. Wir können eben nicht gewährleisten, dass sie an dem Tag, wenn sie ihren Antrag stellen, auch schon ihr Geld bekommen, weil dieser erst geprüft werden muss. Mit der Alternative der Lebensmittelgutscheine sind sie meistens auch nicht zufrieden, weil es ja schon blöd ist, wenn man mit einem Gutschein zum Supermarkt

laufen muss. Im Leistungsbereich ist es für gewöhnlich schwieriger, da klare rechtliche Regelungen zugrunde liegen und es nur wenig Ermessensspielraum gibt.

Welche Gründe gibt es noch?
Viele Beschwerden haben ihre Ursache auch im Verdacht der Behördenwillkür. Weil ganz häufig Entscheidungen nicht als rechtliche Entscheidungen über einen Sachverhalt gewertet werden, sondern als Entscheidung eines Menschen über einen anderen. Dann wird gesagt: „Herr Soundso hat meinen Antrag abgelehnt, und ich bin damit nicht einverstanden."

Bereitet das Amtsdeutsch vielen Schwierigkeiten?
Das Amtsdeutsch ist ein Thema für sich! Ja, rechtlich saubere Formulierungen müssen es sein. Wir dürfen doch keine falschen oder missverständlichen Sachverhalte in den Bescheid schreiben. Rechtlich muss dieser immerhin auch einem Klageverfahren standhalten können. Auf der anderen Seite sollte er aber verständlich sein. Leider ist Verständlichkeit nur das nachrangige Kriterium. Und wenn man dann die Aufgliederung sieht, nicht nur die Summe X für die Familie, sondern jeder Einzelne bekommt Betrag Y, und zwar für Regelsatz und Kosten der Unterkunft, für dies und jenes. Das sind dann oft zwei Seiten lange Tabellen. Hier wird die Sache kompliziert. So kommt eines zum anderen, Amtsdeutsch und Zahlenflut. Und Sie stehen da mit einem Bescheid, der für die meisten Menschen - ich nehme mich da nicht aus - auf den ersten Blick nicht mehr verständlich ist.

Wie viele Beschwerden betreffen eigentlich den Umgangston zwischen Mitarbeitern und Kunden?
Ein gutes Drittel. Beschwerden über den Ton münden häufig in Dienstaufsichtsbeschwerden. Im Kern sind es dann doch häufig Beschwerden über fachliche Entscheidungen. Ich habe in den letzten zwei Jahren vielleicht ein oder zwei echte Dienstaufsichtsbeschwerden gehabt, im Zuge derer das Mitarbeiterverhalten tatsächlich zu rügen war.

Macht das Bearbeiten von Beschwerden Sie zufrieden, weil Sie eine konkrete Lösung anbieten können, oder eher unzufrieden?
Darauf muss ich zwei Antworten geben. Einerseits macht mich meine eigene Arbeitsbelastung momentan unzufrieden, denn ich habe ja auch eine volle Stelle als persönlicher Ansprechpartner. Bisweilen ist das schwer unter einen Hut zu bekommen. Andererseits macht es mich schon zufrieden, wenn ich sehe, dass Probleme von unserer Seite aus wirklich zur Kenntnis genommen werden und wir dann auch zugeben, dass wir entweder einen Fehler gemacht haben oder uns sogar fragen: „Ist das ein generelles strukturelles Problem bei uns?"

War vor der Reform alles besser?
Früher in der Sozialhilfe war Arbeitsuche oftmals gar kein Thema oder Randthema. Und in der Arbeitslosenhilfe musste ein Vermittler oft mehr als 500 Kunden betreuen. Da war eine intensive Beratung fast unmöglich. Die Leute sind über Jahre allein gelassen worden, haben sich von Arbeit weit entfernt, vielleicht auch irgendwann aufgehört zu suchen, weil der Frust zunahm. Und auch deshalb ist Hartz IV richtig. Mit den Leuten wird wieder etwas gemacht. Sie werden nicht mehr in die Ecke gestellt. Ihnen wird nicht mehr einfach Geld gegeben und gesagt: „Der Rest ist uns egal.“ Sondern jetzt wird mit den Menschen gearbeitet. Das ist sicherlich am Anfang auch für die Betroffenen schwierig. Aber es ist unglaublich wichtig. Arbeit, das muss ich nicht erklären, ist wichtig für die Selbstidentifikation.

Was ist eigentlich mit Lob – existiert das?
Ja, aber selten. Es darf erwartet werden, dass bei der Arbeitsvermittlung alles klappt, dass das Geld pünktlich auf dem Konto ist, dass der Ansprechpartner Zeit hat. Manchem ist das dennoch ein Lob wert.

Und wofür würden Sie Ihre Kunden loben?
Ganz platt gesagt, dass es Leute gibt, die nach zwölf, 24 oder 36 Monaten Arbeitslosigkeit immer noch motiviert sind. Einige schieben unglaublich viel Frust und suchen trotzdem weiter nach Arbeit. Die machen und tun. Die mögen aus Gründen erfolglos sein, die sie gar nicht beeinflussen können, aber sie bleiben dran, mit der gleichen Motivation wie noch vor zwei Jahren. Das finde ich toll.

Im Arbeitgeberservice:

Marcus Helbig, 38

ARBEITSVERMITTLER

**Was die Arbeitgeber wollen.
Was man über Stellenbesetzungen wissen sollte**

Geburtsort:	Halle/Saale, Sachsen-Anhalt
Jahre bei der BA:	20
Erlernter Beruf:	Facharbeiter für Datenverarbeitung, Fachangestellter für Arbeitsförderung
Arbeitsort:	Arbeitsagentur Bitterfeld, Sachsen-Anhalt
Hobbys:	Handballschiedsrichter 1. Bundesliga und international

Was leisten Sie als arbeitgeberorientierter Vermittler für die Arbeitgeber?
Für die Arbeitgeber sind wir in allen Fragen rund um den Arbeitsmarkt da. Wir betreuen sie bei der Stellenbesetzung, bei Fragen zur Förderung sowie zur Weiterbildung ihrer Mitarbeiter im Unternehmen. Ganz aktuell ist natürlich die Frage der Kurzarbeit. Da haben viele Arbeitgeber bei uns in der Region Gesprächsbedarf. Derzeit ist es mehr oder weniger - leider, muss ich sagen - unsere Hauptaufgabe, die Arbeitgeber zu beraten. Aber unsere eigentliche Aufgabe ist die Stellenakquise und dann natürlich auch die Stellenbesetzung.

Wie suchen Sie nach offenen Stellen?
Im Internet und in der lokalen Presse. Des Weiteren suche ich mir aus der Betriebsdatenbank die Betriebe heraus und rufe sie an. Ich sage am Telefon, was ich mache, wer ich bin, und vereinbare dann einen Termin. Das klappt auch immer sehr gut.

Wen sprechen Sie um Stellen an?
Beim Ansprechpartner kommt es auf die Größe des Unternehmens an: Oft sind es Leute aus der Personalabteilung, teilweise auch Geschäftsführer. Sollten wir jemanden, den wir ohne Termin besuchen, nicht erreichen, lassen wir eine Broschüre mit Bild, Telefonnummer und E-Mail-Adresse von uns da. Wenn sich nach zwei, drei Wochen keiner gemeldet hat, haken wir nach und fragen, ob Interesse an einem Termin besteht.

Warum kommt nicht jeder Arbeitgeber automatisch zu Ihnen?
Ich würde schon sagen, dass die meisten Arbeitgeber in meiner Region uns einschalten. Aber es gibt natürlich auch solche, die unser Dienstleistungsangebot vielleicht nicht kennen oder glauben, dass die BA ihnen nicht behilflich sein kann. Wenn man ihnen aber darstellt, was wir bieten können, sind sie gern bereit, uns zu testen. Und in den meisten Fällen ist das erfolgreich.

Wie groß ist denn die Region, die Sie betreuen?
Wir sind eine Geschäftsstelle der Agentur für Arbeit in Halle für den Landkreis Anhalt-Bitterfeld. In unserer Agentur ist das Gebiet für die Vermittler nach Postleitzahlen aufgeteilt, in anderen Agenturen nach sogenannten Wirtschaftsbereichen. Ich betreue so über den Daumen gepeilt 600 Betriebe aus den unterschiedlichsten Branchen.

Sie sind also für den kleinen Floristenbetrieb, den Bäcker, den Schlosser, aber auch für eine große Firma, die Stahlblech herstellt, da?
Genau, ich betreue alles querbeet. Aus der Erfahrung heraus würde ich sogar sagen, dass es aus diesem Grund hier bei uns besser funktioniert, weil sonst unter Umständen mehrere Betreuer in einem Betrieb aktiv sind. Bei uns hat der Betrieb einen Ansprechpartner für alle Personalanfragen. Ich persönlich halte das für kundenfreundlicher.

Lassen Sie sich auch Betriebe zeigen, wenn Sie unterwegs sind?
In den meisten Fällen ja, ich will das auch. Es ist immer gut zu wissen, was die Mitarbeiter dort eigentlich machen. Wenn dann ein Vermittlungsauftrag eingeht, weiß man besser Bescheid. Ich habe auch schon bei einer Firma in einer Schicht mitgearbeitet.

Und was haben Sie dabei dazugelernt?
Ich habe einmal in einer normalen Frühschicht bei einem Solarhersteller zugesehen. Das ist sehr interessant, alle Anlagen sind computergesteuert. Man lernt, was für Anforderungen jeweils an die Mitarbeiter gestellt werden: Bedienen, Führen, Fahren der Anlage, gute Englischkenntnisse, im Solarzellenbau auch zeitweilige Arbeitstätigkeiten ohne Tageslicht. Letztens war ich in einer Schweinemastanlage, wo ich mit Blaumann und Gummistiefeln eingekleidet wurde. Ich war überrascht, dass man ungefähr 3000 Schweine mit nur vier Mitarbeitern betreuen kann. Die Fütterung erfolgt vollautomatisch, und alles war sehr sauber.

Wozu verwenden Sie Ihre Erkenntnisse?
Für mich ist es wichtig, das Tagesgeschäft meiner Kunden zu kennen, was ich dann auch an die arbeitnehmerorientierten Vermittler weitergeben kann. Zumal - die Tätigkeiten und Anforderungen ändern sich ja auch.

Wie kommunizieren Sie intern mit den Kollegen, die Arbeitsuchende vermitteln?
Wir haben verschiedene sogenannte Interaktionsformate, wodurch wir uns mit den Vermittlern treffen. Wir tauschen uns aus. Das muss absolut zeitnah geschehen, da in 80, 90 Prozent der Fälle kurzfristige Einstellungen vorgenommen werden. Unsere Geschäftsstelle ist nicht so groß. Man kennt sich, man sitzt auf einer Etage. Da haben wir schon den Vorteil eines kurzen Wegs zu den Vermittlern über den Gang.

Wie nehmen Sie die qualifizierte Vorauswahl vor?
Der erste Schritt ist: Wir geben die Stelle des Arbeitgebers in die Datenbank ein und machen dann ein sogenanntes Matching, also einen Abgleich mit den Bewerbern. Dann treffe ich eine erste Vorauswahl, sehe mir die Profile nochmals an. Wenn ich der Meinung bin, dass sie passen, schreibe ich den Bewerber gleich an. Bin ich mir unsicher, versuche ich es telefonisch, stelle die Stelle vor und kläre noch einmal die Eignung ab. Dann schicke ich dem Arbeitgeber den offiziellen Vermittlungsvorschlag zu. Dieser enthält auch Informationen darüber, wie der Kontakt zum Arbeitgeber erfolgen soll. Wenn der Arbeitgeber mich bittet, als Agentur die Vorauswahl für ihn zu treffen, dann sammle und kontrolliere ich die Bewerbungen und übergebe dem Arbeitgeber zehn wirklich passgenaue Angebote.

Worauf achten Sie bei der Vorauswahl?
Auf die Qualifikation und auch auf die Form der Bewerbung. Wenn manche Bewerbungen absolut nicht passen, gebe ich auch Rückmeldung an den jeweiligen Vermittler, damit er sich die Unterlagen erneut anschaut, sie mit dem Bewerber durchspricht und vielleicht ein Bewerbertraining ansetzt.

Was unterscheidet Sie von einem privaten Arbeitsvermittler?
Wir haben den größten Stellen- und Bewerbermarkt. Wir haben die meisten Möglichkeiten. Wir haben einen staatlichen Auftrag und damit auch die staatlichen Fördermöglichkeiten, die private Vermittler nicht bieten können.

Wie viele Stellen gehen im Jahr über Ihren Tisch?
Es kommt fast jeden Werktag ein Neuzugang. Wir nehmen auch Lehrstellen entgegen oder geringfügige Stellen, also Zuverdienst und Nebenverdienst.

Und wie viele Bewerbungen haben Sie pro Woche in der Hand?
Ungefähr 30 bis 40, je nach Monat auch viele von Auszubildenden.

Wie errichten Sie sich Ihr Netzwerk an Arbeitgebern?
Es ist wichtig, auch informell vernetzt zu sein und Kontakte zu knüpfen. Wir werden zum Beispiel von den Kammern eingeladen, wenn die Innungsmeister sich mit den einzelnen Firmen treffen. Und dann gibt es verschiedene Netzwerke in unserer Region. Wir betreiben Stellenbörsen. Wir veranstalten Zeitarbeitsmessen, aktuell eine Azubi-Börse. Wir richten auch Events mit Arbeitgebern aus – zum Beispiel hatten wir einen Abend zur Fußballeuropameisterschaft, zu dem wir Firmen eingeladen hatten. Das nutze ich, um Termine zu vereinbaren.

Wie laufen denn Stellenbörsen ab?
Wir laden die Kunden ein, und sie nehmen aktiv Kontakt zu den Firmen auf der Messe auf. Das heißt auch, dass sie Bewerbungsunterlagen mitbringen und an mögliche Arbeitgeber überreichen. Ich sagte ja, es ergeben sich viele kurzfristige Einstellungen, deshalb sind Initiativbewerbungen genau richtig. Die Azubi-Börse machen wir, weil es noch offene Stellen gibt. Demografisch spüren wir die Entwicklung schon. Wir haben diverse Stellenbesetzungsprobleme auf bestimmte Azubi-Stellen. Zusätzlich werden die Anforderungen der Arbeitgeber immer höher.

Was meinen Sie damit?
Einige Unternehmen sind spät dran mit der Lehrstellenbesetzung, die schulischen Anforderungen aber lauten Note Zwei in Englisch, Deutsch und Mathe, da ist es fast unmöglich, in dieser Zeit noch Bewerber zu finden. Doch es geht nicht nur um schulische Qualifikationen. Zum Beispiel verlangen viele Betriebe einen Führerschein.

Nehmen die Betriebe dann später doch die Drei in Mathe in Kauf?
Ich hoffe es, ja. Wir stehen da im Konflikt. Unsere Aufgabe ist es, dem Arbeitgeber passgenaue Angebote zu machen. In einzelnen Fällen müssen wir auch das Anforderungsprofil nach Absprache mit dem Arbeitgeber abändern.

Kann die Arbeitsagentur dem Bewerber eine Förderung finanzieren, damit seine Mathematikleistungen besser werden?
Während der Ausbildung können wir eine Nachhilfe bezahlen, sofern die Leistungen in der Berufsschule nicht so gut sind. Dies können wir dem Arbeitgeber auch offensiv schon vorher anbieten. Wir haben einen sogenannten Ausbildungsbonus für die Arbeitgeber. Dieser greift aber nur bei Jugendlichen, die bereits im Vorjahr keine Ausbildung bekommen haben. Wir haben auch sogenannte Mobilitätshilfen, um den Auszubildenden selbst zu unterstützen.

Was gefällt Ihnen an Ihrer Arbeit?
Man erlebt sehr viel. Mir imponieren eigentlich immer die Einzelunternehmer, die wirklich hart arbeiten, nur zehn Beschäftigte haben und wirklich powern. Und wie die das alles schaffen. Wie sie Aufträge ranholen, wie sie mit den Mitarbeitern umgehen, das ist sehr imponierend.

In der Personalabteilung:

Heike Jörissen, 42

LEITERIN PERSONAL, DERZEIT ABGEORDNET ALS GESCHÄFTSFÜHRERIN OPERATIV

Warum man mit seinen Qualifikationen auch verschiedene Berufe ausüben kann.
Was in eine Bewerbungsmappe gehört

Geburtsort:	Hannover, Niedersachsen
Jahre bei der BA:	12
Erlernter Beruf:	Juristin
Arbeitsort:	derzeit an zwei Standorten, Braunschweig und Göttingen, Niedersachsen
Hobbys:	Joggen, Gärtnern, Singen, Lesen

Wie viele Bewerbungen im Jahr bekommen Sie in der BA?
Ich schätze, etwa 700 pro Jahr in unseren vier Standorten - Göttingen, Braunschweig, Goslar und Helmstedt.

Erhalten Sie auch Initiativbewerbungen?
Die meisten externen Bewerbungen sind initiativ. Das Image der BA hat sich gewandelt. Dadurch, dass wir mehr nach außen auftreten, haben wir auch zahlreichere und bessere Interessenten.

Wie viele Berufsbilder gibt es innerhalb der BA?
Es gibt über 200 Tätigkeits- und Kompetenzprofile - so viele Berufsbilder kennt die BA.

Ermöglicht eine Qualifikation mehrere Berufsbilder?
Solche Karrieren sind innerhalb des Unternehmens sogar gewünscht. Es müssen Grundqualifikationen vorhanden sein, die in diesen Tätigkeits- und Kompetenzprofilen beschrieben, aber auch ausbaufähig sind. Und man kann natürlich nach bestimmten Fortbildungen in weitere Berufsfelder wechseln. Zwar könnte ich jetzt nicht Psychologin werden, weil ich nicht über die Kompetenz verfüge, die dieses Berufsbild verlangt, nämlich ein Studium der Psychologie. Aber ein Psychologe könnte auch meinen Job machen. Das gibt es sogar: Wir haben einen Leiter Personal, der vorher Psychologe war.

Wie schnell sehen Sie einer Bewerbung an, ob Sie sich damit weiterbeschäftigen oder nicht?
Schnell. Zunächst schauen wir uns das Anschreiben an. Das sollte bestenfalls schon fehlerfrei formuliert sein und sich möglichst konkret mit dem Beruf, auf den man sich bewirbt, auseinandersetzen.

Wie wichtig sind heute eigentlich geradlinige Lebensläufe? Oder verlaufen Karrieren heutzutage ganz anders?
Die klassische Karriere, die man vielleicht noch in den 50er-, 60er-, 70er-Jahren hatte, die gibt es heute so nicht mehr. Aktuell wird niemand aussortiert, weil er keinen schnurgeraden Lebenslauf hat. Für mich ist wichtig, ob die Wechsel begründet sind. Ich gucke mir dann auch die Zeugnisse an. Ecken im Lebenslauf sind kein Grund, jemanden aus dem Bewerberverfahren zu nehmen.

Gibt es Bewerbungsunterlagen, die Ihnen unvergesslich geblieben sind?
Ein Negativbeispiel: Es hatte sich eine Frau als Prüfer für Hartz IV im Außendienst mit den Worten beworben, sie wisse am besten, wie man betrüge, deswegen solle ich sie einstellen.

Wie sieht eine gute Bewerbung aus? Worauf sollte man sich bei einem Budget von fünf Euro konzentrieren?
Wichtig sind gut gemachte Anschreiben, die sehr auf die Tätigkeit bezogen und nicht länger als eine Seite sind - also kurz, knapp, prägnant. Dann ein Lebenslauf, der nicht handgeschrieben sein muss. Wir legen die Bewerbung keinem Grafologen vor, auch wenn es Arbeitgeber gibt, die das machen. Der Lebenslauf kann chronologisch oder tätigkeitsbezogen sein. Dann gute Zeugniskopien, die den Zeitverlauf vollständig belegen. Ein Puffer, fehlende Zeugnisse nachzufor-

dern, ist kaum vorhanden. Und eine fleckenfreie Mappe. Die muss nicht teuer sein. Interessant finde ich auch immer noch, Hobbys anzugeben. Für fünf Euro inklusive Porto können Sie auf diese Weise eine Bewerbungsmappe schon gut und ausreichend zusammenstellen.

Was lesen Sie aus dem Hobby eines Menschen?
Dem entnehme ich, ob sich jemand zum Beispiel gesellschaftlich engagiert. Ich sehe auch, ob jemand sich einen guten Freizeitausgleich schafft, denn den braucht man.

Werden die Zeiten zwischen zwei Jobs im Lebenslauf eigentlich angegeben?
Ja und nein. Bei einer längeren Arbeitslosigkeit als einer Sucharbeitslosigkeit von zwei, drei Monaten würde ich das angeben. Heute gehört es auch schon mal dazu, dass man arbeitslos geworden ist und schreiben kann: „Ohne Beschäftigung“. In einem solchen Fall frage ich dann allerdings im Vorstellungsgespräch, wie diese Zeit ausgefüllt wurde. Und da gibt es interessante Möglichkeiten, eine Weiterbildung zum Beispiel, oder Aktivitäten, die vielleicht mehr der Persönlichkeitsbildung dienen als dem Job. Wichtig ist, den Rhythmus beizubehalten, also im Tagesrhythmus nicht „abzurutschen“. Man muss seinen Tag strukturieren.

Gehört Arbeitslosigkeit heute zur Normalität in einem beruflichen Werdegang?
Es gelingt ja nicht jedem, nahtlos von einem Job in den anderen zu wechseln. Und es gehört auch Zeit dazu, in der man sich orientieren muss. Möglichst schon vor Verlust des Jobs sollte man sich überlegen: Was kann ich mit meinen Kompetenzen tatsächlich machen oder zusätzlich noch alles machen? Aber Arbeitslosigkeit für eine gewisse Zeit wird sich nicht immer vermeiden lassen.

Bewerbungen sind ja in der heutigen Berufswelt nicht nur etwas für Anfänger. Wie bleibt man in Übung?
Unsere Arbeitsvermittler unterstützen auch bei den Bewerbungen. In Trainingsmaßnahmen bieten wir Bewerbungscenter an, wo unter professioneller Hilfe Bewerbungen erstellt werden. Man kann aber auch ein Berufsinformationszentrum aufsuchen. Oder man liest sich in Büchern aus der Bücherei schlau, die muss man nicht teuer kaufen. Und sie sind ja meist auch sehr aktuell.

Wenn Sie hören, dass jemand 300 Bewerbungen verschickt hat, ohne jeglichen Erfolg. Woran denken Sie da als Erstes?
Es stellt sich die Frage, ob die 300 Bewerbungen vielleicht zu breit gestreut waren. Dann kommt es auch darauf an, in welcher Zeitspanne das war und ob die Bewerbungen vielleicht zu allgemein gehalten waren. Oder die Person schätzt ihre Kompetenzen falsch ein. Das erlebe ich auch bei unseren Bewerbern manchmal. Man muss sich klarmachen: „Was sind meine Kompetenzen, und was ist realistisch erreichbar?“

Was sind die größten Fehler, die man in einem Bewerbungsgespräch machen kann?
Ein großer Fehler ist es, sich nicht genügend mit dem Berufsbild auseinandergesetzt zu haben. Wenn man zu einem Vorstellungsgespräch eingeladen wird, sollte man sich über den Betrieb informieren, und sei es auf den Internetseiten. Obendrein sollte man sich ein wenig mit aktuellen gesellschaftspolitischen Themen auseinandersetzen. Die größten Fehler sind wirklich, wenn jemand unpünktlich und unvorbereitet ist.

Am Ende des Bewerbungsgesprächs folgt die Rubrik: „Haben Sie jetzt auch Fragen an uns?“ Welche Art von Fragen sollte man stellen?
Also, wenn ich das frage, ist das immer ernst gemeint. Das ist keine Floskel. Und natürlich sollte man auch Fragen haben. Man kann Fragen zum Gehalt, zu Einarbeitungsplänen, Arbeitsstart und Perspektiven stellen. Oder man kann Interesse signalisieren und nach einem Probearbeitstag fragen.

Ihre Mitarbeiter erleben die Kunden oft in schwierigen Lebenssituationen. Wie suchen Sie Ihre Mitarbeiter unter diesem Gesichtspunkt aus?
Wir brauchen schon Leute, die über eine gewisse Reife verfügen. Das ist oftmals nicht eine Frage des Studiengangs oder des Erlernten, sondern welche Lebenserfahrungen man hat. Auch hier ist die Frage nach den Hobbys aufschlussreich. Ist jemand Trainer in einer Fußballmannschaft, dann weiß er schon, wie es ist, wenn die ganze Fußballmannschaft in Aufregung ist und vor einem wichtigen Spiel steht. Wir stellen in Vorstellungsgesprächen standardmäßig die Frage nach dem Umgang mit Konflikten. Können muss ja gepaart sein mit Durchsetzungsfähigkeit. Die Waage zu halten zwischen Konsequenz und Stringenz einerseits und der Berücksichtigung der schwierigen Lebenssituation des Kunden andererseits, das ist die Kunst. Und die mache ich nicht an bestimmten Berufsbildern fest.

Auf welche Mitarbeiter treffen die Kunden von heute?
Es hat mit der Reform einen Mentalitätswechsel gegeben, auch in der Unternehmensphilosophie, wonach möglichst unterschiedliche Mitarbeiter beschäftigt werden, um davon zu profitieren. Zum Beispiel ging es darum, gezielt für Auszubildende mit einem Migrationshintergrund zu werben. Wir brauchen Mitarbeiter, die so vielfältig sind wie unsere Kundenstruktur. Ein wichtiger Punkt war auch, die starren beruflichen Laufbahnen in der alten Behördenstruktur aufzubrechen. Früher gab es sehr verschulte Berufswege. Man fing als Auszubildender an, hat dann sehr lange arbeiten müssen, bis man für eine weitere Karriere vorgesehen war. Da ging es nicht um Kompetenzentwicklung, sondern um die Dauer der Betriebszugehörigkeit. Heute, wo wir unsere internen und externen Mitarbeiter nach Potenzialen fördern, ist der Einsatz in vielen Bereichen des Unternehmens möglich.

Im Psychologischen Dienst:

Frank Gleim, 50

LEITENDER PSYCHOLOGE

Was ein Intelligenztest ist. Wie wichtig Netzwerke sind. Warum man beizeiten nach links und rechts gucken sollte

Geburtsort:	Hagen/Westfalen, Nordrhein-Westfalen
Jahre bei der BA:	21
Erlernter Beruf:	Diplom-Psychologe
Arbeitsort:	Regionaldirektion Düsseldorf, Nordrhein-Westfalen
Hobbys:	Mountainbiking, Flugmodellbau und mein Hund

Was genau macht der Psychologische Dienst in der BA?
Grundsätzlich unterstützt der Psychologische Dienst die Fachkräfte, also die Vermittlungs- und Beratungskräfte, bei der Durchführung ihrer Aufgabe. Er ist gegebenenfalls dann im Boot, wenn es um die Vermittlung geht, wenn es um die Beratung von Jugendlichen oder von älteren Personen geht, die schon im Berufsleben standen. Wir werden gebeten, einmal genauer hinzuschauen, wo eventuell Vermittlungshemmnisse liegen könnten oder auch Hürden für eine Ausbildung. Hinzu kommt, dass der Psychologische Dienst Schulungen, Trainings und Workshops für Mitarbeiterinnen und Mitarbeiter sowie interne Coachings für die Führungskräfte durchführt.

Wie viele Beratungen führen Sie im Jahr durch?
Es gibt bundesweit bei der BA ungefähr 400 Psychologen. Mit der gesamten Psychologenschaft und den Assistenzkräften bearbeiten wir jährlich ca. 250 000 Aufträge im Bundesgebiet. Das ist natürlich nur ein Bruchteil des gesamten Kundenaufkommens in den Agenturen und ARGEn.

Läuft da vieles standardisiert?
Ein großer Teil der psychologischen Dienstleistungen sind Eignungsfeststellungen, in denen auch Testverfahren ihren Platz haben. Häufig beraten wir einzelne Kunden aber auch ganz individuell. Standardisiert wird der Berufswahltest für Jugendliche angeboten, wenn jemand z. B. die Schule absolviert hat und eine erste Orientierung für die Berufswahl braucht.

Ein Intelligenztest?
Den Begriff haben die Psychologen nicht so gern, weil Intelligenz nur ein Konstrukt ist, welches für den Laien ganz schwer zu fassen ist und somit häufig zu Missverständnissen führt. Aber das, was wir erfassen können, ist: Wie geeignet ist jemand für bestimmte Berufsfelder? Für die Prognose ist relevant: Was muss jemand in intellektueller Hinsicht mitbringen, wenn er in eine bestimmte berufliche Karriere einmündet? Verschiedenste berufliche Richtungen fordern auch unterschiedliche intellektuelle Leistungen. Wir setzen zum Beispiel Verfahren zur Erfassung von Sprachkompetenzen oder von Schulkenntnissen ein, also typische Rechen- und Rechtschreibtests. Zusätzlich bedeutsam ist, das zu erfassen, was man nicht jederzeit aufbereiten oder lernen kann. Mir ist ganz wichtig, nochmals darauf hinzuweisen, dass wir zwar Tests durchführen, aber der Beratungsaspekt, das Gespräch mit dem Kunden, für uns mindestens genauso wichtig ist.

Wie muss man sich einen solchen Test vorstellen?
Das ist eine ganz wichtige Frage, die im Prinzip auch jeder Kunde stellt. Die Psychologin oder der Psychologe klärt im Eingangsgespräch das Anliegen und arbeitet den Auftrag heraus. Wir können mit dem Kunden schließlich nur zusammenarbeiten, wenn wir uns darüber einig sind, was wir uns an diesem Tag eigentlich vorgenommen haben und mit welchem Ziel wir diese psychologische Untersuchung durchführen. Dann wird das Vorgehen erklärt. Wenn ein Test oder eine Reihe von verschiedenen kleineren Tests absolviert sind, werden die Verfahren ausgewertet, und das Ergebnis wird vom Psychologen ausführlich mit dem Kunden besprochen. Wir machen diese psychologischen Untersuchungen

ja nicht zum Selbstzweck. In dieses Gespräch gehen sowohl Explorationsbefunde des Vorgesprächs ein als auch Informationen, die man schon im Vorfeld von den Kunden und Fachkräften bekommen hat. Für uns ist immer ganz wichtig, dass eine gute psychologische Dienstleistung auch einen Erkenntnisprozess beim Kunden auslöst.

Was passiert dann mit den Ergebnissen?
Der Berater oder Vermittler wird in Form eines psychologischen Gutachtens oder einer psychologischen Stellungnahme von uns darüber informiert, was geschehen ist. Und dieses Gutachten wird dann im weiteren Ablauf mit dem Kunden ergänzend eingesetzt. Wir liefern immer nur Entscheidungshilfen und Unterstützung, entscheiden also nicht, ob jemand z. B. diesen oder jenen Lehrgang machen kann. Wir sprechen eine Empfehlung aus, und letztendlich muss der Vermittler, der Berufsberater gemeinsam mit dem Kunden entscheiden, wie er diese sinnvoll für den Kunden verwendet.

Bekommt der Kunde dieses Gutachten auch?
Der Kunde kann dieses Gutachten einsehen. Wenn der Kunde ein ernsthaftes Interesse daran hat, kann er dieses Gutachten auch erhalten.

Was geschieht mit den Daten?
Wir haben strenge Datenschutzregeln, Aufbewahrungsfristen und Löschungsvorgaben.

Und kann dann jeder auf die Daten zugreifen?
Nein, auf keinen Fall. Außer der erstellenden psychologischen Einheit kann nur noch die Fachkraft darauf zugreifen, die damit arbeiten muss. Die Befundunterlagen werden ausschließlich im Psychologischen Dienst aufbewahrt.

Das Angebot einer Beratung durch den Psychologischen Dienst klingt positiv. Haben psychologische Praxen Hochkonjunktur?
Sie vergleichen die Tätigkeit des Psychologischen Dienstes mit privaten psychotherapeutischen Praxen. Letztere haben grundsätzlich eine ganz andere Zielrichtung. Da geht es um Therapie. Wenn jemand einen großen Leidensdruck im psychischen Bereich hat, dann versucht er, einen Termin zur Aufarbeitung einer psychischen Problematik zu erhalten. Das muss er mit Psychotherapeuten, mit psychotherapeutisch geschulten Psychologen entsprechend durchführen. Wir sind nicht therapeutisch tätig. Bei uns geht es nur um Berufe, um das Berufsfeld.

Kann Arbeitslosigkeit zu einem psychologischen Problem werden?
Aber sicher. Das greifen wir natürlich in unseren Beratungssequenzen, in unseren Gesprächen mit dem Kunden auch auf. Für uns ist eine solche Problemstellung mit dem Ziel verbunden, dem Kunden dabei behilflich zu sein, sich wieder in die Berufstätigkeit zu integrieren. Unsere Grenze ist da erreicht, wo wir merken, es liegt bereits eine psychische Belastung vor, die Krankheitswert erreicht hat, und wo wir sehen, da muss therapeutisch vorgegangen werden. Wir verweisen dann an Kollegen.

Warum wirkt Arbeitslosigkeit so zerstörerisch auf die Psyche des Menschen?
Es geht um die wichtige Frage: Womit identifizieren wir uns? Zum großen Teil sicher mit und durch unsere Arbeit. Die Größenordnung mag für jeden unterschiedlich sein, aber wahrscheinlich würden wir alle sagen: „Ich identifiziere mich auch durch meine Arbeit." Meine Rolle im Leben ist stark geprägt von der Tätigkeit, die ich ausübe, von der Verantwortung, die ich trage, von der sozialen Anerkennung, die damit einhergeht. Wenn dann jemand arbeitslos ist oder arbeitslos wird, wird viel davon infrage gestellt. Es geht sehr an den Selbstwert, was häufig zu Blockaden führt. Es kann auch Leute treffen, die ganz frisch arbeitslos werden, die können genauso blockiert sein wie Leute, die schon mehrere Jahre arbeitslos sind, weil sie in dieser Arbeitslosigkeit letztendlich auch ihr persönliches Versagen sehen.

Erachten Sie es psychologisch für sinnvoll, wenn eine Gesellschaft sich das Ziel der Vollbeschäftigung setzt?
Natürlich verstärkt so ein ehrgeiziges Unternehmen auch den sozialen Druck auf jedes einzelne Individuum. Aber echte Vollbeschäftigung werden wir nicht erreichen können. Wir müssen uns daher fragen, wie viele Nichtbeschäftigte sich eine Gesellschaft leisten kann. Das ist eine hoch sozialpolitische Frage, wie ich meine. Die Frage ist, was wir als BA beitragen können. Und das können wir letztendlich auch in Zusammenhang setzen mit dem Begriff „Fordern und Fördern". Diese Formel finde ich im Prinzip absolut richtig.

Was kann sich ein Kunde eigentlich unter „Fordern und Fördern" vorstellen?
Letzten Endes sehen wir es als Aufgabe der BA an, mit jedem Einzelnen herauszuarbeiten: „Welche Ressourcen hast du? Was kannst du gut, auch wenn du es vielleicht noch nie gemacht hast?" Häufig müssen Kunden gerade dazu aktiviert werden, sich mit ihren eigenen Ressourcen zu beschäftigen. Wir müssen sie ermuntern, entsprechend auch darüber nachzudenken, was für Fähigkeiten und Kenntnisse sie vielleicht haben, die bisher nicht beruflich eingesetzt waren. In diesem Erkenntnisprozess möchten wir sie fördern. Die individuelle Arbeit mit dem Kunden sollte von der Frage geprägt sein: Was kann diejenige oder derjenige für sich selbst erreichen? Das ist natürlich auch abhängig davon, was jeder sich zutraut. Wir müssen grundsätzlich aber auch erkennen, dass es Grenzen dafür gibt, was sinnvoll und erreichbar ist.

Die Grenzen von Fordern und Fördern?
Ich denke, dass jeder unserer Kollegen mit Kundenkontakt versucht, mit dem Kunden herauszufinden, wo sich die Grenzen, die individuellen Grenzen, befinden. Wir können diese ja nicht festlegen. Wir können nicht sagen, wir schaffen es, jeden in einen hochwertigen IT-Beruf zu bringen. Das entspricht nicht der Realität.

Wie kann man der Stigmatisierung von Arbeitslosigkeit entkommen?
Viele Menschen haben große Vorurteile der Arbeitslosigkeit und Arbeitslosen gegenüber. Da ist aus meiner Sicht eine gesellschaftliche Setzung notwendig. Die Arbeitslosen selbst sind wiederum immer noch häufig der Meinung, sie allein seien hundertprozentig für ihre Arbeitslosigkeit verantwortlich und dass persönliche Faktoren dabei eine Rolle spielen. Im persönlichen Kontakt müssen wir erarbeiten, wie der Werdegang war, wie jemand bisher beschäftigt war, warum er arbeitslos geworden ist und welche Faktoren dazu geführt haben. So werden wir ganz schnell zu der Überzeugung gelangen, dass es häufig auch externe Faktoren sind, Faktoren, die in der freien Wirtschaft und im Arbeitsmarkt begründet liegen. Wir könnten hierfür jede Menge Beispiele aus unserer Praxis geben, dass wir gut qualifizierte Leute verschiedenster Tätigkeitsgebiete haben, von ihrer Persönlichkeit jeweils einwandfrei, die trotzdem irgendwann einmal arbeitslos waren.

Wie motivieren Sie die Menschen dazu, ihr Leben wieder in die Hand zu nehmen?
Motivation ist eine unserer edelsten Aufgaben im Moment. Wir versuchen verhaltens- und lösungsorientiert vorzugehen: Welche Schritte wären zunächst notwendig, damit es Ihnen besser geht? Was könnten Sie sich vorstellen, was können Sie selber schon tun, um wieder mehr Selbstverantwortlichkeit, Selbstwirksamkeit zu erfahren? Und da gibt es eine ganze Menge, was man machen kann. Genau dazu gehört der Erkenntnisprozess: Was kann ich tun, welche Ressourcen habe ich? Aber auch der Hinweis: Jetzt informieren Sie sich selbst noch, was es alles für berufliche Möglichkeiten gibt. Wichtig ist, aktiv zu werden. Wenn ich aktiv werde, tut sich auch was. Ich bekomme Informationen, ich erhalte neue Erkenntnisse, das ist ein erster Schritt, um auch wieder selbstwirksam zu werden.

Haben die Menschen ein starres Selbstbild von sich und ihrem Beruf?
Ich würde das vielleicht als Blockade bezeichnen, aber wir lernen nun mal aus unseren Erfahrungen. Und wenn wir vielleicht zehn, 15 Jahre in einem bestimmten Beruf sind, lernen wir auch, dass wir in diesem Beruf erfolgreich sind und dass es nicht notwendig ist, links und rechts zu gucken. Das heißt, der Fokus engt sich ein wenig ein. Und dann kommt plötzlich der Moment, wo man sieht, jetzt geht es nicht mehr weiter und man muss nach links und rechts gucken. Das ist natürlich ein Lernprozess. Eine solche Orientierung dauert einige Zeit.

Trauen sich die Menschen zu viel oder zu wenig zu?
Es gibt sowohl als auch. Das ist der Punkt, an dem wir häufig in entsprechenden Beratungen oder auch Untersuchungen sagen: „Das können Sie doch auch sehr gut! Sie haben auch selbst aus Ihren Erzählungen Beispiele dafür geliefert, dass Sie das können.“ Diese Bestätigung reicht häufig aus, um die Initialzündung zu geben, sich noch einmal mit diesem Bereich zu befassen. Aber für uns ist es wichtig, das ein bisschen aufzubrechen, sowohl nach oben als auch nach unten.

Bedeutet ein neuer Job oder Berufswechsel einen Statusverlust?
Natürlich gibt es immer die Angst vor dem Statusverlust. Das ist klar. Wenn ich etwas lange gemacht habe, in dem ich gut bin, in dem ich soziale Anerkennung

erlangt habe, dann gibt mir das subjektive Sicherheit. Für den Moment! Ich habe ein gutes Kontrollvermögen über mich, über meine Wirksamkeit, ich weiß, was ich erreicht habe. Wenn ich mich völlig umorientiere, muss ich das infrage stellen. Ich weiß nicht, was in anderen Berufsfeldern auf mich zukommt. Ich weiß nicht, welchen Status ich haben werde usw. Aber ich habe aus meiner eigenen Praxis beobachten können, verstärkt in den letzten Jahren, dass die Leute durchaus offener geworden sind, über berufliche Alternativen nachzudenken. Dieses Vorurteil: „Ich mache nur dieses eine im Beruf, und sonst mache ich nichts", das sehe ich überhaupt nicht mehr bestätigt.

„Was Hänschen nicht lernt, lernt Hans nimmermehr!" Lässt die Lernfähigkeit im Alter wirklich nach, oder helfen Erfahrungen womöglich?
Nein, die lässt nicht nach. Das ist eine Volksweisheit, die absolut unzutreffend ist. Ich muss aber im Lernprozess bleiben, muss immer gefordert sein, um lernen zu können; dafür muss ich flexibel sein. Aber selbst wenn ich das eines Tages nicht war - indem ich mich wieder aktiviere, kann ich es wieder werden.

Wie wichtig sind Netzwerke?
Superwichtig! Aus der Sicht des Psychologen ist ein soziales Netzwerk extrem wichtig. Jeder muss kommunizieren. Ohne Kommunikation, ohne Impulse würden wir verkümmern. Der Intensitätsgrad der Verkümmerung mag bei uns sehr unterschiedlich sein. Aber wenn jemand arbeitslos ist oder geworden ist, dann wird auch der soziale Input entsprechend geringer, das ist zweifelsfrei evident und mit Sicherheit schädlich. Eine innere Rückzugstendenz mag erst einmal die logische Konsequenz aus Arbeitslosigkeit sein, aber dem muss man entgegentreten. Also ganz, ganz wichtig ist es, sich auch in Phasen der Arbeitslosigkeit ein Netzwerk zu schaffen oder ein Netzwerk zu halten. Das berufliche Netzwerk fällt ja zwangsläufig meistens weg. Insofern empfehlen wir, auch in Initiativen aktiv zu werden. Und deswegen ist es für mich auch ganz wichtig, den Kunden zu empfehlen, an Bewerbungsmaßnahmen teilzunehmen, in entsprechende Trainingsmaßnahmen zu gehen, wo sie Gleichgesinnte treffen, sich austauschen können. Aber auch im Privatbereich heißt es, aktiv zu bleiben.

Hat die Reform auch einen Einfluss auf Ihre Arbeit gehabt?
Ich glaube schon, dass wir im Rahmen der Reform immer signalisiert haben, dass wir in Deutschland insgesamt flexibler sein müssen. Wir sind gezwungen, mehr nach links und rechts zu gucken, und schlussendlich gilt für unsere Mitarbeiter das Gleiche wie für die Kunden ja auch. Ganz viele unserer Mitarbeiter mussten sich selbst neu positionieren, haben ihre Funktionen gewechselt. Und das haben wir ja auch nach außen getragen.

Haben sich die Kunden geändert?
Vor 20 Jahren, als ich angefangen habe, war es ganz anders. Bei vielen Kunden war die Einstellung „Hier ist eine Behörde, die sagen dir, was du zu tun hast und was nicht" vorherrschend. Ja, man hat sich als Kunde dahinein ergeben. Heute haben die Leute, Gott sei Dank, auch eigene Vorstellungen und erwarten einen angemessenen Umgang mit ihrer individuellen Thematik. Und entsprechend haben wir uns auch zu einer Dienstleistungsagentur entwickelt.

Im Forschungszentrum:

Dr. rer. pol. Susanne Koch, 41

LEITERIN DER STABSSTELLE FORSCHUNGSKOORDINATION
IM INSTITUT FÜR ARBEITSMARKT- UND BERUFSFORSCHUNG (IAB)

Warum Arbeit mehr als nur Geldverdienen ist.
Wie es um die Weiterbildung und das Image von Arbeit steht

Geburtsort:	Hannover, Niedersachsen
Jahre bei der BA:	11
Erlernter Beruf:	Diplom-Ökonomin
Arbeitsort:	IAB Nürnberg, Bayern
Hobbys:	... habe ich auch

Was ist das IAB und welche Aufgabe hat es?
Das IAB ist die Forschungseinrichtung der Bundesagentur für Arbeit. Im gesetzlichen Auftrag soll es allgemein den Arbeitsmarkt erforschen und insbesondere natürlich die Wirkung der Arbeitsmarktpolitik. Mit den Ergebnissen berät es dann die BA, aber auch das Bundesministerium für Arbeit oder andere Institutionen und Personen aus der Fachöffentlichkeit.

Wie weit gestreut forschen Sie?
Relativ breit, zu den meisten Themen zumindest, die man sich unter Arbeitsmarktforschung vorstellen kann. Dies geschieht aus der Perspektive des Individuums heraus, beispielsweise mit den Fragestellungen: Wie geht es dem Einzelnen mit entsprechenden arbeitsmarktpolitischen Maßnahmen? Wie wird er von der Bundesagentur betreut? Welche Wirkung zeigt die Betreuung? Das geht bis hin zu den Makrowirkungen, zur Entwicklung des Arbeitsmarktes auf kurze wie auch auf lange Sicht.

Und was machen Sie selbst?
Ich leite die Stabsstelle Forschungskoordination. Dort geben wir Impulse für neue Forschungsthemen und -projekte. Zum anderen koordiniere ich die Schnittstelle zu unseren Auftraggebern, zum Bundesministerium für Arbeit und Soziales (BMAS) und zur BA.

Seit wann wird in Deutschland diesbezüglich geforscht?
Das IAB gibt es seit 1967. Vor 40 Jahren begann auch die systematische Arbeitsmarktforschung in Deutschland. Ein bisschen früher ging es vielleicht in den USA und in Großbritannien los.

Wie forschen Sie heute?
Da gibt es ja immer neue Entwicklungen. Wenn man sich zum Beispiel die Evaluation von Arbeitsmarktpolitik anschaut, also die Frage stellt, wie Instrumente wirken, geht es im Moment stärker in die experimentelle Richtung. Also nicht nur im Nachhinein, ex post, nachzusehen, wie wirksam eine Maßnahme war, sondern schon bevor ein Gesetz erlassen wird, im Modellversuch experimentell durchzuspielen, wie eine Maßnahme greifen könnte. Und da sind wir mit Arbeitsmarktforschung stark dabei.

Hat das Aufwachsen eines Menschen damit zu tun, wie er Arbeitslosigkeit später empfindet?
Ganz sicher. Wenn man in einer Familie aufwächst, in der Arbeitslosigkeit auf Dauer zur Normalität gehört, ist das natürlich etwas anderes, als wenn Erwerbstätigkeit die normale Erfahrung ist. Da können sich bestimmte Einstellungen oder als normal empfundene Tagesabläufe bereits über die Generationen fortsetzen. Häufig ist es dann auch so, dass solche Erfahrungen nicht nur direkt im Familienkreis maßgeblich sind, sondern auch im näheren Umfeld.

Hilft der Grundsatz „Fordern und Fördern" dabei, diese Tradierung zu unterbrechen?
Zumindest zielt der gedankliche Ansatz darauf ab. Die Arbeitsmarktpolitik ist stark darauf ausgerichtet, in Richtung Erwerbsarbeit zu aktivieren. Das Zweite, was im Gesetz angelegt ist, ist die Aktivierung der anderen Mitglieder der

Bedarfsgemeinschaften. Man schaut nicht nur auf den Einzelnen, der den Antrag gestellt hat, sondern versucht, auch das Umfeld mit einzubeziehen. Gibt es da weitere Personen, die man unterstützen und aktivieren kann, in Schule, Ausbildung, Beruf usw.?

Können Sie positive Wirkungen dieses Paradigmas feststellen?
Man hat bis Ende letzten Jahres eine deutlich positive Entwicklung auf dem Arbeitsmarkt gesehen. Sie ist stärker ausgefallen, als dies ein reiner Konjunktureffekt zu bewirken vermocht hätte. Vor allem ist auch Langzeitarbeitslosigkeit abgebaut worden. Zu dieser Entwicklung haben sicherlich die Arbeitsmarktreformen beigetragen. Die Frage ist jetzt, ob Aktivierung auch positiv wirkt, wenn die konjunkturelle Lage eben nicht mehr so gut ist.

Wagen Sie eine Prognose?
Ich wage die Prognose, dass Eigeninitiative immer zur Verbesserung von Wettbewerbschancen führt und die Leute damit auch in der Krise voranbringt. Aber man muss einen langen Atem haben im Moment, das ist ganz klar.

Hat Arbeit an Image verloren, nach dem Motto: „Wer arbeiten geht, ist selber schuld"?
Sicherlich gibt es Personen oder Einzelne in der Gesellschaft, die so denken. In unseren Befragungen von Arbeitslosen oder von Personen, die ein geringes Einkommen haben, fragen wir explizit, wie sie den Wert von Arbeit einschätzen. Fast durchgehend ist die Antwort: „Arbeit zu haben ist wichtig und dient nicht nur der Erwirtschaftung von Einkommen. Ich will arbeiten, auch wenn ich nur einen Teil zu meinem Lebensunterhalt beitrage." Und wenn man die Angaben von Personen vergleicht, die keine Beschäftigung haben und auf staatliche Unterstützung angewiesen sind, und solchen, die Vollzeit arbeiten und damit ein gleich hohes Einkommen erzielen, dann sind diejenigen, die arbeiten, viel zufriedener mit ihrem Leben als diejenigen, die nicht arbeiten.

Ist Arbeit mehr als nur Geldverdienen?
Ich bin davon überzeugt, dass Erwerbsarbeit mehr ist, als bloß den Lebensunterhalt zu sichern. Man definiert sich ja auch viel mehr über die Inhalte seiner Arbeit und nicht über das Gehalt, das man erzielt. Sozialer Status spielt ebenso eine Rolle.

Und gesellschaftlicher Status?
Ganz wichtig ist die gesellschaftliche Teilhabe. Und das ist ja mehr, als nur finanzielle Möglichkeiten zu haben. Bei gesellschaftlicher Teilhabe geht es vor allem auch um die sozialen Netzwerke, die Möglichkeit, mit anderen zu kommunizieren. Fehlen die, dann beeinträchtigt das auch das persönliche Wohlbefinden. So beschreiben Personen, die lange arbeitslos sind, ihren eigenen Gesundheitszustand als weitaus schlechter, gerade weil sie meistens weniger über solche Unterstützungsnetzwerke verfügen – ohne dass dies direkt aus dem Mangel an finanziellen Möglichkeiten resultiert.

Wird die Arbeit auf immer weniger Menschen verteilt?
Ende der 90er-Jahre gab es das Schlagwort vom Ende der Erwerbsarbeit. Davon sieht man gegenwärtig eigentlich wenig. Auch der Trend, dass die Arbeit auf immer weniger Personen verteilt wird, hat sich umgekehrt. Die Erwerbsquoten sind ja eigentlich in allen Bevölkerungsgruppen gestiegen, auch bei den Älteren und bei Frauen.

Dennoch gibt es eine Umverteilung von Arbeit?
In gewisser Weise schon. Durch den Strukturwandel und den technischen Fortschritt sind in vielen Bereichen und Tätigkeiten Jobs weggefallen, dafür an anderen Stellen wieder neue entstanden. Und in der Summe wird auch mehr produziert. Weil es gleichzeitig auch eine Umverteilung zwischen Vollzeit- und Teilzeitbeschäftigung gegeben hat, können insgesamt mehr Leute am Erwerbsleben partizipieren.

Wie viele Jobs gehen innerhalb eines Jahres zu Ende?
Es passiert über ein Jahr verteilt unglaublich viel auf dem Arbeitsmarkt. In Deutschland gehen an einem Arbeitstag circa 30 000 Beschäftigungsverhältnisse zu Ende, durch Kündigung, Entlassung, Altersgründe, Aufheben von befristeten Arbeitsverträgen. Aber genauso viele entstehen täglich eben auch neu. Im Jahr geht es also um rund sechs Millionen beginnende und endende Beschäftigungsverhältnisse.

Was kann die BA tun, um die Menschen für sich ändernde Arbeitsmärkte fit zu machen?
Die Bundesagentur ist zwar ein wichtiger Player, kann aber eben nur ein Player sein. Letztlich muss der Einzelne sich eigeninitiativ überlegen: „Was will ich, und was kann ich jetzt machen, wenn meine alte Qualifikation nicht mehr gefragt ist?" Diese Entscheidungsfindung kann die BA oder der Staat niemandem abnehmen. Auf der anderen Seite stehen natürlich auch die Unternehmen in der Pflicht, ihr Personal entsprechend weiterzubilden. Die BA kann als beratende Institution tätig sein und aufzeigen, wo die Bedarfe der Zukunft sein könnten. Wo gibt es überhaupt Weiterbildungsmöglichkeiten, wie lässt sich

Weiterbildung für den Einzelnen und für den Betrieb organisieren? Schließlich ist das ja ein großer Bereich der Arbeitsmarktpolitik.

Was kann der Einzelne zur Weiterbildung tun?
Ein Argument von vielen Arbeitnehmern ist: „Ich habe gar keine Zeit dazu, weil ich ja beschäftigt bin." Auch die Betriebe vertagen die Weiterbildung ihrer Beschäftigten mit dem Argument, dass Aufträge abgearbeitet werden müssen. Das heißt, Weiterbildung wird auf Zeiten der Arbeitslosigkeit vertagt. Spätestens dann muss man sich ja die Frage stellen. Deshalb geht die BA auch in die Richtung, die berufsbegleitende Qualifikation zu fördern (z.B. im Programm WeGebAU). Aber man braucht dafür auch weiterbildungsbereite Arbeitnehmer und Betriebe, die dies fördern, das ist ganz klar.

Hat denn keiner Lust aufs Lernen?
Wenn man sich die Beteiligung an betrieblicher Weiterbildung ansieht, dann ist sie seit langen Jahren jedenfalls schon auf einem relativ geringen Niveau - auch im internationalen Vergleich. Es geht nicht so richtig voran. Und, was besonders problematisch ist, man verschärft Qualifikationsunterschiede durch die Weiterbildung eigentlich erst. Denn die Personen, die sowieso schon gut qualifiziert sind, nehmen auch an Weiterbildungen teil oder werden vom Arbeitgeber noch zur Weiterbildung angeregt. Die Geringqualifizierten haben eher eine geringe Weiterbildungsbeteiligung. Das heißt, diejenigen, deren Arbeitsplatz sowieso potenziell bedrohter ist, tun augenblicklich auch wenig dafür, um sich im Ernstfall anderweitig orientieren zu können.

Gibt es den Begriff „Arbeitslosigkeit" eigentlich überall auf der Welt?
Arbeitslosigkeit hängt ja eng zusammen mit bezahlter Erwerbsarbeit für den Lebensunterhalt. Nur da, wo es die gibt, ergibt der Begriff „Arbeitslosigkeit" einen Sinn. In Agrargesellschaften beispielsweise, wo jede Familie für ihren eigenen Lebensunterhalt selbst sorgt, da gibt es keine Arbeitslosigkeit in dem Sinne, wie wir sie verstehen. Da gibt es dann andere Mängel, aber nicht den Mangel an Erwerbsarbeit. Wahrscheinlich definiert der Mensch sich dort nicht so sehr über die Erwerbsarbeit, sondern eher über die Güter, die er erzeugt.

Arbeitslosigkeit wird in Deutschland oft als persönlicher Makel gesehen.
Das hängt damit zusammen, dass Arbeitslosigkeit in Deutschland bisher nicht zu einer normalen Biografie dazugehörte. Dazu ein Beispiel: In Dänemark ist es ganz normal, häufig den Arbeitsplatz zu wechseln und dann in den kurzen Phasen dazwischen arbeitslos zu sein. Es wird nicht als Drama empfunden. Ich denke, auch hier in Deutschland wird es künftig stärker zu einer normalen Erwerbsbiografie dazugehören, dass berufliche Wechsel auch Phasen der Arbeitslosigkeit mit sich bringen.

Dänemark kennt aber fast keinen Kündigungsschutz.
Klar, dafür wird in Deutschland Flexibilität stärker über befristete Arbeitsverhältnisse oder über Leiharbeit erzeugt. In Dänemark hat man diese Trennung zwischen Rand- und Stammbelegschaft nicht so stark, weil eben jedes Arbeitsverhältnis weniger stark geschützt ist. Und darum verteilen sich die Risi-

ken, arbeitslos zu werden, gleichmäßiger. Was man auch sehen muss, ist, dass die Menschen in Dänemark bei Arbeitslosigkeit deutlich höher abgesichert sind. In den unteren Einkommensklassen erhalten die Betroffenen bis zu 90 Prozent des vorherigen Einkommens.

Sind die Arbeitgeber in Zukunft gefragt, ihre Arbeitszeitmodelle anzupassen?

Das wird sicherlich spätestens dann ein Thema, wenn die gegenwärtige Krise überwunden und der Fachkräftemangel existent ist. Dann werden sich die Arbeitgeber sicher überlegen, dass sie noch flexibler auf die Bedürfnisse ihrer Arbeitnehmer eingehen müssen. Wobei man auch sagen muss, dass die Arbeitszeit in Deutschland vergleichsweise flexibel ist. So gibt es z. B. Arbeitszeitkonten, die bei uns ganz verbreitet sind, in vielen anderen Ländern nicht. Auch Telearbeit wird sicher häufiger werden, weil sich mehr und mehr Tätigkeiten viel stärker dezentral durchführen lassen.

In der Berufsberatung:

Gudrun Arnsdorf, 38

BERUFSBERATERIN

Was Jugendliche über sich wissen sollten. Wie wichtig ein Plan B und C sind

Geburtsort:	Barcelona, Spanien
Jahre bei der BA:	20
Erlernter Beruf:	Diplom-Verwaltungswirtin (FH)
Arbeitsort:	Arbeitsagentur Ludwigsburg, Baden-Württemberg
Hobbys:	Musik (Posaune und Trompete spielen, Jungbläserleiterin), Lesen, Reisen

Was war Ihr Traumberuf?
Erzieherin oder etwas im sozialen Bereich, einfach für andere Menschen da zu sein und zu helfen, zu betreuen und zu beraten. Das war schon als Kind sehr wichtig für mich.

Wie ist die Berufsberatung in der Bundesagentur aufgegliedert?
Es gibt die allgemeine Berufsberatung an Haupt- und Realschulen, die Hochschulberatung für Abiturienten und die berufliche Ersteingliederung von behinderten Menschen im Reha-Bereich. Darüber hinaus gibt es Projekte, Maßnahmen zur Begleitung der Berufsorientierung in den Schulen vor Ort, die wir vertiefte oder erweiterte Berufsorientierung nennen.

In welchem Alter und zu welchen Gelegenheiten kommen die Jugendlichen zum ersten Mal mit Ihnen in Kontakt?
Im Durchschnitt im Hauptschulbereich in der 8., im Realschulbereich in der 9., im Gymnasium auch in der 11. und 12. Klasse, es sei denn, im Gymnasialbereich wird in der 9. oder 10. Klasse abgebrochen.

Wie verläuft so ein Erstkontakt?
Meistens findet er direkt in der Schule statt, entweder in der Klasse im Unterricht oder in einem Beratungsbüro an der Schule, aber auch im Rahmen von Informations- und Elternabenden zur Berufsorientierung. Wir haben verschiedene Möglichkeiten, die Inhalte eines Zeitplans zur Berufswahl darzustellen und unsere Medien und Dienstleistungen dabei vorzustellen. Ein weiterer offizieller Weg ist ein Anruf über unsere Servicenummer zur Vereinbarung eines persönlichen Gesprächs.

Ist die Berufsberatung gesetzlich geregelt?
Es gibt eine Rahmenvereinbarung mit dem Kultusministerium, nach der wir als Arbeitsagentur auch Berufsorientierung an den Schulen durchführen. Praktisch sieht das so aus, dass wir normalerweise ein oder zwei Ansprechpartner in den Schulen haben – Lehrer, Rektoren, Konrektoren –, die sich mit dem Thema Berufsorientierung verstärkt beschäftigen. Berufslehrer zum Beispiel, die mit dem Klassenlehrer die Terminabsprachen durchführen. Solche Vereinbarungen trifft man zum Anfang des Schuljahres, damit jeder weiß, wann wir da sind, damit man die Termine auch an die Eltern kommunizieren kann.

Die Zahl an Projekten von Sozialarbeitern, Berufseinstiegsbegleitern und Berufsberatern ist in den letzten Jahren extrem angestiegen. Warum?
Hier, in meinem Wirkungsfeld, den Hauptschulen, steht der erschwerte Übergang von Hauptschülern in die Ausbildung im Fokus. Ich komme aus einer Region in Baden-Württemberg, wo teilweise 80 bis 90 Prozent der Kinder im Hauptschulbereich Migranten sind. Die Eltern sprechen recht wenig Deutsch und können ihre Kinder bei der Berufswahl nicht so intensiv begleiten. Da

wurde in den letzten Jahren natürlich mit verschiedenen Ideen und Projekten gehandelt. Seit dem Jahr 2000 verstärken wir die Kompetenzen in diesen Bereichen dementsprechend.

Wie sieht ein typischer Arbeitstag für Sie aus?
Ein typischer Arbeitstag im Büro heißt, ich komme gegen 7 Uhr 30 an, fahre den Computer hoch, checke alle Termine und gucke, wer kommt und was ich dafür noch benötige. Ich beginne in der Regel um 8 Uhr mit der ersten Beratung und bin dann meistens am Nachmittag - der letzte Termin ist zwischen 15 Uhr 30 und 16 Uhr 30 - fertig. Die Ausnahme ist der Donnerstag, da geht es in der Abendsprechstunde länger. Manchmal bin ich dann aber auch zwei bis drei Tage oder fast die ganze Woche nonstop in den Schulen unterwegs. Ich versuche, den Jugendlichen dort abzuholen, wo er steht. Das ist das Schöne, dass wir an den Schulen die Möglichkeit haben, direkt und vielleicht auch ohne große Hürden miteinander in Kontakt zu kommen.

Und wie verläuft ein Berufsberatungstermin in der Agentur?
Bei einer klassischen Erstberatung kommt der Jugendliche, der Junge oder das Mädchen, manchmal mit der Mama. Man begrüßt sich, und wir setzen uns an einen runden Besprechungstisch und klären, worum es heute gehen soll. Idealerweise habe ich durch unseren Anmeldebogen schon vorab Informationen erhalten, in dem auch Fragen aufgeführt sind. Manchmal sind die Angaben sehr präzise, manchmal auch mit Fragezeichen versehen. Der Bogen gibt mir wichtige Informationen: Sind Schulwechsel dabei? Wie ist das Schriftbild? Hat die Mama oder hat das Kind ausgefüllt? Sind enorm viele Schreibfehler drin? Hat sich jemand schon intensiv Gedanken gemacht? Anhand dieses Bogens kann ich mich vorbereiten und schon Materialien aussuchen, wodurch ich mehr Beratungszeit vor Ort zur Verfügung habe.

Womit endet ein Erstgespräch?
Ganz unterschiedlich, manchmal endet es auch noch in der Orientierungsphase. „Haben wir deine Fragen jetzt so weit geklärt? Was machst du jetzt noch? Wann kommst du wieder auf mich zu?“ Oder: „Du erzählst mir in der nächsten Schulstunde, was du bis dahin erledigt hast. Vielleicht hast du nach Praktika, Berufsfeldern oder alternativen Berufen geschaut?“ Ziel ist es ja tatsächlich, im Jahr darauf in eine Ausbildung zu gehen.

Ist das ein freiwilliges Angebot an die Schüler?
Beratung ist bei uns natürlich eine Pflichtleistung, Beratung kann jeder in Anspruch nehmen. Ob jemand dann das weitere Angebot annimmt wie auch unsere Vermittlungstätigkeit, das geschieht immer aus freiem Willen. Es funktioniert sehr gut, wenn man eine Vertrauensebene geschaffen hat, wenn die Schüler sagen: „Da ist so eine lustige Tante vom Arbeitsamt, da gehe ich gern hin.“ Früher war ich immer sehr stolz, wenn die Jugendlichen am Zeugnistag hier haufenweise im Gang standen und die Zeugnisse persönlich abgeben wollten. Dafür sind sie teilweise auch acht bis neun Kilometer nach Ludwigsburg gefahren.

Ist es besser, wenn die Eltern zur Berufsberatung mitkommen?
Zu 80 Prozent ja, man bekommt so auf jeden Fall eine gute Rückmeldung darüber, wie die familiäre Situation aussieht, wie auch die Eltern den Berufswahlprozess unterstützen. Man erkennt dann relativ schnell die sozialen Gefüge. Manchmal ist es natürlich auch hinderlich, wenn man womöglich eine übereifrige Mutter hat, die mehr für ihr Kind spricht und es nicht selbst zu Wort kommen lässt. Als Beraterin lenke ich das Gespräch dann taktisch um.

Haben die Jugendlichen einen Traum vom Beruf, oder erleben Sie viel Unentschlossenheit?
Beides. Es gibt sozial rundum integrierte Jugendliche, die kommen mit konkreten Zielen und Wünschen herein, und dann geht es einfach nur darum, diese in eine Struktur zu packen. Was mache ich wann, wo kann ich vielleicht noch Informationen bekommen? Es ist natürlich schön, wenn man so jemanden in der Beratung hat. Die andere Seite ist dann wirkliche Unentschlossenheit. Das ist eine ganz typische Situation, wenn ich anfangs frage: „Was sollen wir denn heute besprechen, was ist dir wichtig?“ Dann höre ich oft: „Ich weiß nicht.“

Was sollte der Jugendliche über sich wissen?
Wichtig ist, prägnant beschreiben zu können, wer ich bin, was mich ausmacht. Stimmen meine Stärken, meine Fähigkeiten mit meinen Wünschen überein? Man muss sich beschreiben können. Ich sage zu den Jugendlichen immer: „Sag mir mal in fünf Minuten, wer du bist, was dir wichtig ist, was dich auszeichnet.“ Das ist entscheidend für die Berufswahl. Ob derjenige schon jetzt das konkrete Berufsbild dahinter benennen kann, ist eigentlich gar nicht so wichtig, dafür sind wir ja da.

Was sagt der Berufswahltest aus?
Der Berufswahltest dient der Auseinandersetzung mit Wünschen und der Selbsteinschätzung. Wie möchte ich arbeiten, mit welchen Materialien usw.? In der beruflichen Orientierungsphase wird dieses standardisierte Verfahren über unseren Psychologischen Dienst angeboten. Eineinhalb bis zwei Stunden dauert solch ein Test. Wir werben auch bei Elternabenden dafür.

Reicht der Berufswahltest aus?
Nein, er ist nur eine Hilfsmöglichkeit und ersetzt keine Beratung. Dennoch, der Anspruch, dass die Berufsberatung den Jugendlichen sagt, was sie machen sollten, wird oft an uns gestellt. Jemand anders trifft also eine Entscheidung. Dann sage ich ganz klar: „Es ist und muss die eigene Entscheidung bleiben. Wir haben hier keine Wunderkiste, wo wir jemanden reinpacken, schütteln und danach kommt er mit Wünschen und Zielen raus.“ Aber wir geben Hilfestellung und Orientierung.

Wie trifft man die richtige Berufswahl?
Für mich ist eine Berufswahl gut oder perfekt, wenn sie mit den Fähigkeiten oder Kenntnissen und Wünschen übereinstimmt. Manchmal sucht man sich Berufe, in denen man vielleicht Fähigkeiten oder Kenntnisse hat, wo aber der Funke fehlt. Wenn echte Motivation dahinter ist, dann ist man auch leidensfähiger: Wenn also Arbeitszeiten nicht so toll sind oder die Bezahlung eher mager, werde ich in meinen Beruf oder meine Ausbildung trotzdem mehr investieren.

Wie erklären Sie Jugendlichen die Diskrepanz zwischen Selbstwahrnehmung und Realität?
Das erfordert meinen ganzen Einsatz. Ich möchte natürlich niemanden erschrecken, ich möchte jemandem auch nicht komplett seine Illusionen nehmen, aber ich muss trotzdem ein realistisches Bild zeichnen. So halte ich den Jugendlichen an, seine Chancen realistisch einzuschätzen, sage: „Das ist dein Ziel, da willst du hin. Was ist, wenn es nicht klappt, hast du dir einen Plan B oder Plan C überlegt?"

Werden Sie auch mit anderen Problemen als denen der Berufswahl konfrontiert?
Ja, manchmal begleiten wir Jugendliche über Jahre. Mal klappt der Übergang in die Ausbildung nicht, oder die Ausbildung wird abgebrochen und selbst das Berufseinstiegsjahr wird nicht gemeistert. Dahinter stecken vielfältige Probleme. Zum Beispiel, wenn das Kind die einzige Person in der Familie ist, die regelmäßig aufstehen und morgens zur Arbeit gehen soll, obwohl die Eltern etwas ganz anderes vorleben. Woran soll sich das Kind orientieren? Natürlich erlebt man auch echte Schicksale: Jugendliche, die im Drogenkonsum enden, mit verschiedenen Psychosen, die mit zwölf anfangen zu kiffen und mit 17 krank sind und sicher auch für längere Zeit nicht arbeiten, geschweige denn eine Ausbildung machen können. Ja, man bekommt schon familiäre Sorgen mit, doch muss man das natürlich auch immer wieder in die richtigen Bahnen lenken können.

Gibt es eine Renaissance bestimmter Berufsbilder?
Die Jugendlichen verschließen sich den Medien nicht, und die üben schon Einfluss, vor allem das Fernsehen. Auf jeden Fall gab es vor zwei, drei Jahren verstärkt die Nachfrage nach dem Beruf des Raumausstatters, dann Tierpfleger und jetzt ist Koch als Berufsziel besonders gefragt. Der Beruf des Kochs ist durch die ganzen Kochsendungen wieder salonfähig geworden. Er wird nicht mehr so abgelehnt wie vor Jahren, trotz Spätschichten, Schichtarbeiten usw. Der Imagewandel ist enorm.

Welche Berufe werden neu entstehen und mit welchen Chancen?
Da sind vor allem Berufe im Fertigungsbereich, alternative Energiegewinnung, natürlich im Elektrobereich, Elektronik. Neue Berufsfelder in der Kombination mechanischer, elektronischer, ökologischer Tätigkeiten sind im Kommen. Auch Wassergewinnung, Wasseraufbereitung, Abwassertechnik. Dort, wo Wissen neu entsteht oder neu vernetzt wird, werden auch direkt neue Berufe entstehen. Ein Beispiel ist die Sport- und Fitnesskauffrau.

In der IT:

Klaus Vitt, 58

GESCHÄFTSFÜHRER DER ZENTRALEN IT DER BA (CIO-FUNKTION),
ZUGLEICH VORSITZENDER DER GESCHÄFTSFÜHRUNG
DES IT-SYSTEMHAUSES DER BA

**Welche Kundendaten gespeichert werden.
Wie lange und wie sicher die Daten sind.
Was man mit den Daten in Gang setzt**

Geburtsort:	Hagen, Nordrhein-Westfalen
Jahre bei der BA:	4
Erlernter Beruf:	Diplom-Ingenieur (FH) der Nachrichtentechnik, Diplom-Mathematiker (Universität)
Arbeitsort:	Zentrale Nürnberg, Bayern
Hobbys:	Bergwandern, Inlineskaten, Radfahren

Sie sind der Chef der IT bei der BA. Aber sind Sie selbst auch immer Chef Ihres Computers, oder beherrscht der Rechner manchmal auch Sie?
Zu Hause bei meinem privaten PC habe ich manchmal den Eindruck, dass er mich beherrscht. Da kommen auf einmal Updates auf den PC, und danach läuft nichts mehr. Dann kann ich ihn nur noch ein- und ausschalten. Im Büro sieht das anders aus. Da haben wir eine professionelle Umgebung. Da ist der PC deutlich stabiler.

Die Dimensionen sind ja auch sehr unterschiedlich. Von wie vielen Menschen hat die Bundesagentur derzeit Daten?
Wir haben einen Arbeitnehmer- und einen Arbeitgeberbereich. Zusammen ergeben sich damit Datensätze von ungefähr elf Millionen Kunden. Dazu kommt noch der Bereich Kindergeld, das die BA ebenfalls auszahlt. Das sind dann noch einmal neun Millionen Kunden. Außerdem haben wir die Auflage, Daten über einen bestimmten Zeitraum aufzubewahren, auch wenn die Kunden wieder einen Job gefunden haben. Macht insgesamt Daten von 32 Millionen Menschen.

Wie lange halten Sie solche Daten denn gespeichert?
Das hängt von der Art der Daten ab. Hier gibt es zahlreiche verschiedene gesetzliche Regelungen mit Fristen von wenigen Monaten bis hin zu 30 Jahren.

Und was für Daten speichern Sie?
Das lässt sich am besten an einzelnen sogenannten Geschäftsfällen erklären. Unser Beispielkunde kommt in die Agentur für Arbeit. Am Empfang werden die Stammdaten erfasst, also Name, Adresse und so weiter. Dann werden in der Eingangszone die Daten vervollständigt und ein Termin vereinbart, zur Arbeitsvermittlung etwa. Kommt der Kunde zum Vermittlungsgespräch, werden die Daten erfasst, aus denen ein sogenanntes Bewerberprofil entsteht, das also Kenntnisse, Erfahrungen, Fähigkeiten, mögliche Einschränkungen enthält. Auf der anderen Seite haben wir Stellenprofile, die uns Arbeitgeber mitgeteilt haben. Zwischen diesen beiden Profilen wird jetzt ein Matching durchgeführt – der Computer ermittelt, wer zu welcher Stelle passen könnte. Ferner gibt es noch den Leistungsbereich – hier benötigen wir Daten, um die Höhe von Geldleistungen zu ermitteln. Diese Daten sind getrennt in einem eigenen Leistungssystem gespeichert.

Das sind ja alles extrem sensible Daten. Kann innerhalb der BA jeder auf alle Daten eines Kunden zugreifen?
Nein. Grundsätzlich dürfen Daten aus den verschiedenen Bereichen nur dann zusammen eingesehen werden, wenn ein geschäftlicher Zweck für die Agentur dahintersteht. Ein Beispiel dafür ist ein handfester Verdacht auf Leistungsmissbrauch. Ich kann Daten abgleichen, wenn zum Beispiel ein Verdacht besteht, dass ein Mensch gleichzeitig Arbeitslosengeld I und Arbeitslosengeld II bezieht. Aber das kommt nicht oft vor.

Dürfen Sie mit dem Finanzamt Daten austauschen?
Nein. Aber es gibt beispielsweise Datenabgleiche mit der Rentenversicherung.

Welche Daten dürfen Sie nicht speichern?
Grundsätzlich speichern wir nur Kundendaten, die für das jeweilige Anliegen des Kunden beziehungsweise die jeweilige Aufgabenerledigung durch die Dienststellen der BA aktuell erforderlich sind. Ein Beispiel: Meldet sich ein Schüler bei der Berufsberatung an, werden sein Name, das Geburtsdatum, die Adresse und der voraussichtliche Schulabschluss festgehalten. Das genügt für die Einladung zu einem Beratungsgespräch. Es gibt bei uns weder Vorratsdatenspeicherung, noch werden Kundendaten länger als den gesetzlichen Vorschriften entsprechend gespeichert.

Wie sicher sind meine Daten bei Ihnen?
Wir investieren sehr viel in die Datensicherheit, aber eine hundertprozentige Sicherheit gibt es nicht. Es wird immer Szenarien geben, die man sich heute noch gar nicht vorstellen kann.

Wie schützen Sie sich vor Hackern?
Das Wichtigste für uns ist die Netzsicherheit. Das heißt, wir verhindern, dass irgendjemand in unser Netz eindringt oder uns zum Beispiel per E-Mail attackiert. Nur um einmal eine Größenordnung zu nennen: Vergangenes Jahr hatten wir bis zu 100 000 Angriffe im Monat. Zum Vergleich: Ein Privathaushalt hat vielleicht eine Attacke pro Monat. Wir investieren viel in unsere IT-Sicherheit. Da wir eine exponierte Behörde sind, gibt es die unterschiedlichsten Gruppen, die versuchen, bei uns einzudringen. Zusätzlich haben wir natürlich weitere Hürden aufgebaut, wie die Berechtigungsprofile für den Zugriff auf die unterschiedlichsten Daten. Wir wehren außerdem jede Menge andere Daten ab, zum Beispiel Spam-Mails. Diese kommen in eine Art Bunker.

Was setzen denn die Datenströme aus der Bundesagentur alles in Gang?
Die Stellenprofile der Arbeitgeber und die Bewerberprofile der Arbeitnehmer werden im Vermittlungsprozess miteinander abgeglichen. Daraus ergeben sich weitere Verwendungen für die erhobenen Daten. Da wären die Statistikdaten für die monatliche Berichterstattung. Und vor allem gibt es natürlich Finanzdaten. Da wären die Auszahlungen für das Kindergeld, das Arbeitslosengeld I und II. Außerdem überweisen wir Beiträge an die Sozialkassen. Ferner haben wir das aktuelle Thema Kurzarbeitergeld. Für den Bereich Förderung und Weiterbildung überweisen wir Geld an die jeweiligen Träger. Es fallen fast für jeden Geschäftsvorgang Überweisungen an.

Zu wie vielen Vorgängen am Tag führen Ihre Daten ungefähr?
Im Monat werden 14 Millionen Überweisungen ausgeführt.

Gibt es in Deutschland viele Unternehmen oder Institutionen, die von der Datenflut her mit der BA vergleichbar sind?
Wir gehören sicherlich zu den größten IT-Landschaften in Deutschland. Unsere IT ist vergleichbar mit Großversicherungen oder -banken oder mit großen Energieversorgern.

Wer verkauft denn solche Software?
Wir entwickeln die IT-Verfahren überwiegend selbst, gegebenenfalls mit externer Unterstützung. Der Hintergrund sind die sehr landesspezifischen operativen Aufgaben der BA. Nur für Bereiche wie Personal und Finanzen setzen wir Standardsoftware ein.

Wenn Sie eine neue Software in Gang setzen, was würde passieren, wenn der Start scheitert?
Das hätte natürlich gravierende Auswirkungen auf das operative Geschäft. Mit unseren Vermittlungsverfahren arbeiten in der ganzen Republik 80000 Menschen. Die könnten allesamt ihre Arbeit nicht vernünftig machen.

Was war bisher Ihre schlimmste Panne?
Ein zentraler Netzausfall. Bei uns ist alles redundant ausgelegt, ähnlich wie in einem Flugzeug. Wenn eine Komponente ausfällt, übernimmt eine andere Komponente diese Funktion. Damals ist eine zentrale Netzkomponente ausgefallen. Die redundante Netzwerkkomponente hat dann die Funktion übernommen, konnte aber die deutlich höhere Last nicht abdecken. Das Kritische war, dass die Anwender keinen Zugriff mehr auf die zentralen Anwendungen hatten.

Wie lange hat das gedauert?
Wenn ich mich recht erinnere, circa vier Stunden, mit dem Hochfahren aller Systeme insgesamt sechs Stunden. Die Auszahlungen an die Kunden waren dadurch nicht beeinträchtigt.

Wie schnell werden Gesetzesänderungen in neue Programme umgewandelt?
Es ergibt sich ab und zu die Situation, dass der Termin feststeht, aber die politische Abstimmung noch einige Zeit in Anspruch nimmt. So wird die Zeit für die Realisierung immer kürzer. Beispielsweise war die Erhöhung des Kindergeldes Ende 2008 sehr lange diskutiert worden, bis man kurz vor Weihnachten desselben Jahres die Gesetzesänderung beschlossen hat. Vom 1. Januar 2009 an musste das geänderte Kindergeld dann gezahlt werden.

Mit wie vielen Programmen arbeiten die Mitarbeiter der BA?
Das ist in den einzelnen operativen Bereichen unterschiedlich. Ein Extrembeispiel ist der Bereich Service-Center. Dort benötigen die Mitarbeiterinnen und Mitarbeiter bis zu 14 verschiedene Anwendungen, um alle unterschiedlichen Geschäftsfälle zu bearbeiten. Das bedeutet natürlich ständig einen hohen Weiterbildungsbedarf.

Was ist Ihr nächstes Projekt?
Die elektronische Akte. Das bedeutet: Schriftgut, das zu uns kommt, wird in Scanzentren eingescannt. Wir ordnen das digitale Dokument dann dem Kunden und seiner elektronischen Akte zu. Mitarbeiter greifen dann, egal wo sie sitzen, schnell auf die elektronische Akte zu. Mitte 2010 führen wir dazu ein Pilotprojekt durch.

Im Controlling:

Dr. Klaus Schuberth, 50

BEREICHSLEITER

Wie die Organisation einer Sozialversicherung funktioniert. Wie sich Arbeitslosigkeit definiert. Was das Controlling leistet

Geburtsort:	Nürnberg, Bayern
Jahre bei der BA:	22
Erlernter Beruf:	Diplom-Volkswirt
Arbeitsort:	Zentrale Nürnberg , Bayern
Hobbys:	Sport aktiv (Laufen, Schwimmen, Hallenfußball, Skifahren, Segeln), Sport passiv (leidenschaftlicher Anhänger des 1. FC Nürnberg)

Sie sind ja der Herr der Zahlen in der Bundesagentur für Arbeit, welche sind Ihre Lieblingszahlen?
Die grünen Zahlen - die auf dem Kurs liegen, mit dem wir unsere Ziele erreichen. Die sind mir natürlich lieber als rote. Wobei, wenn ein Controller nur grüne Zahlen hat, dann macht er auch irgendetwas falsch und setzt vielleicht seine Ziele zu niedrig. Man kann sich nur verbessern, wenn man Abweichungen managt.

Beim Stichwort „Controlling" denkt man eher an knallhart effizient geführte Unternehmen als an eine Behörde, bei der menschliche Belange zählen. Warum leistet sich die BA einen Controller wie Sie?
Controlling ist wichtig, weil wir mit knappen Mitteln haushalten müssen. Und wir wollen tunlichst unseren sozialpolitischen Auftrag gut erfüllen - je wirtschaftlicher wir arbeiten, umso mehr Menschen können wir de facto auch helfen.

Also ist Effizienz ein Beitrag zur Verwirklichung sozialer Ziele?
Effizienz ist dafür zwingend erforderlich. Mein Professor für Finanzwissenschaften an der Uni hat gesagt: „Wir leben nicht im Paradies. Wir leben auf der Erde." Und die Bedürfnisse sind größer als die zur Verfügung stehenden Güter. Im Paradies wäre es umgekehrt. Also müssen wir wirtschaften. Im staatlichen Bereich muss man den Anspruch haben, noch besser zu wirtschaften, weil wir mit dem Beitragsgeld unserer Versicherten arbeiten. Also ist sparsames Wirtschaften im Interesse der Beitragszahler.

Wo ist die BA in den vergangenen Jahren effizienter geworden?
Da gibt es verschiedene Beispiele. Der Hauptaspekt ist der, dass der Beitragssatz von 6,5 auf 2,8 Prozent gesenkt werden konnte. Dazu hat die BA selbst einen Beitrag geleistet - durch bessere, schnellere Prozesse in den Kundenzentren, durch Handlungsprogramme und Steuerungsinstrumente im Controlling. Einer unserer Hauptindikatoren ist die „Dauer der faktischen Arbeitslosigkeit". Die wollen wir möglichst kurz halten. Da sind wir zum heutigen Zeitpunkt eindeutig besser geworden.

Also hat sich durch Ihre Arbeit im Controlling auch die Qualität verbessert?
Wir haben erreicht, dass wir heute viele Prozesse in der BA messen und damit optimieren können - etwa den Weg, den der Kunde mit seinem Anliegen durch die Agentur nimmt. Hier leisten die im Jahr 2004 gegründeten Service-Center und die Eingangszonen einen ganz wichtigen Beitrag für die Bearbeitung der Kundenanliegen.

Was hat sich aus Sicht des Kunden verbessert?
Ich würde sagen, wir sind schneller geworden. Ich war einige Zeit in Berlin-Nord als Direktor. Noch vor fünf Jahren gab es dort immer volle Flure, die Leute mussten warten. Das ist heute nicht mehr so. Der Kunde kommt viel schneller zu bearbeitenden Kollegen. Die Verbesserung sehen wir auch an unseren Kundenbefragungen. Wir befragen pro Quartal und Agentur 200 Kunden, und zwar 100 Erwerbspersonen und 100 repräsentativ ausgewählte Arbeitgeber. Diese bekommen einen Fragenkatalog. Gegenwärtig werden wir mit der Schulnote 2,3 bei den Arbeitgebern und 2,4 bei den Arbeitnehmern bewertet; dabei kommen wir von einer mäßigen 3.

Alles messbar und vergleichbar – führt das zum Wettbewerb zwischen den Agenturen?

Ja, mittlerweile. Wir vergleichen – wir schauen uns bundesweit Agenturen mit vergleichbaren Arbeitsmärkten an und fragen uns, warum die Unterschiede in der Vermittlungsquote teilweise so groß sind. Fällt uns das auf, dann laden wir die Geschäftsführer zu einem Dialog ein und fragen, woran es liegt. Und wir überlegen, was man besser machen kann. Wir haben zwei Hauptziele definiert. Das erste: Arbeitslosigkeit möglichst verhindern. Wir wollen also in der Phase, in der eine Kündigung ausgesprochen, aber Arbeitslosigkeit noch nicht eingetreten ist, von einer Beschäftigung in die andere vermitteln helfen, sogenannte Job-to-Job-Integration. Der zweite Aspekt: Wenn schon Arbeitslosigkeit eingetreten ist, dann soll sie möglichst kurz sein. Wir sprechen von der sogenannten Dauer der faktischen Arbeitslosigkeit. Dies sind unsere beiden wichtigsten Zielindikatoren. Wir vereinbaren diese Ziele mit jeder Agentur. Und so schaffen wir natürlich Wettbewerb, indem wir unsere 176 Agenturen in zwölf Vergleichsgruppen eingeteilt haben.

Können Sie einen arbeitslosen Menschen verstehen, wenn er sich ärgert, nach jahrelangem Einzahlen nur noch für ein Jahr Arbeitslosengeld zu bekommen?

Auf der einen Seite ja, weil man noch vor einigen Jahren bis zu 32 Monate Arbeitslosengeld I erhalten konnte. Sozialleistungen müssen aber auch finanzierbar sein. Zudem ist die Arbeitslosenversicherung eine Risikoversicherung, also ähnlich wie eine Feuerversicherung. Was ich damit sagen will: Es gibt Menschen, die glauben, weil sie lange Zeit in die Arbeitslosenversicherung einbezahlt haben, müssten sie nun auch lange Zeit Arbeitslosengeld I bekommen. Das ist leider immer noch ein weitverbreiteter Denkfehler. Niemand würde bei der Feuerversicherung sagen: „Jetzt wird es aber Zeit, dass es mal brennt."

Und wenn es brennt?
Dann sollte man löschen. Das ist klar. Man sollte den Schaden möglichst begrenzen.

Dennoch, gerade Ältere haben da ein Gefühl von sozialer Ungerechtigkeit. Können Sie das verstehen?
Ich kann es nachvollziehen. In Deutschland wurde die Frühverrentung zu lange als probates Allheilmittel gesehen. Es war eine gesellschaftliche Weichenstellung, die das Problem verstärkt hat, dass man jenseits der 50er häufig nicht mehr in Arbeit kommt. Ich denke, dass die soziale Sicherung in Deutschland prinzipiell sehr gut konstruiert ist. Wir haben ein dreigegliedertes System. Zum einen die Grundsicherung, wo der Staat bedürftigen Bürgern steuerfinanziert in schwierigen Lebenslagen Hilfe gibt, beispielsweise durch Arbeitslosengeld II. Daneben haben wir die Säule der Sozialversicherung, finanziert über Beitragsgelder, worüber die Sozialversicherungsträger bei ihren Mitgliedern gewisse Risiken abfedern, etwa Arbeitslosigkeit mit Arbeitslosengeld I. Dazu Krankenversicherung, Rentenversicherung, Unfallversicherung, Pflegeversicherung. Die dritte Säule ist die staatliche Versorgung, Beamtenversorgung ist hier ein Beispiel. Das sind die drei Grundprinzipien, also Fürsorgeprinzip, Versicherungsprinzip und Versorgungsprinzip. Finanzierbar muss es natürlich sein.

Die BA ist die solideste Sozialversicherung Europas. Ist das für andere Länder ein Grund gewesen, etwas von uns zu adaptieren?
Ich würde sagen, wir sind in Europa wahrscheinlich die einzige Sozialversicherung, die eine so starke Beitragssatzsenkung hinbekommen hat. Seit der Reform schaut das Ausland eher auf uns als umgekehrt. Insbesondere auch deshalb, weil wir in kurzer Zeit einen Totalumbau vorgenommen haben, der sicherlich auch mit Risiken verbunden war. Meine Beobachtung, wenn ich mir die holländische oder die österreichische Arbeitsverwaltung anschaue, ist: Dort wurde auch umgebaut, aber nicht so umfassend. Und weil man die BA wirklich auf den Kopf gestellt hat und dann wieder zurück auf die Füße, sehen sich sehr viele ausländische Arbeitsverwaltungen das deutsche Modell jetzt genauer an.

Ist die Definition von Arbeitslosigkeit im internationalen Vergleich auch unterschiedlich?
Wir definieren gesetzlich: Arbeitslos ist jemand, der vorübergehend nicht in einem Beschäftigungsverhältnis steht, der eine sozialversicherungspflichtige Beschäftigung sucht und der den Vermittlungsbemühungen der Agentur zur Verfügung steht und sich arbeitslos gemeldet hat. Der Unterschied zum Ausland: Sobald jemand – zum Beispiel aus gesundheitlichen Gründen – auch nur drei Stunden am Tag arbeiten kann, wird er in Deutschland als erwerbsfähig betrachtet und im Zweifelsfall bereits als Arbeitsloser gezählt. In anderen Ländern wären solche Menschen längst in der Berufsunfähigkeit.

Finden Sie, dass die Deutschen eher zu wenig oder eher zu viel arbeiten?
Jeder muss selbst wissen, wie viel er arbeiten möchte. Aber ich finde schon, dass es in Deutschland Menschen gibt, bei denen Anspruchsverhalten und Leistungsbereitschaft auseinanderklaffen, dass bei einigen die Ansprüche hoch sind - also möglichst der neue 3er BMW und möglichst ein schönes Reihenendhaus, aber das alles bitte mit einer 38,5-Stunden-Woche.

Sollten wir denn länger arbeiten?
Ich bin nicht dafür, generell die 50-Stunden-Woche einzuführen. Aber: Eine Freizeitorientierung ist schon beobachtbar, wenngleich nicht bei der Mehrheit. Vielleicht ist das auch ein Mittelschichtproblem, sich Freizeit und hohen Wohlstand zugleich zu wünschen. Aber beides geht nicht immer. Ich denke, wir sollten auch stärker den Life-Cycle-Aspekt sehen. Es gibt Phasen wie Ausbildung, Studium und Berufsbeginn, in denen man viel Zeit investiert. Und später brauche ich - zum Beispiel in der Familienphase - Zeiten, in denen die Arbeitszeit reduziert werden kann. Und wenn die Kinder dann größer sind, kann ich wieder stärker in den Job investieren. Ich glaube also, da ist noch Potenzial drin.

Aber auf die Sozialversicherung haben diese Überlegungen keinen Einfluss?
Man kann über Lebensarbeitszeitkonten nachdenken, über Sabbaticals, die über die Sozialversicherung mitfinanziert werden, zum Beispiel für Weiterbildung. Junge Leute kommen mit sehr viel Wissen in den Beruf, aber nach 20 Jahren wäre doch ein Semester an der Uni oder ein Vierteljahr Weiterbildung sicher sinnvoll - und mit der Sozialversicherung und dem Unternehmen verhandelbar. Die Zahl der Erwerbspersonen geht in Deutschland ja stark zurück - wir brauchen also mehr lebenslanges Lernen.

Das kostet doch aber.
Es gibt ebenso einen Nutzen, nämlich den Arbeitnehmer, der auch mit 55 noch leistungsfähig ist.

Haben Sie einen 8-Stunden-Tag?
Nein, habe ich nicht. Weniger als 50 Stunden in der Woche sind es selten.

Ihr Lebenslauf liest sich ganz gradlinig. Waren Zahlen immer Ihr Ziel?
Wenn Sie meine Mathematiknote im Abitur kennen würden, würden Sie wahrscheinlich nicht so fragen.

Dann kommt es im Lebenslauf auf Schulnoten nicht so sehr an?
Doch.

Aber Sie könnten heute durchaus einen Jugendlichen ermutigen, mit einer mäßigen Mathenote Controlling-Experte zu werden?
Meine Meinung ist, dass eine Schulnote da nicht allein entscheidend ist. Die öffnet allerdings Türen zu einem Vorstellungsgespräch. Da sind Noten, ob das jetzt Schulnoten oder Universitätsnoten sind, relativ wichtig.

In der Arbeitsmarktpolitik:

Klaus Pester, 59

REFERENT IM ARBEITSSTAB DER BEAUFTRAGTEN
DER BUNDESREGIERUNG FÜR MIGRATION, FLÜCHTLINGE UND INTEGRATION,
SCHWERPUNKT ARBEITSFÖRDERUNG UND ARBEITSMARKT

Welche Rolle die Bundesagentur in der Arbeitsmarktpolitik spielt. Welchen Weg ein Gesetz von der Idee bis zur Praxis nimmt

Geburtsort:	München, Bayern
Jahre bei der BA:	34
Erlernter Beruf:	Diplom-Volkswirt
Arbeitsort:	Bundeskanzleramt Berlin, Berlin
Hobbys:	Laufen, Skilanglauf, Bergtouren, Fernreisen, Lesen, Theater aller Art

Was macht ein Abgeordneter?
Ich bin natürlich kein Abgeordneter im eigentlichen, parlamentarischen Sinne, sondern zeitlich befristet von meinem Arbeitsplatz bei der Arbeitsagentur in München ins Bundeskanzleramt abgeordnet. Ich bestelle dort bei der Beauftragten der Bundesregierung für Migration, Flüchtlinge und Integration das Feld „Arbeitsförderung und Arbeitsmarkt". Andere BA-Kollegen sind ins Bundesministerium für Arbeit und Soziales oder auch ins Familienministerium abgeordnet. So finden sich an etlichen einschlägigen Ministerien Mitarbeiterinnen und Mitarbeiter der Bundesagentur für Arbeit.

Wie kann man sich das vorstellen, wenn man „das Feld Arbeitsmarkt bei der Integrationsbeauftragten bestellt"?
Es fängt an bei A wie Arbeitsmarktanalyse über B wie Beteiligung an Ressortverfahren und geht weiter über G wie GINCO* – die Entwicklung eines neuen arbeitsmarktpolitischen Instruments –, M wie Mitwirkung bei der Öffentlichkeitsarbeit, in Beiräten, wie im Netzwerk Integration durch Qualifizierung, oder Mitarbeit am Lagebericht der Integrationsbeauftragten bis Z wie Zahlenbewertung beim Integrationsindikatorenbericht der Beauftragten.

Auf welche Weise arbeiten Sie da mit?
Für Ministerien oder oberste Bundesbehörden sind solche Abordnungen ein Zugewinn an speziellem Sachverstand von Fachleuten, je nach beruflichem Werdegang. Bei mir besteht dieser aus jahrzehntelanger Erfahrung in Arbeitsmarktpolitik aus unterschiedlichsten Perspektiven. In der Arbeitsförderung, also insbesondere im SGB III und II, fühle ich mich beruflich sozusagen zu Hause. Da ist es dann wichtig, dass auch ein solcher Hintergrund mit eingebracht werden kann, wenn beispielsweise neue Wege beschritten oder neue Gesetze initiiert werden, damit die Zielsetzung dieser Gesetze möglichst gut erreicht wird. Ein konkretes Beispiel dafür ist die regelmäßige und volle Fahrkostenerstattung für Teilnehmer an Integrationskursen, wenn sie Arbeitslosengeld II beziehen.

Die Agentur hängt von ganz vielen Gremien und Entscheidungsträgern ab, allein kann sie nicht entscheiden. Können Sie uns das verdeutlichen?
Natürlich kann die BA ganz viel selbst entscheiden, sonst könnte sich eine so große Institution nicht bewegen. Sie hat allerdings einen exekutiven und keinen legislativen oder politischen Auftrag. Sie agiert jedoch in einem Umfeld, das zweifelsfrei sehr stark politisch geprägt ist, weil die Frage der Arbeitslosigkeit die größte Sorge der Menschen in Deutschland ist. Insofern ist die Arbeit in diesem gesamten Umfeld sehr verantwortungsvoll gegenüber den Mitbürgern und verlangt eine sensible Umsetzung von Gesetzen oder anderen Vorgaben.

Welche Rolle spielt die Bundesagentur dabei?
Der Vorstand der BA hat weit gefächerte Entscheidungs- und Verantwortungsbefugnisse, operativ wie organisatorisch. In der strategischen Ausrichtung und in den geschäftspolitischen Zielen braucht die Bundesagentur, braucht der Vorstand vor der operativen Umsetzung die Zustimmung des Verwaltungsrats oder auch die Verbindung zum Bundesministerium für Arbeit und Soziales.

* Ganzheitliches Integrationscoaching

Was ist der Verwaltungsrat?

Die Bundesagentur ist eine Körperschaft des öffentlichen Rechts mit Selbstverwaltung. Deswegen gibt es den Verwaltungsrat, und dessen Aufgabe ist vergleichbar etwa mit der Rolle eines Aufsichtsrats einer Aktiengesellschaft, nämlich die der Wahrnehmung von Kontroll- und Beratungsfunktionen. Als Besonderheit beim Verwaltungsrat der Bundesagentur kommt hinzu, dass er auch begrenzt legislative Befugnisse hat und sogenannte Anordnungen erlassen kann. Sie kommen Rechtsverordnungen gleich, beispielsweise zur Einstiegsqualifizierung oder zur Begleitung des Berufseinstiegs von jungen Menschen. Das waren die letzten beiden Anordnungen.

Und wie setzt der Verwaltungsrat sich zusammen?

Er besteht wie die am Arbeitsmarkt agierenden Partner aus Repräsentanten der Arbeitgeber- und Arbeitnehmerschaft sowie dem öffentlichen Bereich. Jeder stellt jeweils sieben Vertreter. Der Verwaltungsrat hat also insgesamt 21 Mitglieder, und der Vorsitz wechselt zwischen der Arbeitgeber- und der Arbeitnehmerbank im jährlichen Turnus immer am 1. Juli.

Wer macht denn den öffentlichen Bereich aus?

Hier sind das Bundesministerium für Arbeit und Soziales, das Wirtschafts- und das Bildungsministerium, Repräsentanten aus den Ländern sowie der Städtetag ausschlaggebend. Somit sind alle indirekt oder direkt betroffenen Ressorts wie Wirtschaft, Bildung, Arbeit und natürlich im föderalen System die Länder und Kommunen involviert.

Wie stark ist der Einfluss der Politik oder des Bundesministeriums für Arbeit und Soziales auf das operative Geschäft der Bundesagentur für Arbeit?

Die Bundesregierung oder die Politik hat selbstverständlich den Auftrag und den Willen, zu gestalten. Und dieser Gestaltungswille, der sich dann in Gesetzesvorhaben äußert, übt natürlich Einfluss auf den operativen Handlungsrahmen der Bundesagentur aus. Innerhalb eines Jahres kann da viel passieren, wie zum Beispiel 2008: Der Arbeitslosengeldzuschlag für Ältere änderte sich, es entstanden neue Aufgaben wie der Ausbildungsbonus und der Berufseinstiegsbegleiter, außerdem gab es Änderungsgesetze zum SGB III, die u.a. zum Vermittlungsbudget führten. Das hat Einfluss auf die Bearbeitung und – insbesondere bei der Höhe des Beitragssatzes – auch auf den Haushalt bzw. die Finanzlage der BA.

Es gibt dieses Klischee, Politik sei ein schmutziges Geschäft. Geht es dabei immer um die Sache?

Das Klischee klingt eher nach Stammtisch. Man muss sich vor Augen führen, dass es sich um eine sehr komplexe Materie handelt und dass es da ganz unterschiedliche Standpunkte und Sichtweisen über den Weg oder über die richtige politische Entscheidung gibt. Je größer das Spektrum ist, desto leichter entsteht nach außen hin ein negativer Eindruck und die Frage: „Warum kriegen die das nicht auf die Reihe?“ Es geht ja wirklich ums Ringen um die beste Lösung. Wenn das Spektrum sehr weit gefasst ist, kommen oft – und das ist demokratisches Prinzip – Kompromisse zustande, die sich vom wirtschaftlichen oder gesellschaftlichen Optimum durchaus entfernen können. Das ist ein Preis für Demokratie und Konsens.

Eine alte politische Weisheit ist ja: „Recht haben allein reicht nicht, man muss zu mehreren sein, um Recht zu bekommen.“

Ja, gemeinsam ist man immer stärker als allein.

Welches von beiden halten Sie für die größere Tugend – Zuhörenkönnen oder Redenkönnen?

Man ist gut beraten, wenn man beides kann. Wenn man nicht zuhört, ist das eigene Wissen kleiner, und wenn man nicht reden kann, dann kann man das, was man weiß, nicht an den Mann bringen.

Können Sie uns sagen, wie viele Gesetze zur Arbeitsförderung es gibt?

Es gibt zwei zentrale Gesetze: das SGB III und das SGB II, also für den Versicherungsbereich und für die steuerfinanzierte Grundsicherung. Je weiter man den Bogen spannt, umso größer wird die Zahl der Gesetze, die auf diese engere Materie letztlich Einfluss nimmt. Das fängt schon mit den anderen Sozialgesetzbüchern an, die aufs SGB II und SGB III rückstrahlen. Dann kommen Rechtsverordnungen dazu und die bereits genannten Anordnungen des Verwaltungsrates. Es folgen Arbeitnehmerüberlassungsgesetz, Allgemeines Gleichstellungsgesetz, Behindertengleichstellungsgesetz, Zuwanderungsgesetz. Also, ich glaube, in unserem Sammelband „SGB III und angrenzende Gesetze“ sind allein 50 Regelungsbereiche mit aufgeführt. Damit sind dann diejenigen abgedeckt, die die Bundesagentur zu beachten hat, und wahrscheinlich sind es noch viel mehr, zum Beispiel das Einkommensteuergesetz.

Welchen Weg geht ein Gesetz von der Idee bis zur Umsetzung bei der Bundesagentur?

Der Weg von der Idee bis zur Veröffentlichung im „Bundesgesetzblatt“, also dem Inkrafttreten eines Gesetzes, ist in jedem Verfahrensschritt fest vorgegeben und kann dennoch höchst unterschiedlich sein, je nach Initiativgeber, politischem Konsens oder der jeweiligen Rolle des Bundesrats. Eine detaillierte Darstellung würde diesen Rahmen sprengen. Die Umsetzung bei der BA gelingt in der Regel sehr rasch, da man meist weiß, was in etwa kommt, und mittlerweile große Routine in zeitnaher Umsetzung gewonnen hat.

**Zu Ihrer Arbeit zählt auch das Netzwerken.
Erklären Sie uns doch bitte einmal, wie man so was macht.**
Jeder, der in gesellschaftspolitischen Aufgabenfeldern unterwegs ist, befindet sich automatisch in und arbeitet mit Netzwerken. Keine Person, keine Institution kommt mit sich allein aus. Wenn sie etwas bewegen möchten, brauchen sie eigentlich immer Partner. Dazu gehört, dass man offen miteinander umgeht, dass man Unterschiede überbrücken kann, dass man versucht, Ressourcen zusammenzubekommen. Gleichermaßen fällt darunter, dass man die Sichtweisen auch der anderen Seite respektiert und miteinander versucht, Positives für die Gesellschaft zu erreichen. Das ist das Wesen der Netzwerkarbeit. Es geht einfach darum, Ideen und Kräfte möglichst zu bündeln und zu ergänzen, weil man gemeinsam besser vorankommt und mehr bewirken kann.

Die Reform der Bundesagentur ist eine Herkulesaufgabe – oder doch eher etwas für Sisyphos?
Rückblickend würde ich spontan sagen: beides, weil es natürlich ein riesiges Unterfangen war, eine so große Organisation wie die Bundesagentur mit über 100 000 Mitarbeiterinnen und Mitarbeitern organisatorisch umzubauen. Aus meiner persönlichen Erfahrung weiß ich auch, dass gesichert scheinendes Terrain einem immer noch vor die Füße fallen kann. Zwei Kernbereiche der Reform waren, die Führbarkeit der Agenturen zu steigern und die operative Leistungsfähigkeit anzuheben. Die beiden Reformvorhaben sind abgeschlossen. Wir sind jetzt in der dritten Reformphase. In dieser befassen wir uns mit der Zukunftsfähigkeit der Bundesagentur, also mit Themen wie Prävention, Innovation, Nachhaltigkeit. Und wenn ich mir überlege, dass zwei wichtige Vorhaben abgeschlossen sind, dann kann es Sisyphos nicht sein. Und Herakles, der für seine Heldentaten in den Olymp aufgenommen wurde, auch nicht, denn es wurde kein neues Ticket für „Olymp“ ausgestellt.

Braucht man eine Bundesagentur überhaupt?
Unser Land braucht auf jeden Fall ein System wie die Bundesagentur, die all diese Aufgaben erledigt. Eine Forderung nach Abschaffung ist jedenfalls sehr schnell dahingesagt, aber man muss ja auch beantworten, wie diese gesellschaftlich notwendigen Aufgaben dann gelöst werden sollen. Und gerade im Beratungsgeschäft von jugendlichen und erwachsenen Arbeitnehmern ist die Bundesagentur ein unglaublicher Wissensträger. Aber darauf beschränkt sich das Aufgabenspektrum ja nicht, sondern es gibt weitere Kernbereiche wie die Ausbildungsstellen- und Arbeitsvermittlung. Und die BA zahlt Arbeitslosengeld als Lohnersatz bei Arbeitslosigkeit aus; Insolvenzgeld an Arbeitnehmer im Konkursfall oder Kindergeld sind weitere Leistungsbereiche. Im Augenblick ein ganz zentrales Thema, das deutschlandweit hervorragend bearbeitet wird: Kurzarbeitergeld.

Unsere Gesellschaftsordnung ist auf Erwerbsarbeit ausgerichtet. Was versteht man darunter?

Erwerbsarbeit und Erwerbseinkommen sollen die Basis für ein selbstbestimmtes Leben nach der Schule beziehungsweise Ausbildung bis zur Rente sein. Das ist die Grundidee. Wer in Not gerät - so das Sozialstaatsprinzip -, soll Hilfe zur Selbsthilfe erhalten, um wieder in den Erwerbsprozess zu kommen. Aber nur so lange, bis er sich wieder selbst helfen kann. Deswegen haben wir ja das Arbeitslosengeld ebenso wie die Grundsicherung für erwerbsfähige Hilfebedürftige an die Bereitschaft zu einer Beschäftigungsaufnahme geknüpft. Daher wirft die mehrfach politisch diskutierte Forderung nach einem steuerfinanzierten Grundeinkommen ohne Erwerbsbezug die Frage auf, ob diese wirklich die adäquate Antwort für eine Gesellschaftsordnung wäre, die auf Erwerbsarbeit ausgerichtet ist. Wohl kaum!

Ist Arbeit an sich ein Wert?

Mit Arbeit und Beruf verbinden sich ja immer bestimmte Grundwerte wie beispielsweise Selbstständigkeit und Einkommen, soziale Kontakte, soziale Anerkennung oder Selbstwertgefühl. Aber ich meine, dass es innerhalb unserer Gesellschaft auch wichtig ist, dass jede Form der Arbeit auch die richtige Art der Wertschätzung erfährt, denn sie ist zugleich ein Beitrag für das Ganze und für die Zukunft. Auch wenn die individuellen Wertschöpfungsbeiträge unterschiedlich sind, verdient dennoch jede Art von Arbeit Respekt und Anerkennung. Das gehört dazu.

In der Presseabteilung:

John-Phillip Hammersen, 45

LEITER DER PRESSESTELLE

Weshalb Hartz IV missverstanden wird. Warum die Bundesagentur die Arbeitslosigkeit nicht allein bekämpfen kann

Geburtsort:	Freiburg im Breisgau, Baden-Württemberg
Jahre bei der BA:	5
Erlernter Beruf:	Journalist
Arbeitsort:	Zentrale Nürnberg, Bayern
Hobbys:	Musik, Kochen, Hockey, Autos, Uhren

Welches Klischee über die BA regt Sie immer noch richtig auf?
Am meisten ärgert mich das Klischee, dass die BA ein bürokratischer, mehr oder minder verrosteter Laden sei, der immer noch eine Behördenkultur pflegt, wie man sie vielleicht aus den 50er-Jahren zu kennen glaubt. Ebenfalls ärgerlich ist es, wenn in Zeitungen oder im Fernsehen noch immer alte Bilder gezeigt werden, die in den Archiven schlummern und stets wieder ausgegraben werden. Das zeugt davon, dass viele Leute die Bundesagentur von heute noch gar nicht kennen – in meinem Fall sind es Journalisten, denen ich dann dringend raten muss: „Schaut euch doch mal eine moderne Arbeitsagentur an, bevor ihr einfach immer wieder das abschreibt, was ihr aus eurer Erinnerung von vor zehn Jahren noch draufhabt."

Die BA ist eine Institution mit 120 000 Mitarbeitern und einem riesigen Etat. Wie gibt man so einem Koloss in der Öffentlichkeit ein menschliches Gesicht?
Es gibt nur eine Strategie, so eine riesige Organisation in der Öffentlichkeit zu präsentieren, und die heißt: Transparenz, Ehrlichkeit, Offenheit. Alles andere würde nicht funktionieren. Glaubwürdigkeit kann man nicht mit gekauften PR-Maßnahmen aufbauen. Ansonsten ist es wichtig, dass an der Spitze einer Organisation von dieser Größe eine Person steht, die sie gut nach außen vertreten kann.

Der Vorstandsvorsitzende wird in der Öffentlichkeit hauptsächlich dann wahrgenommen, wenn er die monatlichen Arbeitslosenzahlen bekanntgibt. Verfestigt sich dadurch nicht der Eindruck, die BA verantworte die Arbeitslosigkeit?
Gewissermaßen schon, als Überbringer der Nachricht. Wir haben viel über dieses Ritual der monatlichen Zahlenverkündung nachgedacht – man könnte die Zahlen ja auch einfach ins Internet stellen. Aber im Zweifelsfall ist es doch Aufgabe und Kompetenz der Agentur, die Zahlen zu deuten und ihre Entwicklung einzuordnen; es wäre unklug, diese Einordnung allein der politischen Welt zu überlassen. Im Übrigen wird der Vorstand auch anderswo wahrgenommen – er äußert sich in Interviews und zu vielen Themen, die mit dem Arbeitsmarkt zusammenhängen.

Wäre es nicht schöner, die Agentur würde als Bekämpferin der Arbeitslosigkeit gelten?
Das wäre nicht ehrlich, auch wenn es natürlich zu unseren Aufgaben gehört, Arbeitslosigkeit zu bekämpfen oder gar nicht erst entstehen zu lassen. Letztlich aber haben arbeitsmarktpolitische Maßnahmen eine begrenzte Wirkung und sind eher wie ein Pflaster zu sehen, das man auf eine Wunde kleben kann. Die tatsächlichen Ursachen von Arbeitslosigkeit kann selbst die BA nicht bekämpfen. Wir entscheiden nicht über Entlassungen und Einstellungen. Wir können nur für einen raschen Ausgleich zwischen Angebot und Nachfrage sorgen.

Individuell betrachtet ist der Vermittler aber schon derjenige, der mit mir meine persönliche Arbeitslosigkeit bekämpfen soll.
Das ist natürlich grundsätzlich das Ziel. Aber wir müssen uns über die begrenzten Möglichkeiten im Klaren sein. Wir können keinen neuen Arbeitsplatz

schaffen. Wir können für den arbeitslosen Menschen nur Strategien entwickeln, wie er einen neuen Arbeitsplatz findet. Man kann Brücken bauen, zum Beispiel in eine andere Stadt, in vergleichbare oder benachbarte Berufe.

Wer hat denn die schlechteren Chancen?
In dem Arbeitsmarkt, wie wir ihn in Deutschland vorfinden, sind die Jobs für Geringqualifizierte im Lauf der Jahre immer weiter weggestorben. Und das wird sich auch in Zukunft fortsetzen. Es gibt die ersten Supermärkte mit vollautomatischen Kassen oder die fahrerlose U-Bahn. Das heißt, durch weiteren technischen Fortschritt fallen Jobs weg, es entstehen aber auch wieder neue. Deshalb die Erkenntnis: Wer möglichst gut qualifiziert ist, wird auch eine Chance auf dem Arbeitsmarkt haben.

Die BA engagiert sich auch in Schulprojekten. Passt das?
Ja, natürlich ist Vorbeugen besser als Reparieren. Wenn jemand 17 Jahre alt ist und bis dahin eine schlechte Schulkarriere hinter sich hat, wird es schwierig, ihm zu helfen. Deshalb ist es richtig, sich rechtzeitig zu kümmern. Wir erreichen in unseren Schul- und Ferienprojekten, teilweise innerhalb weniger Wochen, Erfolge, die diese Kinder in den vergangenen Jahren an der Schule nicht erreicht haben. Natürlich gibt es einen Konflikt dahingehend, dass Bildung Ländersache ist – wir wollen den Ländern auch nicht in ihre Bildungspolitik hineinreden, sondern nur unterstützend wirken.

Wie helfen Persönlichkeiten wie Oliver Pocher, die Ziele der BA in der Öffentlichkeit zu vermitteln?
Es ist gut, Oliver Pocher als Botschafter für die BA einzusetzen. Wir versuchen, mit jungen Gesichtern jüngere Leute zu interessieren und zu sagen: „Guck dir doch die BA mal an, das ist vielleicht gar keine so verkalkte Behörde." Was wir inzwischen zum Beispiel an berufskundlichen Filmen anbieten, mit einem neuen Internetportal, das ist wirklich gut und erfüllt vollkommen gehobene Ansprüche. Besonders in der Berufsberatung bieten wir für junge Leute einiges an aktuellen Hilfen.

Wenn Sie die BA als Marke sehen, was halten Sie für das größte Problem?
Mit einer Marke, die altbekannt ist, werden auch viele alte Erfahrungen verbunden. Zudem ist die Marke mit einem negativen Erlebnis konnotiert. Man geht also nur dann in das Haus mit dem großen A drauf, wenn es einem schlecht geht. Wobei ich glaube, dass viele Menschen inzwischen einigermaßen positiv überrascht sind, wenn sie eben nicht mehr auf endlose Schlangen und muffige Behördenvertreter treffen. Letztlich geht allerdings fast jeder Mensch mit Sorgen in dieses Gebäude hinein, und er verlässt es mit Sorgen wieder. Die Marke kann nur dann besser bewertet werden, wenn gute Dienstleistungen geboten werden. Wenn die Menschen das Gefühl haben: „Ich bin in guten Händen, die sind kompetent."

Wie vermittelt man als Pressesprecher Hartz IV?
Da ist schon im Vorfeld alles schiefgegangen, was schiefgehen konnte. Das fängt allein mit dem Begriff an, den man so nicht hätte zulassen dürfen. Er hatte sich aber binnen weniger Wochen im Gesetzgebungsverfahren so verselbst-

ständigt, dass jeder das Gesetz unter diesem Namen kannte. Deswegen plädiere ich im eigenen Haus mittlerweile selbst dafür, dass wir auch „Hartz IV" sagen. Wer versteht denn „SGB II" oder „Grundsicherung"? Leider wurde die gute Absicht des Gesetzes nicht vermittelt, sodass sich die Botschaft der Gegner, „Armut per Gesetz", durchsetzen konnte. Dabei handelt es sich um ein Gesetz zur Armutsbekämpfung – und es gibt auch Gewinner, es eröffnet manchen Menschen Chancen, die sie vorher nicht hatten. Heute bleibt einem nichts anderes übrig, als mit großer Geduld immer wieder zu erklären, was sich schon verbessert hat und wo wir Fehler erkannt haben, die wir abstellen werden.

Was wäre im Zusammenhang mit Hartz IV Ihr größter Vermittlungserfolg?

Dass Hartz IV kein System ist, in das die Verlierer rutschen und aus dem sie nicht mehr herauskommen, sondern dass es ein System ist, das Chancen auf Veränderung eröffnet. Viele, die früher Sozialhilfe erhielten, bekommen jetzt Zugang zum Arbeitsmarkt. Es wird viel Geld investiert, um Menschen wieder näher an den Arbeitsmarkt zu bringen oder um Kindern die Möglichkeit zu bieten, überhaupt erst einmal zur Schule zu gehen und später eine Ausbildung zu machen.

Bei der Fülle der Aufgaben kommt die BA uns manchmal vor wie ein Mädchen für alles.

Ja, gerade im Bereich Hartz IV stellt man manchmal fest, dass es nicht allein am Arbeitsplatz mangelt, sondern an viel grundlegenderen Dingen. Es geht um Spracherwerb, Qualifikation, Betreuung der Kinder, Lösung von Verschuldungs- und Drogenproblemen – um alles Mögliche eben. Manchmal ist der Spott schon treffend: „Bundesagentur für alles."

Ist die BA professioneller als früher, also näher dran an den Bedürfnissen der Menschen?

Die BA war auch vor der Reform professionell. Allerdings hatte sie ihre Kunden weniger im Blick. Früher lag die Konzentration auf dem Gesetzgeber als Auftraggeber. Man hat sich als Teil eines staatlichen Umsetzungsapparats gesehen, der den Leuten auf den Fluren etwas überstülpt. Die Reform hat den entscheidenden Ansatz gebracht, nämlich die Fragestellung: Was eigentlich brauchen Arbeitslose, unsere Kunden? Und genau deshalb sprechen wir von „Kunden“ – auch wenn der Begriff für manche im ersten Moment fast zynisch klingen mag. Schließlich sind Kunden eigentlich Menschen, die irgendwo freiwillig hinkommen. Aber es geht darum, den Gedanken zu verankern: „Wir sind für Sie da.“

Schlechte Nachrichten sind in den Medien gute Nachrichten. Welche guten Nachrichten über die BA gibt es denn, die Sie gern öfter hören würden?

Only bad news are good news, das ist einfach eine Regel, nach der Journalismus funktioniert, und das muss auch die BA akzeptieren. Es ergibt keinen Sinn, zu versuchen, den Medien Regeln zu diktieren: Medien sind Wirtschaftsunternehmen, die ihr Geld verdienen müssen. Und das bekommen sie über ihr Publikum, also Zuschauer, Leser, Zuhörer. Und jeder Journalist weiß, wie er sein Publikum erreicht. Also akzeptiere ich zunächst diese Mechanismen und versuche in der Folge, genau diese Mechanismen zu nutzen, um auch positive Nachrichten zu platzieren. Und das funktioniert durchaus. So wurde von den Medien unter anderem wahrgenommen, dass die Reformen der BA auf besseren Service abzielen und dass die BA heute insgesamt effektiver arbeitet – und dies wird dann auch in die Öffentlichkeit getragen. Das ist allerdings ein längerer Prozess, der noch im Gang ist.

Was war denn Ihre Lieblingsschlagzeile?

Die schönste Schlagzeile bisher war: „Der Arbeitsagentur gehen die Arbeitslosen aus“. Zu lesen im „Hamburger Abendblatt“.

Die Reform in Kürze

Im Jahr 2002 hat die Modernisierung der Arbeitsverwaltung in Deutschland begonnen. Die Reform zielt darauf ab, die Bundesagentur für Arbeit von einer konventionellen Behörde in eine kundenorientierte Dienstleistungsorganisation umzubauen.

In den bisherigen Umbau-Phasen sind wichtige Erfolge erzielt worden: Mit der Einführung moderner Strukturen und Prozesse hat die Bundesagentur sich konsequent daran orientiert, was den Kunden am besten hilft. Das Controlling und die Steuerung über Ziele haben die Leistungen der Bundesagentur transparent gemacht und dadurch Verbesserungspotenziale eröffnet. Das Prinzip von Wirkung und Wirtschaftlichkeit gilt unabhängig vom Konjunkturzyklus. Diesen ambitionierten Zielen sind alle Mitarbeiterinnen und Mitarbeiter verpflichtet.

Die **Reformphase 1** stand unter dem Motto Führbarkeit. Mit neu geschaffenen Strukturen wie dem Kundenzentrum der Zukunft (KUZ), den Telefon-Service-Centern sowie verbesserten Onlineangeboten schuf die BA die Basis für eine spürbare Verbesserung der Dienstleistung. Das Controlling der BA gibt jederzeit ein ehrliches Bild über den Leistungsstand und hilft, die gesteckten Ziele auch wirklich zu erreichen.

Die **Reformphase 2** folgte der Idee der grundlegenden Leistungssteigerung in allen Teilen des Aufgabenspektrums der Bundesagentur. Beispielsweise wurde der Arbeitgeberservice neu und vertriebsorientiert aufgestellt. Die Personalthemen Mitarbeiterqualifizierung und Verbesserung des Managements bildeten weitere Schwerpunkte. Zudem wurden wichtige Zukunftsprojekte angestoßen, die neue Beratungskonzeption - das Vier-Phasen-Modell - etwa, die elektronische Akte oder der regionale Arbeitsmarktmonitor.

Derzeit befindet sich die BA in der **Reformphase 3**, mit dem Blick auf die Innovationen im Markt. Die Agentur wird sich so aufstellen, dass sie den Menschen auch zukünftig helfen kann, die Herausforderungen auf dem Arbeitsmarkt und in der Arbeitswelt zu meistern. Sie wird damit auf die konkreten Konsequenzen von Globalisierung sowie technologischem und demografischem Wandel reagieren und die Erkenntnisse in die Unterstützungsleistung für den Kunden einbauen.

Letztlich wird es bei der Reform der Bundesagentur darum gehen, eine lernende Organisation zu entwickeln, der es gelingt, sich an wandelnde Umfeldbedingungen anzupassen und auf verlässliche Weise einen spürbaren Beitrag zum Gemeinwohl in Deutschland zu leisten. Daher hält die BA auch an dem zu Beginn des Reformwegs formulierten Ziel fest, erster Dienstleister am Arbeitsmarkt zu sein, und misst sich diesbezüglich mit anderen ausländischen Arbeitsverwaltungen sowie mit inländischen privaten Dienstleistern.

Während die vergangenen Jahre von sinkender Arbeitslosigkeit gekennzeichnet waren, steht die Bundesagentur für Arbeit zum heutigen Zeitpunkt durch die Auswirkungen der Weltwirtschaftskrise 2009 wieder vor großen Herausforderungen am Arbeitsmarkt. Die Ergebnisse der Reform sind jedoch Garant dafür, dass die BA auch über das Krisenjahr 2009 hinaus besser denn je aufgestellt ist. Sie trägt mit ihrem Handeln zum sozialen Frieden in Deutschland bei und sichert somit die gesetzliche Grundlage der sozialen Marktwirtschaft.

„Zeit ist nur dadurch,
dass etwas geschieht,
und nur dort,
wo etwas geschieht.“

ERNST BLOCH

Teil 2

Mein Weg zum nächsten Job

„Mach es zu deinem Projekt", heißt es in einer Baumarktwerbung. Ein Projekt ist planbar. Schritt für Schritt. Doch wann haben Sie das letzte Mal einen solchen Plan in Angriff genommen – das Bad renoviert, eine Regalwand aufgebaut, den Gartenzaun gestrichen?

Gehören Sie zu den Menschen, die eine „berufliche Auszeit" unmittelbar als „kreative Pause" sehen und nutzen? Dann sind Sie auf einem hervorragenden Weg. Irgendwie schaffen Sie es leichter als die allermeisten, sich zu strukturieren. Und das sogar in einer Phase der Abwesenheit eines ganz typischen Strukturaspekts im Alltag: der Erwerbsarbeit.

Den meisten fehlt von dem Tag an, an dem sie nicht mehr zur Arbeit gehen, ein Gerüst. Im Urlaub empfindet man das als angenehm. Aber zuweilen kann der Energiefluss ins Stocken geraten. Dass dieses Problem kein Einzelphänomen und auch kein Einzelschicksal ist, ließ sich in einem kleinen Ort nahe Wien 1933 exemplarisch aufzeichnen: Die Schließung der dort ansässigen Fabrik, des entscheidenden Arbeitgebers vor Ort, führte zu einem jähen Verfall der Kultur einer ganzen Gemeinde. Die Arbeitslosen von Marienthal blieben nicht bloß ihrer Bibliothek fern. Auch das zuvor blühende Vereinsleben erstarb. Die gemeinschaftlich gepflegten öffentlichen Parkanlagen verwilderten.

In der Marienthal-Studie wurde erstmals präzise beobachtet, dass mit zunehmender Hoffnungslosigkeit durch die Arbeitslosigkeit der Umgang mit der zur Verfügung stehenden Zeit nutzlos wurde. Wenn eigentlich eine Aufgabe zu erfüllen gewesen wäre, wurde sie trotzdem liegen gelassen. Es fehlte die Zeiteinteilung, das feste Raster, ein Tagesrhythmus.

Das ist paradox. Auch heute noch tun Psychologen und Soziologen sich schwer, eine zwingende Erklärung dafür zu finden. Festzustellen bleibt: Wem die Arbeit fehlt, der macht oft eine Phase des freien Falls durch. Das wiederum klingt dramatischer, als es sich meist darstellen muss. Die Psychologen sprechen von Kontrollverlust, der mit einer Blockade einhergehen kann.

Erwarten Sie von sich nicht auf Anhieb die herkulische Kraft des Helden aus dem Baumarkt! Sie müssen auch nicht mit einem Mal Ihr ganzes Leben umkrempeln. Es wäre ideal, wenn Sie die neue Phase als Chance betrachten. Worin die Chance besteht? Darin, Klarheit zu finden. Klarheit in Ihrem Tagesablauf, Klarheit in Ihrem Profil, Klarheit in Ihren Zielen – und damit Klarheit in den Antworten auf die Fragen, die Sie sich jetzt stellen und die Ihnen bald gestellt werden:

1. Wie haben Sie die Zeit zwischen den Jobs genutzt?
2. Was haben Sie derweil über sich gelernt?
3. Was haben Sie getan, um einen Job zu finden?

Das sind die Fragen dieses Kapitels, dieses Kapitels Ihres Lebens. Die Erkenntnisse bringen Sie weiter. Die Antworten machen Sie stark. Eine gute Antwort auf diese Fragen im Vorstellungsgespräch – und das Kapitel ist für Sie beendet.

Zweite Hilfe – Schritt für Schritt

→ **Sie machen das Beste aus der Zeit in-between Jobs.**

→ **Sie strukturieren Ihren Tag und nutzen die Zeit produktiv.**

→ **Sie nutzen Ihre Freizeit zum Ausgleich.**

→ **Sie entdecken sich und Ihre Stärken.**

→ **Sie setzen sich Ziele und machen Pläne.**

→ **Sie sammeln Informationen zur Orientierung.**

→ **Sie bilden sich weiter.**

→ **Sie bleiben optimistisch und suchen Unterstützung bei Verbündeten.**

→ **Sie erstellen und aktualisieren Ihre Bewerbungsunterlagen.**

→ **Sie nehmen Ihre Arbeitsuche aktiv in die Hand.**

Wie haben Sie die Zeit zwischen den Jobs genutzt?

Tagesablauf planen

Was fange ich an, wenn ich meinen Job verloren habe?

Wenn Sie bisher morgens zu einer gewohnten Zeit aufgestanden, in den Betrieb gefahren sind und abends Ihren gewohnten Heimweg angetreten haben, dann haben Sie das alles routiniert absolviert. Wahrscheinlich wäre es am einfachsten, wenn Sie bei Ihrem Rhythmus bleiben könnten: morgens zeitig aufstehen, das Tagewerk verrichten, abends zum „Feierabend" entspannen.

Zur Einführung einer namhaften Sonntagszeitung wurde seinerzeit eine große Erkenntnis plakatiert: „Es ist einfach, morgens aufzustehen, wenn man nur weiß wofür." Vermeintlich wusste selbst der typische Leser dieser Tageszeitung bis dahin am Sonntagmorgen nicht viel mit sich anzufangen. Wer könnte es Ihnen da in Ihrer momentanen Situation verübeln, sich, salopp gesagt, mal hängenzulassen? Sie haben vielleicht zu Beginn der Unterbrechung Ihres Arbeitslebens das Gefühl, dass es Ihnen auch ganz guttut, einmal fünf gerade sein zu lassen. Selbst Trauer, Wut, Sorgen, Selbstzweifel sind normal und verständlich. Gestatten Sie diesen Gedanken aber nicht, zu viel Raum einzunehmen, sonst hemmen Sie Ihr aktives Handeln. Ihr Ziel muss es sein, zügig Platz für neues Wachstum zu schaffen. Doch dafür müssen Sie in Bewegung bleiben.

Bisher haben Sie es geschafft, an jedem Arbeitstag zu einer festgelegten Uhrzeit bei Wind und Wetter vor die Tür zu gehen. Und genau das werden Sie auch in Zukunft wieder tun – spätestens dann, wenn Sie wieder eine Arbeit haben. Halten Sie deshalb Ihren Biorhythmus fit für die kommende Arbeitsstelle. Unterschätzen Sie die Gangart der inneren Uhr nicht. Jede Zeitumstellung bringt Sie aus dem Takt. Bei einer echten Zeitverschiebung riskieren Sie einen Jetlag. Bei der neuen Arbeitsstelle bekommen Sie vielleicht eine Einarbeitungszeit, aber ganz bestimmt keine Anlaufzeit. Wie wollten Sie sonst also Ihre ersten Tage im neuen Job bestehen?

Was hält Sie davon ab, schon morgen die Systeme wieder hochzufahren, und übermorgen und am Tag darauf ... wie gewohnt? Legen Sie eine Uhrzeit zum Aufstehen fest. Halten Sie diese unbedingt ein. Brauchen Sie dafür einen Wecker? Dann stellen Sie ihn! Treffen Sie eine Verabredung mit sich selbst, und betrachten Sie diese wie jeden anderen wichtigen Termin auch.

Es gibt einiges, das sie um diese Zeit – ganz selbstbestimmt – tun können. Wichtig: Gehen Sie, wie gehabt, vor die Tür! Sie können diesen Gang nutzen, um z. B.

- ➔ zum Bäcker zu gehen,
- ➔ eine Zeitung zu holen,
- ➔ mit dem Hund nach draußen zu gehen oder
- ➔ gleich ein bisschen Sport zu treiben.

Variieren Sie – nur nicht die Uhrzeit.

Das ist alles nichts für Sie? Dann fällt Ihnen bestimmt etwas Besseres ein, und das machen Sie dann. Finden Sie heraus, was zu Ihnen passt. Das ist ohnehin entscheidend.

Ein geregelter Tagesablauf pendelt sich nicht von selbst ein. Er muss geplant werden. Gerade in Ausnahme- und Stresssituationen ist es hilfreich, so viele Elemente eines eingespielten Tagesrhythmus beizubehalten wie möglich. Umgekehrt gilt: Chaos raubt Kraft. Und gegen Unsicherheit hilft Übung, gegen Zukunftsangst helfen Struktur und Planung. Und Organisation bringt Sicherheit.

Struktur in den Tag und den Haushalt bringen

Leben Sie allein? Dann wissen Sie bereits, was Verantwortung für Ihren Haushalt bedeutet. Lassen Sie darin nicht nach. Leben Sie mit jemandem zusammen? Dann können Sie jetzt mehr Verantwortung übernehmen. Dafür erhalten Sie von Ihrem Partner anderweitige Unterstützung. Sprechen Sie ganz offen über diese neue Aufgabenteilung. Lassen Sie sich einweihen in die Erfordernisse der neu übernommenen Aufgaben. Wie oft muss was gemacht werden, wie viel Zeit ist dafür einzuplanen? Umgekehrt gilt: Je offener Sie mit Ihrem Partner reden und abstimmen, wobei und womit er Ihnen helfen kann, desto besser können Sie sich aufeinander und auf die neue Situation einstellen.

Machen Sie sich eine To-do-Liste für jeden Tag und einen Plan für die Woche mit den Dingen, die Sie erledigen wollen, müssen, können. Die Liste sollte nicht zu lang sein. Wer Erfahrung im Selbstmanagement hat, weiß: Über den Daumen gepeilt dauert real im Durchschnitt alles doppelt so lange wie im Idealfall. Berücksichtigen Sie das, denn Sie werden sehen: So ein Tag ist schnell um. Sollten Sie einmal nicht alle Punkte von Ihrer Liste geschafft haben, nur keine Panik! Sie lernen ab heute, das Glas nicht als halb leer, sondern als halb voll zu betrachten. Freuen Sie sich über die erledigten und abgehakten Aufgaben auf Ihrem Zettel, und optimieren Sie Ihr Zeitmanagement von Tag zu Tag.

Projekte angehen, die Zeit produktiv nutzen

Abwarten und Tee trinken ist nicht! Es findet sich immer etwas Sinnvolles zu tun. Gut so! Das hilft Ihnen, aktiv zu bleiben. So, wie Sie Ihren Biorhythmus in Schwung halten, soll auch Ihre Arbeitsfitness auf einem produktiven Level bleiben. Suchen Sie sich eine Aufgabe. Machen Sie ein Projekt daraus, mit einem Anfang und einem Ende.

Im Hinblick auf Motivation und Erfolgserlebnisse hat es sich bewährt, zwei Projekte auszuwählen:

1. ein privates Projekt und
2. ein berufliches Projekt.

Beide Projekte sollten machbar sein. Beide Projekte verbinden Sie mit Zielen, die Ihnen etwas bedeuten. Beide Projekte werden Sie jeweils so strukturieren, dass Sie Schritt für Schritt vorankommen und messbare Etappensiege einfahren. Mal werden Sie in dem einen Projekt erfolgreicher sein, dann wieder in dem anderen. Diese Erfolge erhalten Ihnen die positive Energie, die Sie benötigen.

Fangen Sie beispielsweise privat mit etwas an, was Sie schon immer auf die lange Bank geschoben haben, weil keine Zeit dafür war. Sei es der Sprachkurs an der Volkshochschule, Ihre Gartenlaube oder die Fahrradtour. Das ausgewählte Ziel sollten Sie in Angriff nehmen. Solange Sie nur darüber nachdenken, kostet es Sie Energie und nagt an Ihrem Selbstbewusstsein. Wenigstens ein- bis zweimal die Woche sollten Sie sich Ihrem Projekt widmen.

Im Hinblick auf die Erwerbsarbeit heißt Ihr nächstes und übergeordnetes Ziel eindeutig: einen neuen Job finden. Da Sie auch diesbezüglich Schritt für Schritt denken sollten, steht Ihnen ein ganzer Katalog lohnender Zwischenschritte zur Verfügung.

In beiden Projekten werden Sie viel über sich lernen (siehe Abschnitt „Was haben Sie während der Jobsuche über sich gelernt?“). Ihr berufliches Projekt stellt die Antwort auf die dritte vorangestellte Frage dar. Deshalb finden Sie konkrete Anregungen dazu im Abschnitt „Was haben Sie getan, um einen neuen Job zu finden?“.

Denken Sie bei Ihren Projekten bitte auch daran, dass Sie die Angaben für Ihren Lebenslauf notieren. Auch die Qual der Auswahl Ihres Projektes kann erleichtert werden, wenn Sie einen Blick in die Zukunft werfen. Erstens, welches Projekt ist zukunftsweisend für mich? Und zweitens, auf welches Projekt kann ich in Zukunft verweisen? Wählen Sie ein Projekt aus, das sich sehen lassen kann. Es geht dabei nicht um Glamour und Prestige, vielmehr aber um Ihr Ansehen.

Im Vorstellungsgespräch können Sie damit auf dreifache Weise punkten: Sie haben zwischenzeitlich Ihr Domizil renoviert? Dann werden Sie bei Ihrem Gegenüber mit Sicherheit auf eine Gemeinsamkeit stoßen, denn ihr Gesprächspartner hat das Gleiche auch schon getan. Gemeinsamkeiten verbinden. Weiß oder in Farbe? Ein ideales Thema für das, was die Briten Small Talk nennen. Das ist kurzerhand der ganz wesentliche Einstieg in ein Gespräch von Mensch zu Mensch.

Sie haben es tatsächlich geschafft, einen Halbmarathon zu bewältigen? Das verschafft Ihnen auf jeden Fall Achtung, insbesondere wenn Sie zuvor nicht unbedingt eine Sportskanone waren. Jemand, der eine Situation, in der andere sich hängenlassen, nutzt, um sich zu steigern, sich selbst zu überbieten und eine solche Leistung zu erbringen, gilt allemal als motivierter und willensstarker Kandidat.

Sie haben sich sozial engagiert, haben Hunde aus dem Tierheim spazieren geführt? Das bringt Ihnen einen eindeutigen Sympathiebonus. Gutes tun und darüber reden!

Schon in Ihren Bewerbungsunterlagen sollte sich Ihr Projekt wiederfinden. Im Lebenslauf sind Lücken bis zu drei Monaten grundsätzlich gestattet. Aber - und erst recht bei längeren Lücken - es ist besser, Zwischentätigkeiten und Gründe anzugeben. Schriftlich könnte das folgendermaßen aussehen:

- „Auslandsaufenthalt zur Vertiefung der Sprachkenntnisse“,
- „berufliche Weiterbildung und Arbeitsuche“,
- „Wohnungswechsel und Arbeitsuche“,
- „Pflege naher Angehöriger“.

Freizeit ist Pflicht – Energie aufteilen

Ein Kniff noch: Trennen Sie Ihre Projekte und Erledigungen weiterhin von der Freizeit. Und wenn Sie die Gelegenheit haben, auszugehen, ziehen Sie sich nicht zurück. Keine Panik! Die Frage nach dem, was Sie machen, sollte Sie nicht in Verlegenheit bringen. Sie haben ja heute etwas geschafft. Sie haben ein Projekt. Und wenn jemand Sie nach dem Beruflichen fragt? Nicht schlimm. Im Gegenteil: Es ist eine Chance! Nutzen Sie die Gelegenheit aktiv zum Netzwerken. Aber gönnen Sie sich ebenso Pausen und Mußestunden, in denen Sie Ihre Lieblingsmusik hören, ein Buch oder eine Zeitschrift lesen. Dazu können Sie auch in Buchläden oder in die Musikabteilungen stöbern gehen. Aber auch Sauna, Schwimmen oder ein warmes Bad helfen, Ausgleich zu finden und seelisch fit zu bleiben. Sie kümmern sich schon um die Details. Aber leben sie auch!

Was haben Sie während der Jobsuche über sich gelernt?

Meine Persönlichkeit

Kennen Sie den Roman „Die Reise zum Mittelpunkt der Erde" von Jules Verne? Vielleicht sogar den Film „Die Reise ins Ich" mit Meg Ryan? Haben Sie noch nicht die Spur einer Ahnung, was die eine oder die andere Geschichte mit Ihnen zu tun hat? Es geht um Entdeckung. Machen Sie sich auf den Weg zur Entdeckung Ihrer selbst. Erwarten Sie nicht, einen konkreten Mittelpunkt zu finden. Der Nutzen dieser Expedition wird umso konkreter sein.

Manchen fällt es schwer, sich selbst einzuschätzen. Andere meinen, das sei ganz einfach. Aber fassen Sie das, was Sie über sich denken, einmal in allgemein verständliche Begriffe. Und da sollte mehr kommen als ein paar Klischees à la „Ich bin eine starke Frau", oder „Ich bin ein gutmütiger Kerl".

Wenn jetzt also jemand Sie auffordert: „Beschreiben Sie sich bitte einmal innerhalb von 30 Sekunden" - so lange dauert die Fahrt in einem Aufzug, im Englischen spricht man vom „elevator pitch" -, was antworten Sie? Unabhängig davon, ob Sie zu den Leuten gehören, die dann geradewegs drauflossprudeln würden, oder ob Sie zu verlegenem Schweigen neigen - lassen Sie sich einmal auf eine duftige Metapher ein: Benutzen Sie ein Parfüm? Haben Sie einen Lieblingsduft, einen, den Sie an sich mögen, von dem Sie finden, dass er zu Ihnen passt? Möglicherweise könnten Sie gar nicht sagen, weshalb Sie sich eigentlich unbewusst und intuitiv für diesen Duft entschieden haben. Er wirkte einfach angenehm auf Sie. Könnten Sie sich an den Duft so gut erinnern, dass Sie in der Lage wären, ihn zu umschreiben? Haben Sie die Möglichkeit, jetzt an dem Duft zu schnuppern? Mit Sicherheit werden Sie merken: Das Parfüm hat eine Vielzahl von Facetten, und sein Duft entwickelt sich allmählich.

Woran liegt das? Das Parfüm hat eine Kopfnote, eine Herznote und eine Basisnote. Jede Note besteht hauptsächlich aus Essenzen oder, auf uns übertragen, aus Persönlichkeitsmerkmalen:

1. Die Kopfnote ist der erste kurze Eindruck. Mit Adjektiven kann man die erste Begegnung und Empfindung beschreiben: angenehm, aufgeschlossen, witzig, charmant, schlagfertig, höflich, zuvorkommend, großzügig ...
2. Die Herznote zeichnet Ihr Wesen aus: Sie haben Charakter. Den können Sie bei einer flüchtigen Begegnung kaum unter Beweis stellen, aber Sie können darauf verweisen durch: Kreativität, Ausdauer, Spontaneität, Ruhe, Ausgeglichenheit, Mut, Temperament, Gelassenheit, Fleiß ...
3. Die Basisnote begleitet Sie beständig durch ihr Leben und bezeichnet Ihre Werte, Traditionen und Ideale: Treue, Loyalität, Gerechtigkeitssinn, Religionszugehörigkeit ...

Also, wie duftet Ihr „Eau de Personne“, Ihre ganz persönliche Aura? Dabei müssen Sie sich gar nicht auf einen Begriff festlegen. Halten Sie auf allen Ebenen jeweils vier Merkmale in petto, deren Charme Sie dann je nach Situation ganz gezielt versprühen können. Mit dieser Übung sollte Ihnen der Elevator Pitch zu Ihrer Persönlichkeit gelingen.

Meine Stärken und Schwächen – Bestandsaufnahme

Fähig zu sein bedeutet, gemessen an einer bestimmten Anforderung gezielt wirksam zu werden. Oft steht dabei der Wunsch, etwas zu können, am Anfang. Bei Gelingen entwickelt sich aus der Neigung eine Vorliebe und im Idealfall eine Stärke.

Aber auch die Schwäche – und an dieser Stelle ist bewusst von Schwächen und nicht von „Verbesserungsmöglichkeiten“ die Rede – bezieht sich ebenso auf Wünsche. Nicht umsonst spricht man davon, „eine Schwäche für etwas zu haben“. Schwächen sind gewissermaßen verwandt mit den Stärken. Nicht selten findet man Stärken und Schwächen ursprünglich nah beieinander. Haben Sie eine Schwäche für Autos? Dann haben Sie in diesem Bereich sicherlich auch eine Stärke entwickelt. Aber vielleicht werden Sie schwach, wenn es darum geht, die alten Exemplare der „auto, motor und sport“ wegzuwerfen. Sind Sie dann ein versierter Sammler oder ein unaufgeräumter Messie?

Bezogen auf die Anforderung des Jobs, den Sie haben wollen, stellen Sie sich die Frage: Was sind meine Stärken und was sind meine Schwächen, wenn es darum geht, diesen Job auszuüben und durchzuhalten?

Mit dieser Erkenntnis gehen Sie einen Schritt weiter. Neben Ihrer Persönlichkeit, Ihren geistigen und zwischenmenschlichen Fähigkeiten, den sogenannten Schlüsselqualifikationen oder Soft Skills, gibt es auch die fachlichen Fähigkeiten, die Hard Skills. Beides muss im Einklang stehen. Niemand wird eine Sekretärin einstellen wollen, die „nur“ höflich, freundlich und ausdauernd ist, aber nicht mit dem Computer umgehen kann. Aber es wird auch niemand eine Schreibkraft zur Chefsekretärin machen, die ein Ass am Rechner ist, aber in der Kommunikation nicht den richtigen Ton anschlägt.

Geht es darum, Ihre eigenen Fähigkeiten und Kompetenzen aufzuschlüsseln, blicken Sie auf Ihren Erfahrungsschatz: Welche Tätigkeiten haben Sie im Leben schon ausgeübt? Damit sind nicht nur die beruflichen gemeint, sondern auch die privaten. Denn auch hier schlummern Potenziale, die Sie entdecken können, wenn es darum geht, möglicherweise alternative Berufsrichtungen zu finden. Überlegen Sie ferner, welche Fähigkeiten Ihnen dabei zugutekamen? Welche Aspekte Ihres Wesens waren Ihnen eher hinderlich?

Bekennen Sie sich zu Ihren Schwächen, aber halten Sie sich nicht damit auf. Je besser Sie sich kennen sowie die Anforderung, die Ihre Zielposition mit sich bringt, desto ehrlicher können Sie im Bewerbungsgespräch auf die obligatorische Frage nach Ihren Stärken und Schwächen antworten. Was zeichnet Sie für diese neue Arbeitsstelle, den neuen Weg aus? Definitiv kompetenter wirken Sie allemal, wenn Sie sich auf den richtigen Job bewerben.

Ansonsten sind Kompetenzen erlern-, form- und prüfbar. Es gibt eine Menge Tests zur Kompetenzmessung, in der Sie Ihr Geschick und Ihre Fähigkeiten unter Beweis stellen sollen. Im Grunde geht es darum, was Sie wissen, wie Sie dieses Wissen verstehen und wie Sie beides schließlich umsetzen können.

Das meiste, was Sie wissen, „wissen" Sie gar nicht wirklich, weil sie es intuitiv beherrschen und nicht weiter darüber nachdenken. Ganz einfache Beispiele, um sich dies einmal bewusst zu machen, sind folgende: Dass eine Ampel für die Verkehrsregelung zuständig ist (dass sie drei Phasen hat, auf welcher Straßenseite sie steht usw.), wissen Sie. Sie verstehen, dass ein grünes Signallicht freie Fahrt bedeutet, und werden folglich Ihre Autofahrt fortsetzen. Oder denken Sie an das Lesen eines Stadtplans und das Zurechtfinden darauf. Welches Bündel von Fähigkeiten ist dabei erforderlich?

Durchforsten Sie Ihren Erfahrungshorizont also weiterhin nach Fähigkeiten. Sie werden erkennen, was Sie alles können.

Meine Motivation

Die Motivation ist Ihr Antrieb, etwas durchzuhalten, sei es eine berufliche Ausbildung, der zweiwöchige Kurs oder eine neue Aufgabe, ein neuer Job. Eine starke Motivation entsteht oft durch eine entsprechende Identifikation mit einem Ziel.

Ein Beispiel: Die Gestaltungslehre des Bauhauses ist aus dem Wunsch heraus entstanden, allen Bürgern ein praktisches, schlicht-schönes und dabei kostengünstiges Zuhause zu schaffen. Die Bauhaus-Visionäre lehnten die vorherrschende Mode der Zierde und des Ornaments ab. Dadurch wurde die Motivation zu ihrem Ziel, einen neuen, klaren, praktischen Stil zu finden, noch verstärkt. Ihre Motivation war so energiegeladen, dass sie auch gegen Widerstände und Spott ihr Ziel verfolgten und über Jahrzehnte hinweg richtungweisend wirkten. Es entstanden neue Materialien und Kombinationen, neue Produktions- und Herstellungsverfahren. Jeder einzelne Handwerker war diesem Ideal verpflichtet und trug mit seinen Fähigkeiten und seiner Motivation dazu bei, diese Idee umzusetzen.

Wie steht es mit Ihrer Motivation? Gibt es Ziele, die Sie nicht aus den Augen verlieren, für die Sie Widerstände überwinden und Anstrengungen in Kauf nehmen? Gehen Sie Ihrer Motivation auf den Grund! Für was begeistern Sie sich? Welche Bedürfnisse verspüren Sie? Und wie viel Energie würden sie aufbringen, um diese Ziele zu erreichen?

Schon in Ihrem Bewerbungsschreiben müssen Sie Ihre Motivation kenntlich machen. Bevor Sie dort also bloß behaupten, motiviert zu sein, haben Sie sich überlegt, wofür. Umso leichter fällt es Ihnen, auf diese Fragen auch im Vorstellungsgespräch ehrlich und überzeugend zu antworten.

Was motiviert Sie?

a. Der Glaube an eine Grundidee, Vision, Mission - an deren Umsetzung Sie erfolgreich mitarbeiten möchten.
b. Der Reiz einer Aufgabe oder die Möglichkeit, Ihre fachlichen Fähigkeiten und Fertigkeiten, Ihre persönlichen Vorlieben und Stärken zur Geltung zu bringen - durch die Sie die anstehenden Aufgaben besonders gut meistern werden.
c. Das Produkt, die Dienstleistung und die damit verbundene Botschaft und der Sinn - die Sie beflügeln, den Job mit Begeisterung auszuüben.

Wer sein Ziel kennt und weiß, wie viel ihm das Erlangen desselben bedeutet, kann einigermaßen zuverlässig einschätzen, wie tragfähig und dauerhaft seine Motivation ist.

Wenn Sie jetzt Ihre Soft Skills und Hard Skills sowie Ihre Motivation herausgestellt haben, dann sind Sie trefflich auf Ihren Elevator Pitch vorbereitet - und imstande, sich in 30 Sekunden zu profilieren im Hinblick darauf,

1. was ich fachlich zu bieten habe,
2. was ich persönlich zu bieten habe,
3. welche Motivation ich für den Job habe.

Mit anderen Worten, Sie zeigen: Wer bin ich? Was kann ich? Was zeichnet mich aus?

Notieren Sie sich diese Ich-Beschreibung auf einen kleinen Zettel, ähnlich einem Spickzettel, einmal in einer Kurzvariante und einmal in einer längeren Variante, für den Fall, dass Sie zufällig eines Tages zwei Minuten lang mit einem Personalentscheider im Aufzug bis hoch in den 15. Stock fahren.

TIPP

Wenn Sie zusätzlich zu diesen drei Punkten noch Ihr Ziel formulieren: Was will ich (z. B. als Schlosser in Vollzeit arbeiten)?, dann können Sie jeder Kontaktperson, die Ihnen bei der Suche behilflich sein soll, einen Eindruck verschaffen - je kürzer und konkreter Sie Ihr Profil darstellen, desto einprägsamer. Ihr Gesprächspartner hat es dann leichter, an betreffender Stelle in Ihrem Sinne zu vermitteln.

Selbstverständlich ist Ihr Profil eine Momentaufnahme und veränderlich. Sie können sicherlich viel bewegen, aber möglicherweise fehlt es Ihnen momentan gerade an Zuspruch und an Unterstützung. Oft hilft es dann, eine Außensicht einzuholen. Ohnehin sollten Sie mit Vertrauten und Verbündeten über Ihre Gedanken und Pläne sprechen.

Wenn es darum geht, Ihre Selbstsicherheit zu stärken, stehen Ihnen auf den nächsten Seiten zwei versierte Coachs mit praktischen Ratschlägen unmittelbar zur Verfügung. Beide Blickwinkel helfen Ihnen, die Phase in-between Jobs mit mehr Zutrauen in die eigenen Stärken und Fähigkeiten zu bewältigen. Nur Mut!

„Ist man sicher, eine Handlung erfolgreich ausführen zu können, erhöht dies die Wahrscheinlichkeit, tatsächlich Erfolg zu haben. Positive Einstellungen fördern also die Motivation, neue und schwierige Aufgaben zu bearbeiten und dabei Anstrengung und Ausdauer zu zeigen."

PROF. DR. RALF SCHWARZER

PROF. DR. RALF SCHWARZER

Selbstvertrauen und Selbstwirksamkeit stärken

Manchmal laufen die Dinge nicht so, wie sie sollen. Es gibt Rückschläge im Beruf, Krisen im Privatleben, und man verliert den Glauben an sich selbst. Keine Arbeit zu haben kann das Selbstwertgefühl schädigen. Das gilt vor allem dann, wenn man es persönlich nimmt. Anstatt die Wirtschaftslage oder die Unternehmensführung verantwortlich zu machen, suchen manche Menschen den Fehler bei sich selbst. Das kann fatale Folgen für die Motivation haben. Wenn man denkt, man sei nicht kompetent genug, seine Ziele zu verfolgen, wird man nicht genug Anstrengung und Ausdauer bei der Arbeitsuche aufwenden. Selbstzweifel sind oft das Gift, das uns den Alltag verderben kann. Um unser Leben gut bewältigen zu können, brauchen wir den Glauben an uns selbst.

WAS IST SELBSTWIRKSAMKEITSERWARTUNG?

Der geistige Treibstoff, der uns aus fast ausweglosen Situationen heraushelfen kann, wird Selbstwirksamkeitserwartung genannt. Der kanadische Psychologe Albert Bandura von der Stanford University hat sich damit seit drei Jahrzehnten gründlich beschäftigt und herausgefunden, dass es Menschen mit hoher Selbstwirksamkeitserwartung eher gelingt, ihr Leben zu bewältigen. Dazu gehören ganz verschiedene Verhaltensweisen wie zum Beispiel Rechenaufgaben lösen, mit dem Rauchen aufhören, die Ernährung umstellen, Sport treiben, Freunde finden oder sich um eine Arbeitsstelle bewerben.

Hohe Selbstwirksamkeitserwartung drückt sich in Gedanken, Gefühlen und Handlungen aus. Die Gedanken kreisen um optimistische Erwartungen, das erzeugt ein Gefühl von Selbstvertrauen, und man strengt sich mehr an. Dazu gibt es sehr viele Studien aus den unterschiedlichsten Bereichen menschlichen Erlebens und Verhaltens. Hier sollen zwei Beispiele genannt werden: Bei gleicher Fähigkeit zeichnen sich Kinder mit höherer Selbstwirksamkeit gegenüber solchen mit niedriger Selbstwirksamkeit durch ihre größere Anstrengung und Ausdauer, ein höheres Anspruchsniveau, ein besseres Arbeitszeitmanagement, eine größere Flexibilität bei der Suche nach Problemlösungen, bessere Leistungen, eine realistischere Einschätzung der Güte ihrer eigenen Leistung und selbstwertförderlichere Ursachenzuschreibungen aus. Selbstwirksamkeitserwartungen liefern also einen eigenständigen Beitrag zur Schulleistung und sind nicht einfach nur Ausdruck von Begabung. Selbstwirksamkeit ist auch für eine allgemein erfolgreiche Lebensbewältigung von hoher Bedeutung.

Ein weiterer Forschungsbefund soll diesen Zusammenhang zwischen Selbstwirksamkeitserwartung und Lebensbewältigung veranschaulichen. Als sich 1989 der Eiserne Vorhang auflöste und viele Ostdeutsche in den Westen flüchteten, haben wir mehr als tausend von ihnen untersucht. Dabei stellte sich heraus, dass selbstwirksame Übersiedler und Flüchtlinge aller Altersgruppen insgesamt aktiver waren, eher Arbeit und schneller neue Freunde fanden und zufriedener mit ihrem Leben waren als nichtselbstwirksame. Bei der

Längsschnittbetrachtung von 235 Übersiedlern und Flüchtlingen im Lauf von zwei Jahren nach dem Fall der Berliner Mauer stellte sich heraus, dass die selbstwirksamen Männer und Frauen auch gesünder waren als die nichtselbstwirksamen unter ihnen.

WIE ENTSTEHT SELBSTWIRKSAMKEITSERWARTUNG?

Da Selbstwirksamkeit eine wichtige Voraussetzung für kompetentes Handeln darstellt, ist es wünschenswert, solche Kompetenzen zu fördern. Hierzu muss zunächst einmal geklärt werden, wie Selbstwirksamkeitserwartungen entstehen und beeinflusst werden können.

Es gibt vier Quellen:

1. eigene Erfolgserfahrungen,
2. stellvertretende Erfahrungen durch Beobachtung von Rollenmodellen,
3. sprachliche Überzeugung/gutes Zureden („Du kannst es/Ich kann es"),
4. Wahrnehmungen eigener Gefühlserregung.

1) EIGENE ERFOLGE

Wohldosierte Erfolgserfahrungen sind das stärkste Mittel, um Selbstwirksamkeitserwartungen aufzubauen. Deshalb:

➔ Schreiben Sie Ihre Erfolge den eigenen Anstrengungen und Fähigkeiten zu.

Es bringt pädagogisch nichts, wenn man in der Lotterie gewinnt, aber es fördert die Motivation, wenn man sieht, dass sich Anstrengung auszahlt. Erfolge stärken die Selbstwirksamkeit, und Misserfolge schwächen sie. Wenn jedoch einmal starke Selbstwirksamkeitsüberzeugungen entstanden sind, haben einzelne Misserfolge kaum mehr schädigenden Einfluss auf die Selbstwirksamkeit, sondern werden konstruktiv in zielgerichtetes Verhalten umgesetzt. Das Vermitteln von Erfolgen und die Sicherung ihrer angemessenen Interpretation geschieht insbesondere durch das Setzen von Nahzielen und das Unterstützen von Bewältigungsstrategien. Die Konzentration auf Nahziele stellt eine wirksame Strategie für die Entwicklung von Selbstwirksamkeit dar, weil ein sukzessives Erreichen von Teilzielen in kleinen Schritten zunehmende Hinweise des Könnens bzw. der Beherrschung einer bestimmten Fertigkeit zur Verfügung stellt, die Kompetenzüberzeugungen allmählich aufbauen und stabilisieren.

➔ Setzen Sie sich selbst Ziele, da man sich ihnen mehr verpflichtet fühlt als fremdgesetzten Zielen.

Zu Anfang einer Selbstwirksamkeitsintervention können fremdgesetzte Nahziele in Form spezifischer Empfehlungen eingesetzt werden, die dann mit zunehmender Selbstwirksamkeit von selbstgesetzten Nahzielen abgelöst werden. Des Weiteren können Erfolgserfahrungen die Selbstwirksamkeit steigern, indem Lernziele im Hinblick auf einen Zuwachs an Wissen und Fertigkeiten (durch Erwerb von Lernstrategien, Problemlösungstechniken usw.) und nicht in Bezug auf ein bestimmtes zu erreichendes Leistungsniveau gesetzt werden.

2) ROLLENMODELLE

Oft gibt es nicht genügend Gelegenheiten, Erfahrungen selbst zu machen. Dann sollten Rollenmodelle bereitgestellt werden, die zur Nachahmung empfohlen werden. Modelle erzielen dann eine gute Wirkung, wenn sie der Zielperson in Alter, Geschlecht und sonstigen Attributen möglichst ähnlich sind. Am besten wirken „sich selbst enthüllende Bewältigungsmodelle", also solche, die mit einem Problem zu kämpfen haben und dabei deutlich kommunizieren, wie sie damit umgehen und wie sie Schwierigkeiten durch Selbstregulation überwinden.

→ Durch Erfahrungsaustausch mit anderen, denen es ähnlich geht, kann man „stellvertretende Erfahrungen" sammeln.

3) ÜBERZEUGUNG DURCH ANDERE („DU KANNST ES.") UND DURCH SICH SELBST („ICH KANN ES.")

Die dritte Methode des Erwerbs von Selbstwirksamkeitserwartung liegt in der Überredung. Man überzeugt jemanden, er möge Vertrauen in seine Kompetenz haben, da ein reiches Potenzial in ihm schlummere, das nur geweckt und entwickelt zu werden brauche.

→ Wenn jemand, der Autorität ausstrahlt, sich für Sie einsetzt - Sie zu überzeugen versucht -, dann kann dies wirken (z. B. ein Kollege, der den Beruf schon länger erfolgreich ausübt).

Möglicherweise steigt die Selbstwirksamkeitsüberzeugung dann, bleibt allerdings nur kurzfristig aufrechterhalten, wenn nachfolgende Anstrengungen wiederum erfolglos sind. Überzeugungsversuche werden manchmal auch argwöhnisch durchschaut und können dann genau das Gegenteil vom Beabsichtigten bewirken. Optimal wäre es, wenn ein kompetenter Mensch einen weniger kompetenten im Sinne eines Coachings individuell durch Krisen hindurchsteuert.

4) ERREGUNG RICHTIG DEUTEN (AUCH WENN ICH NERVÖS BIN, KANN ICH KOMPETENT SEIN)

Gefühlsmäßige Erregung schließlich ist die letzte und schwächste Informationsquelle zur Beeinflussung von Selbstwirksamkeit. Der Erregungszustand kann die Beurteilung der Bewältigungskompetenz mitbestimmen. Hohe Erregung (z. B. ängstliche Aufgeregtheit in der Schule) kann subjektiv interpretiert werden als Hinweis auf die eigenen unzureichenden Kompetenzen, sodass eine erfolgreiche Problembewältigung in geringerem Maße erwartet wird als bei Gelassenheit. Zur Verminderung der Erregung wäre es also wichtig, Fertigkeiten darin zu erwerben, schwierige Situationen kognitiv unter Kontrolle zu bringen.

→ Vertrauen, mit schwierigen Situationen zurechtzukommen, reduziert bereits die Erwartung ängstlicher Erregung im Vorfeld einer Anforderung.

Und in der Folge verringert es natürlich auch die tatsächlich erlebte Erregung bei der Problembearbeitung.

DIE BEDEUTUNG VON NAHZIELEN UND DIE FÖRDERUNG VON BEWÄLTIGUNGSSTRATEGIEN

Die motivierende Wirkung von persönlichen Zielen hängt auch mit ihrer zeitlichen Entfernung zusammen. Nahziele liefern direkte Anreize im Hinblick auf erstrebenswerte, aber überschaubare Ziele und durch persönlichen Einsatz erreichbare Erfolgserlebnisse.

➔ Die Konzentration auf Nahziele stellt eine wirksame Strategie für die Entwicklung von Selbstwirksamkeit dar, weil das Erreichen von Teilzielen in kleinen Schritten Hinweise auf das Können liefert.

Kompetenzzuwächse in kleinen Schritten sind für den Erwerb von Selbstwirksamkeit förderlich. Deshalb sind regelmäßige Rückmeldungen über die Fortschritte wichtig. Dabei sollten statt allgemeiner Ziele (z. B.: „Zeige, was du kannst.“) präzise Ziele vorgegeben werden, die konkrete Rückmeldungen erleichtern und Fortschritte einfach und schnell erkennen lassen.

➔ Die Untergliederung komplexer Aufgaben in erreichbare Teilziele vermindert auch das Risiko, aufzugeben und demoralisiert zu werden.

Die Förderung der Fähigkeit zur Lebensbewältigung zielt auf Strategien, die den Umgang mit Arbeitsaufgaben, aber auch mit sich selbst betreffen. Dabei ist unter anderem die Bewertung der eigenen Leistungsresultate von Bedeutung. Solche Ursachenzuschreibungen sind wirksam, wenn sie die Selbstwirksamkeit steigern und damit indirekt wieder die Leistung fördern. Um dies zu erreichen, sollten Leistungsrückmeldungen ganz konkrete Hinweise darauf enthalten, wie man Fehler vermeiden, Defizite aufarbeiten, Leistungen verbessern und sich persönlich weiterentwickeln kann.

TIPP

Also zusammengefasst:

➔ Nahziele setzen.
➔ Ziele präzise formulieren.
➔ Für Rückmeldungen sorgen („Wie war mein Verhalten?“).
➔ Verhalten verbessern.
➔ Dabei kleine Schritte wählen.
➔ Konstruktive Selbstgespräche führen („Das habe ich gut gemacht. Kann ich es noch besser?“).

Man muss also dafür sorgen, dass wohldosierte Erfolgserlebnisse in kleinen Schritten vermittelt und anschließend konstruktive Selbstgespräche geführt werden.

➔ Die Überwindung von Selbstzweifeln kann zu einer Stärkung eigener Ressourcen führen.

Wenn man das im Gepäck hat, setzt man sich höhere Ziele, strengt sich mehr an und hält länger durch, sobald sich neue Hindernisse auftun. Man kann Selbstwirksamkeit für ganz spezifische, eng umschriebene Lebensbereiche entwickeln (das Rauchen aufgeben, freundlicher sein, Marathon laufen, sich für eine neue Arbeit qualifizieren). Daneben gibt es auch eine allgemeine Selbstwirksamkeit, die einem helfen kann, ganz allgemein neue Lebensanforderungen besser zu bewältigen.

EIN KLEINER TEST ZUR ALLGEMEINEN SELBSTWIRKSAMKEIT

Wenn Sie auf mehr als die Hälfte dieser Aussagen mit Ja antworten, können Sie mit Ihrer allgemeinen Selbstwirksamkeit zufrieden sein. Falls Sie hier meistens mit Nein antworten, sollten Sie aber nicht verzagen. Denn es gibt für viele wichtige Themen des Lebens auch eine spezifische Selbstwirksamkeit, die meist wichtiger ist als die allgemeine Selbstwirksamkeit.

1. Wenn sich Widerstände auftun, finde ich Mittel und Wege, mich durchzusetzen.
2. Die Lösung schwieriger Probleme gelingt mir immer, wenn ich mich darum bemühe.
3. Es bereitet mir keine Schwierigkeiten, meine Absichten und Ziele zu verwirklichen.
4. In unerwarteten Situationen weiß ich immer, wie ich mich verhalten soll.
5. Auch bei überraschenden Ereignissen glaube ich, dass ich gut mit ihnen zurechtkommen kann.
6. Schwierigkeiten sehe ich gelassen entgegen, weil ich meinen Fähigkeiten immer vertrauen kann.
7. Was auch immer passiert, ich werde schon klarkommen.
8. Für jedes Problem kann ich eine Lösung finden.
9. Wenn eine neue Sache auf mich zukommt, weiß ich, wie ich damit umgehen kann.
10. Wenn ein Problem auftaucht, kann ich es aus eigener Kraft meistern.

QUELLEN:

1. Schwarzer, R. (2000). Streß, Angst und Handlungsregulation (4. Auflage). Stuttgart: Kohlhammer.
2. Schwarzer, R. (2004). Psychologie des Gesundheitsverhaltens. Einführung in die Gesundheitspsychologie (3. Auflage). Göttingen: Hogrefe.

„... nutzen Sie Ihre Stärken, und machen Sie Ihre Schwächen bedeutungslos – nicht dadurch, dass Sie diese beseitigen (was ohnehin nur selten gelingt), sondern dadurch, dass Sie dort eingesetzt sind, wo Ihre Schwächen keine Rolle spielen.

Es ist bedeutungslos, wenn ein Bergführer nicht musikalisch ist; und Höhenangst ist unwichtig für den Violinsolisten."

PROF. DR. FREDMUND MALIK

PROF. DR. FREDMUND MALIK

Sich selbst und seine Stärken finden

Fast alle Menschen sind heute mit neuen Realitäten konfrontiert und müssen sich neu orientieren. Wirtschaft und Gesellschaft gehen durch eine der größten Umstrukturierungen, die es geschichtlich je gab. Nur weniges wird bleiben, wie es ist. Die Alte Welt geht zugrunde, weil eine Neue Welt entsteht - so, wie die Raupe stirbt, damit ein Schmetterling geboren werden kann. Was als Krise verstanden wird, sind die Geburtswehen der Neuen Welt.

Solche Neuorientierungen kann man bewältigen. Fast immer liegen Chancen in ihnen verborgen. In meinen mehr als 30 Jahren Erfahrung mit Unternehmen, ihren Mitarbeitern und Führungskräften konnte ich an vielen Beispielen sehen, wie jene Menschen gehandelt haben, die solche Umbrüche positiv bewältigen konnten. Das herausragende Merkmal solcher Menschen ist, dass sie ihr Leben selbst in die Hand nahmen, indem sie begannen, sich selbst zu managen. Viele waren vorher fremdbestimmt und machten das, was andere ihnen aufgetragen hatten. Oder sie ließen sich von den jeweiligen Umständen treiben. Dann begannen sie plötzlich, sich ihre Ziele selbst zu setzen, sich selbst und ihr Leben neu zu organisieren und ihre Entscheidungen selbstverantwortlich zu treffen. So gut wie alle begannen, sich selbst weiterzuentwickeln, zum Beispiel indem sie sich fortbildeten.

Drei Beobachtungen ragen in diesem Zusammenhang besonders heraus. Jene, die ihre persönlichen Herausforderungen zu bewältigen verstanden, haben sich auf ihre individuellen Stärken besonnen. Oft zum ersten Mal im Leben fragten sie sich: Was kann ich eigentlich - und was kann ich vielleicht sogar besser als viele andere? Sie erkannten, dass sie bis dahin in ihrem Leben zu sehr auf ihre Schwächen geschaut hatten. Das führt in eine Negativspirale.

ACHTEN SIE AUF IHRE STÄRKEN. DIESE FÜHREN ZUR POSITIVSPIRALE.
Es ist gut, wenn man dabei Hilfe von außen hat, weil es nicht einfach ist, sich selbst richtig einzuschätzen. In all den Jahren habe ich niemanden kennengelernt, der nicht verborgene Stärken gehabt hätte, die er oder sie nutzen konnte, sobald diese erkannt waren.

HILFE VON AUSSEN UNTERSTÜTZT DAS ERKENNEN VON STÄRKEN.
Sich an den Stärken zu orientieren führt fast automatisch zum zweiten Aspekt, nämlich zu einem positiven Selbstbild und dadurch zu mehr Selbstsicherheit. Positiv zu denken ist eines der „Geheimnisse“ von Menschen, die es immer wieder geschafft haben, schwierige Umstände zu meistern.

POSITIVES DENKEN FÜHRT ZU MEHR SELBSTSICHERHEIT.
Das Dritte und wichtigste in schwierigen Lebensphasen ist die Sinnfrage. Der Mensch ist ein Wesen auf der Suche nach Sinn. Wenn er Sinn gefunden hat, ist er fähig, vieles zu ertragen. Wie ein Philosoph sagte: „Wer ein Warum zu leben hat, erträgt fast jedes Wie.“ Eine der Sinnquellen ist die Arbeit. Aber es gibt noch weitere - zum Beispiel, anderen Menschen in selbstloser Weise zu helfen, denn letztlich regiert nicht Geld die Welt, sondern Mitmenschlichkeit.

„Es ist eine Sprache, die alle Menschen verstehen, diese ist, gebrauche deine Kräfte. Wenn jeder mit seiner ganzen Kraft wirkt, so kann er dem andern nicht verborgen bleiben.“

FRIEDRICH SCHILLER

Was haben Sie getan, um einen neuen Job zu finden?

Meine Zielbestimmung

Das Erste, was Sie tun sollten, um einen neuen Job zu finden, ist, festzustellen, wohin sie wollen. Das Leben ist kein Wunschkonzert. Stimmt! Aber bevor Sie Ihr Ziel anpeilen, Ihre Pläne A, B, C machen, sich Informationen beschaffen, Ihre Pläne noch einmal überdenken, sich weiterbilden und Ihr Netzwerk knüpfen und bemühen, sollten Sie

a. wissen, wer Sie sind und was Sie können (das haben Sie geklärt),

b. wissen, was Ihnen gefällt und was nicht - sprich: wissen, wohin Sie wollen.

Es ist doch denkbar, dass Sie viel erfolgreicher sein können, wenn Sie wirklich wissen, was Sie wollen.

Vielleicht hilft Ihnen folgendes Sprichwort auf den Weg: „Träume sind Ziele auf Zeit." Manchmal muss man eben träumen, um seinen Blick für die Realität zu schärfen: Sensibilisieren Sie sich für Ihr Ideal. So könnten Sie das Richtige finden. Wie sonst können Sie wissen, wo Sie am besten mit Ihrer Suche beginnen sollen? Denn es ist doch nicht ausgeschlossen, dass Sie dort sowohl fündig werden als auch zu dem Arbeitsplatz passen. Und das wäre wiederum ideal.

Bestimmen Sie Ihr Ziel selbst! Spielen Sie dazu einmal folgendes Szenario durch:

DER IDEALE ARBEITSTAG:

- ➔ Wann würden Sie aus dem Haus gehen?
- ➔ Wann wären Sie bei der Arbeit?
- ➔ Wo wäre der ideale Ort? In der Stadt, auf dem Land?
- ➔ Was für ein Gebäude und Gelände wäre es? Eine Fabrik, ein altes Backsteinhaus, ein moderner gläserner Bürokomplex in der Stadtmitte usw.?
- ➔ Wie wäre das Foyer gestaltet? Gäbe es einen besetzten Empfang, der Sie persönlich mit Namen begrüßt, usw.?
- ➔ Welche Atmosphäre strahlte die Einrichtung im Inneren des Unternehmens aus? Gäbe es Steinböden, Bilder an den Wänden, Maschinenhallen, irgendeinen Geruch?
- ➔ Wie viele Mitarbeiter würden dort arbeiten?
- ➔ Würde Ihr Chef sie alle persönlich kennen?
- ➔ Wie verläuft der innerbetriebliche Entscheidungsprozess?
- ➔ Wie steil oder flach ist die Hierarchie gegliedert?
- ➔ Wo stehen Sie?
- ➔ Wie wäre Ihr Arbeitsplatz gestaltet?
- ➔ Arbeiten Sie in einem Team?
- ➔ Wer wären Ihre Kollegen?
- ➔ Welche fachlichen und persönlichen Eigenschaften hätten diese?
- ➔ Wie ist Ihr Arbeitstag gestaltet? Säßen Sie vorwiegend im Büro? Wären Sie unterwegs auf Dienstreisen? Oder befänden Sie sich vorwiegend im Freien? Wären Sie selbstbestimmt, hätten geregelte Arbeitszeiten usw.?
- ➔ Wie wird kommuniziert?
- ➔ Womit wären Sie den ganzen Tag beschäftigt?

Überlegen Sie sich anhand dieses Fragenkatalogs - und Ihrer eigenen Ergänzungen -, welcher Ihrer bisherigen Jobs, bei welchem Unternehmen, diesem Sinne nach dem Idealzustand nahe kam. Anhand dessen könnten Sie zum Beispiel erkennen, dass Ihnen inhabergeführte Unternehmen eher liegen, Sie sich dort aber nicht so frei mit neuen Ideen entfalten konnten. Wägen Sie also Vor- und Nachteile anhand Ihrer persönlichen Erfahrungswerte ab.

Solch eine Übung ist gleichermaßen intuitiv und systematisch: Sie finden aus dem Bauch heraus Ihre Antworten und werten diese mit klarem Kopf aus. So justieren Sie Ihren Kompass neu.

Den richtigen Job finden – Berufsalternativen überdenken

Nehmen Sie sich Zeit für die Orientierung. Danach fällt es umso leichter, geeignete Alternativen zu entwickeln. Schließlich können Sie anhand der Vorüberlegungen zielgenau feststellen, welche Kompromisse infrage kommen. Nur wenn Sie wissen, worauf es Ihnen wirklich ankommt, können Sie flexibel bleiben, richtungweisende Entscheidungen treffen und sich Möglichkeiten eröffnen. Denn Sie wollen ja keinesfalls stehen bleiben, wenn es nicht auf Anhieb mit Plan A klappt. Ein Projektplan mit beruflichen Alternativen B und C hilft Ihnen.

Stellen Sie wiederum folgende Grundüberlegungen an - und halten nun auch fest, ob und inwieweit eine Abweichung von Ihrem Ideal infrage kommt:

- Art der Anstellung (z. B. Vollzeit, Teilzeit, 3-Tage-Woche),
- Selbstständigkeit als Alternative,
- Arbeitszeiten (z. B. Schichtsysteme, Wochenendarbeiten),
- Beruf, Tätigkeiten, Spezialisierungen,
- Stadt, Region, Land (auch Ausland?),
- Branche,
- Verdienst (Minimum und Maximum),
- Zusatzleistungen (z. B. Kindergartenplatz, vermögenswirksame Leistungen).

Gleichen Sie nun Ihre Wünsche mit Ihrem Profil ab: Wer bin ich? Was kann ich? Was macht mich aus? Passt das zu mir? Wenn ja: Warum? Schaffe ich das? Wen und was bräuchte ich, damit ich es schaffe (Unterstützung, Coaching, neue Qualifikationen)?

Ganz gezielt können Sie dann entscheiden, ob Sie Fähigkeiten, die noch nicht so gut ausgebildet sind, weiterentwickeln oder lieber danach streben, eine Beschäftigung zu suchen, in der Ihre bereits gut entwickelten Fähigkeiten und Kenntnisse besser zur Geltung kommen.

Beispiele:
Plan A: Ich bleibe in meinem Beruf, arbeite Vollzeit, in derselben Branche, im selben Ort.
Plan B: Ich bleibe in meinem Beruf, erweitere aber die Branche um ein neues Feld und erhöhe damit die Anzahl infrage kommender Unternehmen. Möglicherweise müsste ich dann Zusatzqualifikationen absolvieren oder Branchenkenntnis nachweisen können. Konkret: Sie sind als Sekretärin oder als Controller bisher im Bauamt tätig gewesen. Ihr Beruf umfasst allgemeine Kenntnisse zur Berufsausübung und spezielle Kenntnisse des Bauwesens. Nun erweitern Sie Ihr zukünftiges Arbeitsumfeld um das Gesundheitswesen. Potenzielle Arbeitgeber könnten also Krankenhäuser und Kliniken, Krankenkassen, Arztpraxen, Labore, Medizinverbände usw. sein. Eventuell benötigen Sie nun Zusatzqualifikationen, das heißt neue Spezialkenntnisse der Branche wie medizinisches Vokabular, Kenntnisse des Gesundheitswesens, Rechtsbestimmungen, Fachenglisch. Hierzu bilden Sie sich fort.
Plan C: Ich bleibe in meinem Beruf, verlagere aber meinen Tätigkeitsschwerpunkt und bin national und international flexibel. Würde Sie ein Umzug schrecken? Und im Falle einer Beförderung? Der richtige Job am anderen Ort ist im Vergleich zur Arbeitsuche eine echte Beförderung!
Plan D: ...

Fällt es Ihnen schwer, in solchen Alternativen zu denken? Dann versuchen Sie es doch einmal mit folgendem Gedankenspiel: Was würden Sie machen, wenn es Ihren Beruf ab sofort nicht mehr geben würde?

Hilfreiche Informationen sammeln

Sie haben nun durch Ihr konkretes Ziel oder mehrere alternative Ziele die Richtung vorgegeben, entsprechend derer Sie jetzt Informationen suchen. Damit haben Sie den Suchradius eingegrenzt. Das ist ein echter Vorteil, denn in der täglichen Informationsflut fällt Orientierung oft schwer. Allein 4500 Werbekontakte pro Tag bieten Ihnen als Konsument eine Fülle von medialen Botschaften und Optionen. Mit Ihrem Ziel aber wissen Sie ganz genau, welche Informationen für Sie nützlich sind. Ihr Ziel ist somit auch Ihr Filter.

Der britische Philosoph Francis Bacon schätzte diese Qualitäten an der Biene, die, erst nachdem sie ihr Material aus der Umgebung eingesammelt hat, dieses aus eigener Kraft verarbeitet. Sie suchen also Informationen, die es Ihnen erleichtern, die Pläne A, B, C umzusetzen, zu ändern oder fallenzulassen. Diese Informationen benötigen Sie, um die Chancen und Risiken, die sich hinter Ihren Plänen A, B, C verbergen könnten, zu erfassen und für sich einzuordnen. Wenn Sie kein Single sind, stimmen Sie sich mit Partner und Familienmitgliedern ab. Berücksichtigen Sie auch deren Ziele, und wägen Sie gemeinsam Pro und Kontra ab. Blicken Sie auf ein positives Szenario.

Informationen zu sammeln ist der erste Weg, selbst aktiv zu werden. Sie werden sehen: Wenn Sie aktiv werden, tut sich etwas. Es geht voran, und dafür belohnt Sie Ihr Gehirn mit einem Extrakick des Glückshormons Dopamin. Sie spüren jeweils einen kleinen Energieschub, wenn neue Informationen in die Waben Ihres vorhandenen Wissens gelangen. Informationen machen Sie reicher und wiederum interessanter für andere. Eine Eigenschaft, die unverzichtbar für das Netzwerken ist, denn das ist der ursprüngliche Sinn: Austausch von gezielten Informationen. Sie kennen doch den Refrain des Songs der deutschen Fassung von „Sesamstraße“? „Wer, wie, was? Wieso, weshalb, warum? Wer nicht fragt, bleibt dumm.“

Ihre Fragen rund um eine neue Branche, über potenzielle Arbeitgeber, Ihre mögliche berufliche Stellung usw. beantworten Sie am besten mit Informationen aus einer Markterkundung. Hierfür einige Tipps:

WAS MUSS ICH ÜBER DIE BRANCHE UND DEN ARBEITGEBER WISSEN?

- Größe der Branche (Umsatz, Beschäftigungszahlen, Zahl der Unternehmen),
- Branchenführer
- Standorte und Lage (Ballungsgebiete, Städte, Regionen),
- führende Köpfe in der Branche; deren Meinungen und Standpunkte,
- neue Entwicklungen in der Branche (technische Entwicklungen: Einsatz neuer Maschinen, Anlagen, Herstellungstechniken; personelle Entwicklungen: neue Ausbildungsberufe und deren Lehrinhalte; strukturelle Entwicklungen: Auslagerung von Unternehmensteilen ins Ausland, Firmenzusammenlegungen usw.; Branchenstandards: Arbeitszeiten, gängige Software, Rechtsgrundlagen, welchem Ministerium zugeordnet usw.),
- Zukunftsanforderungen,
- Lohn und Gehaltsniveau der Branche,
- Titel, Rang und Berufsbezeichnungen innerhalb der Branche.

ZWEI TIPPS

1. Die Markterkundung bietet entscheidende Vorteile, zum einen Ihre Pläne A, B, C nach Perspektiven abzuklopfen, zum anderen im Bewerbungsschreiben sowie im Vorstellungsgespräch zu punkten. So erfährt der zukünftige Arbeitgeber, dass Sie sich mit dem betrieblichen Umfeld auseinandergesetzt haben. Und umso kürzer ist auch Ihre Einarbeitungszeit.

2. Trendbarometer: Der Bundesverband der Deutschen Industrie e. V. (BDI) und das Institut der deutschen Wirtschaft Köln e. V. (IW) gehen davon aus, dass in bestimmten Bereichen zukünftig weitere Stellen entstehen, so etwa in Informatik, Mathematik, Technik, Gesundheit, soziale Dienste, Kommunikation und Bildung.

INFORMATIONSQUELLEN

Fast jeder kennt die Symbolik der drei Affen: Hände auf den Ohren, Hände vorm Mund, Hände vor den Augen – nichts hören, nichts sagen, nichts sehen. Wenn Sie jetzt nach Informationen suchen, verhalten Sie sich einfach umgekehrt: Hören Sie genau zu, fragen Sie genau nach, sehen Sie genau hin.

- ➔ Internet: Die Stichwortsuche im Internet ist für viele der erste Schritt in der Recherche. Nachdem Sie sich einen ersten – eher oberflächlichen – Überblick verschafft haben, sollten Sie gezielt nach Fachpublikationen, Expertenwissen und spezifischen Informationen Ausschau halten. Im Internet kommen Sie schnell vom Hölzchen aufs Stöckchen. Das kann zuweilen produktiv sein, aber nur, wenn Sie nicht den Weg des geringsten Widerstands gehen. Informationen, die alle haben, verschaffen Ihnen im Zweifelsfall keinen Wissensvorsprung.
- ➔ Fast jede Branche und auch große Berufsgruppen haben eigene Print- und Onlineausgaben. Diese zu lesen lohnt sich oft, schon wegen kursierender Fachbegriffe. Stellenangebote finden Sie dort auch. Bei den meisten Zeitschriften kann man ein Mini-Abo zu einem günstigen Kennenlernpreis bekommen. Bei manchen Fachverlagen ist sogar ein Probeexemplar gratis zu erhalten. Achten Sie darauf, dass es die neuesten Ausgaben sind und in welchem Abstand sie erscheinen. Steuerlich können Sie diese Fachzeitschriften geltend machen, heben Sie den Rechnungsbeleg also auf.
- ➔ Branchentreffs: in den meisten Fachzeitschriften und deren Onlineausgaben wird auf Branchentermine hingewiesen. Aber auch in großen Online-Jobbörsen finden Sie die Ankündigungen zu Veranstaltungen, Messen, Kongressen, Sommerfesten, Karrieretagen (Recruiting Days). Auch Handelskammern, Verbände, Institute oder der Tag der offenen Tür – alle bieten Ihnen jede Menge Informationen und versorgen Sie mit aktuellem Material.

WEN SONST NOCH FRAGEN?

Prinzipiell jeden, der Ihnen Antwort auf Ihre Fragen geben kann:

- ➔ Ihr Berater/Vermittler von der Bundesagentur für Arbeit,
- ➔ Freunde und Bekannte,
- ➔ ehemalige Arbeitskollegen,
- ➔ neue Kontakte, die Sie gezielt knüpfen (wie Sie aktiv auf Personen zugehen, lesen Sie unter dem Punkt zum Aufbau von Netzwerken).

Meine Bildung

Weiterbildung gehört ganz eindeutig zu Ihrem beruflichen Projekt. Im Prinzip lernen Sie bereits jeden Tag etwas Neues dazu, bewusst und unbewusst. Vieles vom einst neu Erlernten gehört heute zur Selbstverständlichkeit, weil Sie mit dem Schema, dem Muster vertraut sind und nicht mehr darüber nachzudenken brauchen. Aber erinnern Sie sich, wie lange Sie gebraucht haben, bis Sie Ihr Handy souverän bedienen, alle Funktionen verwenden, ganz fix SMS versenden konnten? Sicherlich haben Sie nicht darüber nachgedacht, dass dies ein echter Lernprozess war. Denn Sie waren zusätzlich motiviert und haben deshalb vielleicht manche Frustration überwunden, wenn nicht sofort alles geklappt hat. Wenn das für Sie selbstverständlich war und ist, dann wird es Ihnen auch nicht schwerfallen, weiterhin dazuzulernen. Nutzen Sie dafür Ihre Zeit in-between Jobs aktiv und bewusst.

Immerhin ist Ihr Wissen Ihr größter Aktivposten, spätestens dann, wenn Sie sich bei der Suche nach einer neuen Arbeitsstelle dem Wettbewerb mit anderen Jobsuchenden stellen müssen. Erinnern Sie sich an den Begriff „Benchmarking“ aus Teil 1 des Buchs? Ihr Arbeitgeber vergleicht! Und was er als Erstes abgleicht, sind Ihre Hard Skills. Stimmen Ihre Qualifikationen und beruflichen Erfahrungen mit seinen Anforderungen überein? Ihre fachliche Eignung kann er fürs Erste nur anhand Ihrer Zeugnisse, Ihrer Zertifikate, die Sie ihm übersandt haben, prüfen. Hat er mehrere Bewerber, gleicht er ab. Stimmen Ihre Hard Skills, haben Sie die erste Runde bestanden. Erst ab jetzt beschäftigen sich die Arbeitgeber weiter mit Ihrer Bewerbung. Ihre persönliche Art, Ihr „Eau de Personne“, Ihre Soft Skills und Ihre Motivation lassen sich ja meist nur im persönlichen Gespräch unter Beweis stellen. Und dort haben Sie wiederum Gelegenheit, auch mit Ihrem Wissen - auf neuestem Stand - zu glänzen.

Um Ihre beruflichen Pläne A, B, C weiter zu vervollständigen, müssen Sie aber wissen, welchen Bildungsgrad und welche Bildungstiefe Sie benötigen, um im neuen Beruf erfolgreich zu sein. Ihr Berufsziel gibt die Richtung, den Weg vor.

WAS MUSS ICH FACHLICH BIETEN?

Wenn Sie sich um einen neuen Job bewerben oder eine neue Branche erschließen, fehlt oft die benötigte Berufserfahrung oder Fachkenntnis. Aber ganz vieles können Sie lernen. Je motivierter Sie sind, desto mehr!

Um sich erfolgreich für den neuen Job zu qualifizieren, informieren Sie sich:

- ➔ Welche Abschlüsse sind in der Branche gängig?
- ➔ Welche Qualifikationen haben meine besten Mitbewerber (Benchmarking)?
- ➔ Welche Kurse mit welchen Inhalten bringen mich auf das Branchenlevel?
- ➔ Wer bietet solche Kurse an?
- ➔ Wie lange dauern solche Kurse?
- ➔ Zu welchen Zeiten (z. B. Abendkurse, Wochenendkurse, Fernlehrgang) finden diese Kurse statt?
- ➔ Was kosten diese?
- ➔ Welche Institute haben einen guten Ruf (Ranking) in der Branche?

FORT- UND WEITERBILDUNG MIT DER BUNDESAGENTUR FÜR ARBEIT

Die Bundesagentur für Arbeit unterstützt Sie auf dem Weg zu Ihrer Weiterbildung mit Schulungen und Trainings. Sie wissen bereits, auf welchem Gebiet Sie noch eine Qualifikation benötigen, um Ihr Bewerbungsprofil zu schärfen? Umso gezielter können Sie Ihren Berater/Vermittler darauf ansprechen.

Legen Sie sich Argumente zurecht. Verweisen Sie auf Ihre Markterkundung, die dort ermittelten Branchenqualifikationen und Ihre persönliche Motivation. Haben Sie eine schlüssige Argumentation, wird man Ihnen auch einen kostenintensiven Fortbildungskurs nicht verwehren. Leider wird man von Ihnen - mehr oder weniger - erwarten, dass Sie schon vorher nachweisen, dass die Maßnahme in ein kommendes Beschäftigungsverhältnis münden wird. Natürlich werden Sie im seltensten Fall garantieren können, dass Sie sofort im Anschluss einen neue Festanstellung bekommen. Lassen Sie sich davon nicht verunsichern. Sie werden den Beweis antreten: Sie haben nach dem Kurs bald den nächsten Job. Oder Sie haben immerhin den Kurs mit tollem Erfolg und Zertifikat absolviert. Das ist definitiv eine anerkennenswerte Leistung, zeigt Ihr Engagement und Ihr Interesse und wird sich bestimmt mittel- und langfristig auszahlen.

Die Bundesagentur für Arbeit bietet Ihnen eine Großzahl von empfehlenswerten Veranstaltungen und Workshops an - das haben Sie schon im Teil 1 unter „Tag der Absicherung" gelesen. Darüber hinaus fördert die Bundesagentur für Arbeit auch Kurse von zertifizierten externen Bildungseinrichtungen:

- ➔ zum Bewerbungstraining,
- ➔ zur Berufsorientierung,
- ➔ für Wiedereinsteiger,
- ➔ zum Erwerb von Kenntnissen und Fähigkeiten,
- ➔ für Umschulungen,
- ➔ um Bildungsabschlüsse zu erreichen,
- ➔ für Unternehmensgründungen.

Eine weitere Möglichkeit bietet die zeitflexible Weiterbildung am heimischen Computer mit E-Learning-Programmen. Hierbei handelt es sich nicht um ein Fernstudium, sondern lediglich um eine elektronische Trainingseinheit. Sie können und sollten zwar in Ihren Bewerbungsunterlagen darauf hinweisen, einen solchen Kurs absolviert zu haben, aber in der ersten Runde der Sichtung von Bewerbungsunterlagen zählt das gedruckte Zertifikat. So etwas erhalten Sie dort selten. Stehen Sie einer Schulungsmaßnahme auf jeden Fall offen gegenüber. Sie trainieren dadurch nicht nur Ihre kleinen grauen Zellen, indem Sie Altes auffrischen und Neues Lernen, sondern Sie knüpfen auch Kontakte.

Dass Arbeitslosigkeit heute keine Milieufrage mehr ist, haben Sie ja inzwischen mitbekommen. Also, neue interessante Menschen mit unterschiedlichen Geschichten warten auf Sie. So können Sie jede Menge Infos und Gesprächsstoff mit nach Hause oder in den Bekanntenkreis nehmen. Dadurch bleiben Sie selbst ein interessanter und interessierter Gesprächspartner. Das hält Sie auf dem Laufenden und erhöht Ihre Kommunikationskompetenz. Die Gemeinsamkeit, denselben Kurs absolviert zu haben, bildet auch schon die Basis für künftige Netzwerke. Wenn Sie hingehen, verteilen Sie Ihre Visitenkarten (mehr dazu später unter dem Punkt zum Aufbau von Netzwerken) und sammeln Sie auch fleißig ein. Trainieren Sie dabei Ihren Elevator Pitch.

„Nun – wenn Umkehren unmöglich
und Stehenbleiben unerträglich ist,
so bleibt kein anderer Ausweg als:
Vorwärtsschreiten."

ALESSANDRO MANZONI

Was bringt die Zukunft? Arbeit! Aber wie und als was?

Um Ihnen eine Idee für die Pläne A, B, C zu vermitteln, haben Sie im vorigen Abschnitt das Gedankenspiel „Was würden Sie machen, wenn es Ihren Beruf ab sofort nicht mehr geben würde?" gefunden. Doch diese Vorstellung ist bereits Realität. In den letzten Jahren ist vermutlich jedem deutlich geworden, dass innerhalb der eigenen Lebensspanne ein und dasselbe Berufsbild in der gekannten Form nicht mehr existieren wird.

Wenn es den Job auf Lebenszeit nicht mehr gibt und das damit verbundene Wissen auch nicht mehr ein Leben lang reicht, dann müssen Sie dazulernen. Machen Sie sich vertraut mit den neuen Jobmodellen der Zukunft. Dazu zählt die Zeitarbeit im weiteren Sinne: befristete Arbeitsverträge, Saisonarbeitsverträge, Arbeitszeitmodelle usw. Ein Job wird Sie für den nächsten qualifizieren. Das wiederum ist schon ein beachtlicher Teil Ihrer Weiterbildung – und damit ein Garant, mit Ihrem Erfahrungshorizont und Wissen wieder schnell in den nächsten Job zu kommen. Nennen Sie es Job-Live-Rotation, und lassen Sie sich von der Arbeit von morgen anregen.

Die Bundesagentur für Arbeit definiert Beruf als ein Bündel von Tätigkeiten, welche fachspezifische Kenntnisse und Fertigkeiten erfordern. Haben Sie einen Beruf? Wenn Sie an Ihre Berufsbezeichnung denken, werden Sie feststellen, dass sich schon hinter dieser – im einfachsten Falle – klaren Bezeichnung verschiedene Berufsfelder offenbaren.

Und was haben Sie davor gemacht? Möglicherweise mussten Sie eine Reihe von Professionen erlernen und ausüben, bevor Sie es zu einer bestimmten Expertise auf Ihrem Gebiet gebracht haben. Ebenso üblich verstecken sich selbst hinter scheinbar geradlinigen Berufsbiografien eine Vielzahl von Ab- und Umwegen. Die meisten Akademiker haben beispielsweise während ihres Studiums verschiedene Jobs ausgeübt, um ihren Lebensunterhalt aufzubringen oder ihre Kasse aufzubessern. Aber auch Nichtakademiker kennen den Nebenjob als Chance, sich etwas dazuzuverdienen und sich in anderen Feldern zu behaupten. Manche Menschen sind überhaupt deswegen Profis, weil sie in verschiedenen Jobs gelernt haben, worauf es schließlich ankommt. Finden solche Lehr- und Wanderjahre innerhalb eines Unternehmens statt, nennt man das: Rotation on the Job. So ist aus gängiger Praxis ein moderner Prozess geworden.

Überlegen Sie einmal – was war historisch gesehen wohl zuerst da? Die Ausbildung zu einem Beruf, wie wir es uns heute vorstellen, oder Learning by Doing im ganz ursprünglichen Sinne? Ein Beruf entsteht durch eine Anforderung und bildet damit eine Erwartung der Gesellschaft ab. Manche Berufe haben deswegen eine jahrhundertelange Tradition, weil viele von der Gesellschaft benötigte oder gewünschte Leistungen im Wesentlichen über lange Zeit hinweg konstant blieben.

Der Modezar Karl Lagerfeld hat dafür ein schönes Beispiel geliefert. Während es im 19. Jahrhundert in Frankreich 350 000 Frauen gab, die in Heimarbeit Spitze geklöppelt haben, gibt es in Frankreich heute keine 1000 Menschen mehr, die diesen Beruf ausüben. Ein Beruf also, für dessen Produkte oder

Dienstleistungen es keine reelle Nachfrage mehr gibt, kann man nicht künstlich erhalten. Viele Berufsbilder, deren Ausbildungen und ihr relativ statisches Selbstverständnis sind wiederum überhaupt erst im 20. Jahrhundert entstanden. Es überrascht nicht, festzustellen, dass sich die Anforderungen mit der Zeit wandeln. Das gilt sowohl für die Gesellschaft und den Markt als auch für den persönlichen Lebensweg.

Und selbst wenn ein und dasselbe Können ein Leben lang in unveränderter Weise gefragt wären: Hätten Sie überhaupt Lust, immer das Gleiche zu machen? Überlegen Sie sich, was Sie schon alles gemacht haben. Erinnern Sie sich noch an Ihren ersten Job? Als Schüler, Auszubildender oder Student; und was sind Sie heute? Schreiben Sie doch einmal alle Ihre Tätigkeiten chronologisch auf ein Blatt Papier, und vermerken Sie dahinter jeweils in Stichpunkten,

- ➔ was Ihnen daran Freude bereitet hat,
- ➔ was Sie besonders gut konnten und
- ➔ welche Fähigkeiten Sie dabei eingesetzt haben.

Ganz sicher werden Sie auf jede dieser Fragen mehr als eine einzige Antwort finden. Umso mehr kommt es jetzt darauf an, dass Sie sich auf die Spur Ihrer Antworten begeben und diese für sich festhalten. Sie erkennen, was Sie gut können, was Sie ausmacht und woran Sie Freude haben.

Nicht jede Ihrer Qualitäten und Neigungen werden Sie in ein und derselben Tätigkeit zutage fördern. Nicht jede Tätigkeit fordert alle Ihre Fähigkeiten. Das bedeutet, dass es immer ein gewisses Potenzial gibt, das in Ihnen schlummert. Stellen Sie sich darauf ein, dass Ihre Zukunft neue Herausforderungen stellen kann, darf und soll. Insofern hat beruflicher Wandel nicht nur einen bedrohlichen Aspekt, sondern auch eine Seite, die Ihnen möglicherweise entgegenkommen könnte. Je bewusster Sie diesen Wandel nutzen und proaktiv steuern, desto eher können Sie Ihren Vorteil aus Ihrer persönlichen Weiterentwicklung ziehen. Wenn Sie es gar nicht anders sehen können, dann machen Sie aus der Not eine Tugend!

So wie Ihnen geht es vielen Menschen, und das nicht erst seit gestern. Karrieren verlaufen aus vielfältigen Gründen selten geradlinig. Anforderungen ändern sich, Tätigkeiten ändern sich, Berufsbilder ändern sich, Neigungen und Ansprüche ändern sich. Und auch Ihre Gesundheit kann einen Wechsel notwendig machen. Ein Berufsleben ist immer in Bewegung. Ob im selben Job oder in einem anderen, ob freiwillig oder unfreiwillig.

Raffaele Castelli wurde 1969 in San Giuliano di Puglia geboren und kam mit seiner Familie im Alter von 14 Jahren nach Deutschland. Seine Eltern arbeiteten in München in einer Firma, die Tiroler Hüte herstellte, bevor sie nach Mannheim zogen. Raffaele verdiente sein erstes eigenes Geld als Pizzabäcker und Eisverkäufer.

Als er auf die Geldsorgen einer Integrationsschule in der Nachbarschaft aufmerksam wurde, erwachte in ihm der große Wunsch, zu helfen und etwas Großes auf die Beine zu stellen. Mit 15 organisierte er eine Charity-Veranstaltung und versteigerte unter anderem die Krawatte des Bürgermeisters. Den Erlös von 2000 DM spendete Raffaele. Das brachte ihm nicht nur Dank und Anerkennung ein, sondern auch eine Ahnung, womit er sein Geld später einmal verdienen wollte. Da seiner Familie das Geld für ein kostenintensives Studium fehlte, hielten sie ihn an, etwas bodenständiges zu lernen: Koch. Doch bereits nach kurzer Zeit brach er die Kochlehre ab. Er wollte nicht mit Fertigprodukten arbeiten, er wollte vielmehr etwas Neues, wirklich Kreatives tun.

Vorerst jedoch schien dem jungen Castelli die Stellenausschreibung als Allroundkraft bei einer Nobel-Automobilmarke als gute Chance zum Weitermachen. In nur zwei Jahren schaffte er es, sich zum Kundenbetreuer mit eigenem Firmenwagen hochzuarbeiten. Dennoch spürte er, dass er noch längst nicht am Ziel seiner beruflichen Reise angekommen war. Wie schon zuvor hielt er sich erneut mit Aushilfsjobs über Wasser, die ihn immer wieder zu Ideen inspirierten. Als er als Fotolaborant nachts die unscharf geratenen Urlaubsbilder fremder Menschen aussortierte, wuchs in ihm die Sehnsucht, nach Italien zurückzugehen. In seiner alten Heimat führte ihn der erste Job in ein Hotel in Rimini, in dem er dank seiner Mehrsprachigkeit als Empfangsmanager arbeitete. Dort tauchte er in die italienische Clubszene der späten 80er-Jahre ein, mit Tänzern, Mottopartys und internationalen DJs. Das inspirierte den jungen Mann zu seinem ersten großen eigenen Projekt, das er unbedingt in Deutschland realisieren wollte. So entstand unter seiner Regie ein herausragender Nachtclub in Mannheim, der mit spektakulären Tänzern, DJs und Drag Queens für viel Furore sorgte. Auch Xavier Naidoo arbeitete dort - damals als Türsteher -, bevor der prominente Sänger seinen Durchbruch hatte.

Nach diesen Erfolgen leitete Raffaele, nun als erfahrener Eventmanager, weitere Partytempel in Hamburg und im szenigen London. Als Berlin sich um die Jahrtausendwende zur spannendsten Stadt Europas entwickelte, wollte Raffaele den Aufbruch der Stadt mitgestalten. Als Creative Consultant beim Musiksender MTV organisierte er gigantische Partys für das Who's Who der Medien- und Kulturbranche. Auf einem dieser Events machte ihm ein bekannter Autokonzern ein unwiderstehliches Angebot. Ein erneuter Wendepunkt in der Karriere von Raffaele Castelli, dem eine vierjährige freundschaftliche Zusammenarbeit folgte.

Fortan war er als erfolgreicher Kreativdirektor in Kommunikation und Marketing gefragt. Und selbst als er zwischenzeitlich bei der Bundesagentur für Arbeit vorsprechen musste, schien es ihn nicht zu erschrecken, dass man dort in der Datenbank den Beruf des Kreativdirektors nicht finden konnte. Das bestärkte Raffaele Castelli in seinem Entschluss, das Wagnis der Selbstständigkeit einzugehen, getreu seinem Motto: „Du musst selbst etwas tun und darfst dir nicht zu schade sein, auch schwere Aufgaben anzugehen."

Seit Anfang 2009 ist Raffaele mit seiner eigenen Agentur aktiv und arbeitet mit Spezialistenteams als Ideenlabor für Kunden aus den Bereichen Lifestyle, Beauty, Fashion und Automobile.

Auch wenn seine Stufen zahlreich und steil waren, so sagt er im Rückblick: „Jedes Projekt, jeder Job brachte mir Erfahrungen, die mich immer wieder inspiriert und zum Weitermachen bestärkt haben. In meiner persönlichen Geschichte bin ich ohne eine Berufsausbildung im klassischen Sinne ausgekommen. Klassisch für mich ist jedoch das fortwährende Training on the Job. Aber nicht nur jede Arbeit hat mich vorwärtsgebracht, sondern auch die Gewissheit, dass ich meinen Erfolg aus eigenem Streben und Schaffen, mit starkem Willen, Optimismus und einem Quäntchen Glück erreicht habe. Damit möchte ich jedoch keinem jungen Menschen raten, auf eine solide Ausbildung zu verzichten. Es ist lediglich mein ‚italienischer Weg' gewesen, mein Leben, meine Berufung anzugehen und dabei menschlich und fair zu bleiben."

Hans-Peter Hagen aus Ostpreußen, Jahrgang 1935, gehört zu einer Generation von Menschen, denen nicht viel Zeit zum Spielen blieb. Als der Krieg vorbei war, machte er mit 14 in Westfalen eine Lehre zum Bäcker und Konditor. Das war sein erster Wunschberuf. Damit konnte er von Anfang an seine eigenen Brötchen verdienen. Der Job war krisensicher, der Hunger der Nachkriegsjahre überwunden, und Bäcker und Konditoren waren gefragt. Die Diagnose Mehlstauballergie kam nicht über Nacht. Ein Schlag war sie trotzdem. Der junge Herr Hagen musste sich eine Weile als einfacher Bauhelfer verdingen. Erst als er einen Führerschein machen konnte, bot sich ihm die Gelegenheit, als Fahrer für einen Spargroßhandel seine Freude an Kraftfahrzeugen zu nutzen. Seine handwerkliche Begabung ermöglichte ihm dann eine Fortbildung zum Punktschweißer. Bei VW konnte er Autos bauen. Schließlich wurde er Schlosser und wartete die Lokomotiven bei Bayer in Leverkusen. Diese faszinierten ihn so sehr, dass er eine Ausbildung zum Rangierer und später zum Lokführer anstrebte. Mit 45 Jahren war er nie länger als fünf Jahre in ein und demselben Beruf tätig gewesen. In den letzten 16 Jahre seines Arbeitslebens jedoch steuerte er mit der Zusatzqualifikation „Lokführer mit Bahn" als Hauptlokführer ganze Züge - bis zur Pensionierung.

Ilka Bessin, Jahrgang 1971, machte zunächst eine Ausbildung zur Köchin. Nach der Wende bildete sie sich zur Hotelfachfrau weiter. Sie fand Jobs in Diskotheken und Restaurants. Schließlich heuerte sie auf einem Schiff an. Dort arbeitete sie als Animateurin. Vier Jahre Arbeitslosigkeit folgten. In dieser Zeit reifte auch der Gedanke, sich noch einmal als Unterhalterin zu versuchen. Schließlich traute sie sich im Alter von 33 Jahren mit einem kreativen Programm in der „Talentschmiede" im Quatsch Comedy Club wieder auf die Bühne und rechnet darin auch thematisch mit den Jahren ihrer Arbeitslosigkeit und von Hartz IV ab. Als Cindy aus Marzahn trat sie ihren Siegeszug an. Seitdem ist sie bundesweit auf Tournee. Ihr Programm wird mittlerweile zur besten Sendezeit im Fernsehen ausgestrahlt.

Auch die folgenden Beispiele mehr oder weniger bunter Lebens- und Berufswege von Prominenten und Zeitgenossen sind nicht unbedingt zur Nachahmung empfohlen. Aber allesamt unterstreichen sie das Konzept vom lebenslangen Lernen und der Wahrnehmung von Flexibilität und Chancen, verbunden mit einer Weiterentwicklung der Persönlichkeit und der Nutzung verschiedener Potenziale. Lassen Sie sich auf den nächsten Seiten von prominenten Menschen anregen, die auf die eingangs gestellte Frage „Als was haben Sie in Ihrem Leben schon alles gearbeitet?" ganz individuell geantwortet haben.

Biografien, die auf Eindeutigkeit getrimmt sind, finden Sie fast überall, vor allem wenn es um Bewerbungen geht. Lassen Sie sich davon nicht irritieren. Im Rückspiegel verläuft der Blick immer geradeaus.

Prominente Zeitgenossen gefragt: Als was haben Sie in Ihrem Leben schon alles gearbeitet?

Als ... Hausarbeiter, Hilfskoch, Hilfskellner, Briefträger, Getränkefahrer (Bierfahrer), Einkäufer im Gastgewerbe, Sachbearbeiter beim Arbeitsamt, Politikberater (Ministersekretär), Ableilungsleiter im Ministerium.
DR. HERBERT BUCHINGER, 52,
VORSTANDSVORSITZENDER DES ARBEITSMARKTSERVICE ÖSTERREICH

Als ... Arbeiter im Sägewerk. Meine erste Anstellung nach dem Studium hatte ich als Kulissenschieber. Auch wenn dieser Beruf nichts mit meinem Studium zu tun hatte, habe ich Glück gehabt. Es war eine Arbeit, in der ich viele interessante Menschen getroffen habe, Intellektuelle und einfache Arbeiter. Dann als Archäologe, Bediensteter im Bereich Naturschutz und Umwelt, Bauarbeiter, öffentlicher Bediensteter im Bereich der Denkmalpflege.
VLADIMIR ŠPIDLA, 58, EU-KOMMISSAR FÜR BESCHÄFTIGUNG,
SOZIALES UND CHANCENGLEICHHEIT IN BRÜSSEL

Als ... Babysitter (für 50 Pfennig in der Stunde), Gärtner (immerhin schon für eine Mark), freier Journalist, Soldat und angestellter Journalist. Und weil man als Reporter ziemlich herumkommt, hatte ich das Privileg, jeweils für einen Tag auch noch einige andere Berufe am eigenen Leib erfahren zu dürfen, nämlich Fensterputzer, Tierpfleger, Schuhputzer, Weinleser, Müllmann und Schausteller.
KAI DIEKMANN, 45, CHEFREDAKTEUR DER BILD-ZEITUNG

Als ... Erntehelfer. Mein erster bezahlter Job (die Bezahlung in Form von Naturalien) war wohl während des Krieges im Ernteeinsatz. Danach unbezahlte Aufräumungsarbeit in den Trümmern meiner Heimatstadt Mayen nach dem Krieg 1945. Dann habe ich die Näharbeiten meiner Mutter auf dem Land ausgeliefert (Bezahlung: Milch und Butter, in der Stadt ein Hühnerei und Trinkgeld 1–2 RM*).

Mein erstes privates Geld verdiente ich im Fuhrgeschäft unseres Hausherren (Wochenlohn: 2 RM). Als 16-Jähriger konnte ich erste Mal- und Zeichenarbeiten verkaufen, die im Krieg zerstörte Häuser unzerstört darstellten (Preis: 20 DM). Nach dem Abitur (1950) Arbeit als Hilfsarbeiter am Bau (Stundenlohn: 99 Pfennige). Jobben in der Bimssteinindustrie im Akkord. In der Bimsgrube: Klopfen und Harken von Bimssteinen, Beladen von Lastwagen mit Steinen, Entladen von Zementsäcken. Das brachte 1 Pfennig pro Zementsack ein.

Während meiner Studienzeit in Mainz (1950–52) habe ich auf dem Bau als Zementmixer, Eisenbieger und Eisenflechter bei Schott-Glas gearbeitet (Stundenlohn: 1,53 DM). Ich habe auch als Sozialhelfer in der Jugend-, Männer- und Gefängnisfürsorge beim Jugendamt und beim Caritasverband Mainz gearbeitet (Wochenlohn: 40 DM). Und auf dem Mainzer Weinfest: als Coca-Cola-Verkäufer (Bezahlung: 10 Prozent vom Umsatz), dort auch als Kellner im Weinzelt (Bezahlung: Trinkgeld) und zwischendurch Auftritte bei einem Hypnotiseur als Hypnoseopfer (Gage: 1 DM pro Vorstellung).

* RM = Reichsmark (1924–1948 offizielles Zahlungsmittel)

Während meiner Studienzeit in Zürich (1952/53) in der Komparserie im Zürcher Schauspielhaus (Gage: 5 Schweizerfranken pro Vorstellung). Als Student an der Otto-Falckenberg-Schauspielschule in München nahm ich kleine Rollen an den Münchener Kammerspielen an (Gage: 5 bis 15 DM pro Vorstellung).

Mit 24 hatte ich meine erste Filmrolle in 08/15 (Gage: 250 DM für 2 Drehtage). Ein Jahr später, 1955, folgte dann mein erster Schauspielervertrag an den Münchener Kammerspielen mit 350 DM Monatsgage.
MARIO ADORF, 79, SCHAUSPIELER UND AUTOR

Als ... Nachhilfelehrer, in der Rechnungsabteilung eines Stadtwerkes u. a., Hauslehrer ...
PROF. DR. ROMAN HERZOG, 75, BUNDESPRÄSIDENT A. D.

Als ... Schüler habe ich Zeitungen ausgetragen, bei Opel in den Werksferien die Produktionshallen gesäubert, war Aushilfsbriefträger bei der Post, Soldat, Dozent für Controlling, Rechnungswesen und Politik, nach der Bundeswehr als Controller, Leiter Rechnungswesen, Vorsitzender der Geschäftsführung, Vorstand internationaler Unternehmen, Unternehmer mit anschließendem Börsengang der eigenen Firma, daneben habe ich Bücher geschrieben und Vorträge gehalten. Bei der Bundesagentur war ich zuvor in den Funktionen als Vorstand Finanzen, Personal, Informationstechnologie tätig.
DR. FRANK JÜRGEN WEISE, 58, VORSTANDSVORSITZENDER DER BUNDESAGENTUR FÜR ARBEIT

Als ... Fließbandarbeiterin (sortieren von Obst für Marmelade bei Bassermann), Rettungsschwimmerin (DLRG-Posten), Führerin durch die Bundesgartenschau in Mannheim, ich habe eine Registratur für die Klassifikation von Weichmachern bei BASF aufgebaut, war Fußballcoach (Madison, Wisconsin, USA), Blumenverkäuferin (Inhaberin eines Ladens), studentische Hilfskraft (Mannheim, Madison, Harvard), wissenschaftliche Mitarbeiterin, Professorin, Institutsleiterin.
PROF. PH. D. JUTTA ALLMENDINGER, 53, PROFESSORIN FÜR BILDUNGSSOZIOLOGIE UND ARBEITSMARKTFORSCHUNG AN DER HUMBOLDT-UNIVERSITÄT ZU BERLIN UND PRÄSIDENTIN DES WISSENSCHAFTSZENTRUMS BERLIN FÜR SOZIALFORSCHUNG

Als ... Schüler in der Drogerie meiner Eltern, das brachte mir neben einem echten „Gehalt“ Kontakt zu Menschen, Verantwortung und schon früh den Einblick ins wahre (Arbeits-)Leben. Als Student als freier Mitarbeiter bei Presse und Funk, immer dicht am Zeitgeschehen und Alltag. Einige Wochen in der Landwirtschaft in einem israelischen Kibbuz, in vieler Hinsicht eine prägende Erfahrung. In der Freizeit Engagement in der Kirchengemeinde (Kinder- und Jugendarbeit), weil ohne Ehrenamt auch die reichste Gemeinschaft bettelarm wäre.
PETER HAHNE, 57, LEITUNG ZDF-HAUPTSTADTSTUDIO BERLIN

Als ... Sportjournalist beim Westfalenblatt, betriebswirtschaftliche Mitarbeit im Handwerksbetrieb des Vaters, Fußballtrainer und -betreuer.
HARTMUT OSTROWSKI, 51, VORSTANDSVORSITZENDER DER BERTELSMANN AG

Als ... 15-jähriger Komponist einer Oper, viel Kammer-, etwas Filmmusik und Kinderdarsteller, Journalist (Auslandskorrespondent Hörfunk und Musikkritiker), Dramaturg, Grafiker im klassischen Printgeschäft, Unternehmer (Film- und Großveranstaltungsproduzent), Hochschullehrer, Produktentwickler für Web-Geschäfte in den frühen Tagen des Internets, Unternehmensberater (McKinsey), Manager für Bertelsmann in England, den USA und China.

HOLM KELLER, 42, HAUPTAMTLICHER VIZEPRÄSIDENT
DER LEUPHANA UNIVERSITÄT LÜNEBURG

Als ... Hobby-Skilehrer für englische Jugendgruppen, später absolvierte ich verschiedene Industriepraktika und arbeitete als Assistent an der Uni. Seitdem bin ich im Hauptberuf Banker und hatte dabei eine Reihe unterschiedlicher Positionen in verschiedenen Ländern inne. Außerdem bin ich noch Gastprofessor an zwei Universitäten. Ich glaube, in Zukunft werden die Arbeitsbiografien der Menschen immer bunter.

DR. JOSEF ACKERMANN, 61, VORSITZENDER DES VORSTANDS
UND DES GROUP EXECUTIVE COMMITTEE DEUTSCHE BANK AG

Als ... Fußbodenleger, Schlosser, Steuerberater, Vorsitzender der Dachorganisation der Landes-Philologenverbände.

PETER HEESEN, 62, VORSITZENDER DES DEUTSCHEN BEAMTENBUNDES

Als ... Schüler Redakteur einer Schülerzeitung, einige Wochen auf dem Bau als Ausfeger (im wahrsten Sinne des Wortes), als Möbelspediteur bei vielen Umzügen, die ich selbst organisiert und erledigt habe, als Kellner oder Ober bei verschiedenen Festen meiner Eltern oder in der Kirchengemeinde, als wissenschaftlicher Assistent an der Universität in Tübingen, als Vikar in der Gemeinde St. Leonhard, Nürnberg, als Gemeindepfarrer in St. Leonhard, Nürnberg und insbesondere in St. Egidien, als Studentenpfarrer in Nürnberg, als Propst in Jerusalem, als Stadtdekan in Nürnberg (und es waren allesamt ganz unterschiedliche Berufe, die ich als Pfarrer innehatte).

DR. JOHANNES FRIEDRICH, 61, LANDESBISCHOF IN MÜNCHEN,
HERAUSGEBER DES EVANGELISCHEN MAGAZINS CHRISMON

Als ... 15-Jährige war ich Zeitungsausträgerin, später Verkäuferin in einer Bäckerei, Werkstudentin, Praktikantin in Amerika bei Volkswagen. Ich habe unter anderem in der Erwachsenenbildung beim Verein für Sozialpolitik, Bildung und Berufsförderung gearbeitet. Mit 24 Jahren bin ich in die Presse- und Kulturabteilung der Deutschen Botschaft nach Teheran/Iran gewechselt, war Koordinatorin im Bereich Internationale Delegationen und schließlich Beraterin und Koordinatorin der französischen EU-Ratspräsidentschaft. Mit diesen Erfahrungen habe ich dann meine Berufung gefunden und meine eigene Firma gegründet.

REBECKA MICHEL, 30, GESCHÄFTSFÜHRERIN VON
MICHEL INTERNATIONAL RELATIONS & SERVICES

Als ... Taxifahrer, DJ, Koch, Kellner, Sänger , Schauspieler, Heilpraktiker, Fahrer bei der Deutschen Post, Kommunikationstrainer, Maler, Musicaldarsteller, Tischler, Roulettespieler, Autor.

CHIN MEYER, 50, KABARETTIST

Als ... professioneller Musiker. Mein Beruf umfasste Konzerte und Abende als darstellender Virtuose. Mit 19 Jahren begann ich Architektur zu studieren. Später wurde ich Professor und lehrte unterschiedlichste Fächer, von Philosophie, Theologie, Kunstgeschichte, Architektur bis hin zu Design und Bildhauerei. Dann, als Leiter der Architekturschule und Inhaber vieler Ämter, beschäftigte ich mich intensiv mit pädagogischen Inhalten und Bildungsmöglichkeiten. In meiner anschließenden Tätigkeit war ich für die Lehrinhalte und das Management der Architekturabteilung verantwortlich, bis ich 1989 in Berlin ein eigenes Büro eröffnete. Heute gibt es Büros in New York, Zürich, Mailand und weltweite Außenstellen.

Meine Erfahrung hat mich gelehrt, dass Musik das Wichtigste in meinem Leben ist, weil sie genaue Mathematik mit einer Fülle von Emotionen verbindet. Und das ist genau, was die Architektur auszudrücken vermag. Deshalb sehe ich meine Arbeit heute in enger Verbindung zu meiner ursprünglichen Berufsausbildung.

DANIEL LIBESKIND, 63, ARCHITEKT

Als ... 14-jähriger Schüler war ich Bürobote in einem großen Industrieunternehmen. Während der Schulzeit folgten Ferientätigkeiten als Hilfsarbeiter auf dem Bau und im Speditionsgewerbe, als Erntehelfer in der Landwirtschaft bei der Weinlese. Nach dem Wehrdienst habe ich den Lebensunterhalt für mein Studium in vielen Nachtschichten vor allem als Cargo Agent bei einer großen Fluggesellschaft und als Discjockey in einem Studentenclub verdient. Nach dem Studienabschluss als Diplom-Ökonom war ich zunächst als wissenschaftlicher Assistent an der Universität, danach und bis heute in unterschiedlichen Funktionen im höheren Dienst in verschiedenen Bundes- und Landesministerien tätig.

BERND BUCHHEIT, 60, ABTEILUNGSLEITER IM BUNDESMINISTERIUM FÜR ARBEIT UND SOZIALES

Als ... Babysitter, Schülerpraktikantin und studentische Aushilfe in einer Arztpraxis, Packerin für einen Drogerie- und Lebensmittelkonzern, Modellausgießerin, Messehostess, Zahnärztin in einer Universitätsklinik und niedergelassener Arztpraxis, Mediengestalterin in der visuellen Kommunikation, Projektmanagerin für Onlinemedien, TV-Redakteurin, Regisseurin, Autorin und Buchherausgeberin, Bildhauerin.

DR. LINDA HARDJANEGARA, 40, KÜNSTLERIN

Als ... Schuhputzer, Feldarbeiter beim Bauern, Zeitungsausträger, Journalist, Hausmann, Assistent im Bundestag, Büroleiter und Pressesprecher eines Landes-/ Bundesministers, dreimal Fachabteilungsleiter im Bundesministerium, Sonderberater eines EU-Kommissars, Leiter Unternehmenskommunikation, Unternehmensberater, Verbandsangestellter, Aufsichtsrats-, Rundfunkrats-, Verwaltungsratsmitglied/-vorsitzender.

PETER CLEVER, 54, MITGLIED DER HAUPTGESCHÄFTSFÜHRUNG DER BUNDESVEREINIGUNG DER DEUTSCHEN ARBEITGEBERVERBÄNDE, ALTERNIERENDER VORSITZENDER DES VERWALTUNGSRATS DER BUNDESAGENTUR FÜR ARBEIT

Als ... Historikerin im Archiv, Setzerin, Lehrerin, Referentin für „Argumente und Kultur gegen Rechts“, Autorin, Geschäftsführerin der Bunten Liste/Grünen Bielefeld, Bundestagsabgeordnete, Gewerkschafterin und Sozialpolitikerin bei der IG Bau und DGB-Bundesvorstand.

ANNELIE BUNTENBACH, 54, MITGLIED DES GESCHÄFTSFÜHRENDEN DGB-BUNDESVORSTANDS

Als ... Kinder verdienten wir uns Mitte bzw. Ende der 60er-Jahre mit dem Sammeln von Weinbergschnecken das erste größere Taschengeld. Die Delikatesse brachte pro Kilo 50 Pfennige. Später im Teenageralter jobbte ich in den Ferien beim Sportartikelhersteller Adidas. In den Produktionshallen und im Versand lernte ich die raue Wirklichkeit des Fabrikarbeiters kennen. Nach der Fachhochschulzeit folgte der Einstieg in den mittleren Polizeivollzugsdienst. Das Absolvieren zweier Studiengänge führte mich nach 30 Berufsjahren in das Spitzenamt des höheren Polizeidienstes.

ROMAN FERTINGER, 52, LEITENDER POLIZEIDIREKTOR, MITTELFRANKEN

Als ... jemand, der, seit er arbeitet, immer denselben Beruf ausübt, den des Diplomaten. Eine ein weites Gebiet umfassende Tätigkeit, die an sich schon die Veränderung in sich trägt und Flexibilität, Anpassungsgeist sowie die Fähigkeit erfordert, sich mit verschiedenen und sich stetig entwickelnden Szenarien auseinanderzusetzen. Dies zeigt deutlich, dass auch innerhalb einer geradlinigen Karriere die Veranlagung, sich immer wieder einzubringen und ständig neue Herausforderungen annehmen zu können, eine unverzichtbare Voraussetzung für den Erfolg darstellt.

MICHELE VALENSISE, 57, BOTSCHAFTER DER ITALIENISCHEN REPUBLIK IN BERLIN

„Gesell dich einem Bessern zu,
dass mit ihm deine bessern Kräfte ringen.
Wer selbst nicht weiter ist als du,
der kann dich auch nicht weiterbringen."

FRIEDRICH RÜCKERT

Meine Verbündeten

Die wenigsten Menschen machen ihren Weg ganz allein. Auch die Kurzfassungen der Werdegänge aus dem vorangegangenen Abschnitt dürfen ebenso wie die allermeisten Lebensläufe nicht darüber hinwegtäuschen, dass ein ganz entscheidendes Element in dieser Form keine Erwähnung gefunden hat: die Unterstützer - Weggefährten, Begleiter und Mitstreiter.

Niemand kommt allein durchs Leben. Wer kommt überhaupt ohne fremde Hilfe ins Leben? Überall werden immer wieder Geburtshelfer benötigt. Nichts und niemand ist erfolgreich ohne Unterstützung und Kooperationen.

Was im Allgemeinen gilt, wird in der Phase der Arbeitslosigkeit und der Arbeitsuche umso entscheidender. Den Weg durch die Arbeitslosigkeit und in einen neuen Job könnten Sie womöglich auch allein schaffen. Aber warum wollen Sie es sich so schwer machen? Ihre Ressourcen sind begrenzt, Ihr Blickwinkel wird zuweilen eingeschränkt sein. Wenn es Stressfaktoren, Frustration, Sorgen oder auch einmal Rückschläge gibt, sind Allianzen ein Fallschirm und ein Rettungsboot. Festigen Sie Freundschaften und investieren Sie in gute Beziehungen. Diese prägen Ihre Lebensqualität unmittelbar. Sie dürfen Ihre Freunde auch mal um einen Gefallen bitten, solange Sie nicht vergessen, Danke zu sagen und wiederum Ihrerseits zu signalisieren, ebenso für sie da zu sein - und sei es ein andermal.

Bitte versuchen Sie von vornherein, die „Last“ auf möglichst viele Schultern zu verteilen. Bilden Sie eine Task Force - Ihren eigenen Beraterstab. Idealerweise besteht der aus einem ausgewogenen Verhältnis von gut informierten, konstruktiven Kritikern, Mutmachern und Zupackenden. Ergänzen Sie Ihren Kreis auch um neue Kompetenzträger. Diese Gruppe hilft Ihnen, sowohl Rat einzuholen, als auch eine Rückmeldung über Ihr eigenes Verhalten zu bekommen. Schließlich dürfen Ihnen gute Freunde und Berater bisweilen auch die Meinung sagen.

Selbsthilfegruppen haben sich als hilfreich bewährt. Dort geht es vor allem darum, Erfahrungen zu sammeln, die andere bereits gemacht haben. Wenn Sie imstande sind, aus Fremdschilderungen die richtigen Schlüsse für sich abzuleiten, müssen Sie nicht jeden Fehler selbst begehen. Wenn Sie neue Kontakte knüpfen, könnte Ihnen eine Erkenntnis aus der Sozialpsychologie helfen: Das „Fuß in der Tür“-Phänomen deutet darauf hin, dass Sie einen Gefallen eher von jemandem erwarten dürfen, den sie zuvor schon einmal um etwas gebeten haben. Die sinnvolle Reihenfolge ist natürlich, zunächst um etwas leicht zu Erbringendes zu bitten.

Zwei Beispiele:

Wenn Sie - vollbeladen - freundlich jemanden bitten, die Tür eines Geschäfts für Sie aufzuhalten, können Sie dieselbe Person anschließend eher darum bitten, Ihnen zusätzlich einen Weg zu erklären, als irgendjemand Unbeteiligten.

Oder wenn Sie einen Teilnehmer aus ihrem Fortbildungskurs anrufen, um noch einmal den Titel des Buches zu erfragen, von dem er so begeistert erzählt hat, wird er Sie kaum zurückweisen. Diesen kleinen Gefallen tut er Ihnen gern.

Wenn Sie später einmal krank sind und die Mitschrift des verpassten Seminars benötigen, wird derjenige, der Ihnen gegenüber schon einmal hilfsbereit war, in Übereinstimmung damit gern ein weiteres Mal helfen.

Die Schlussfolgerung daraus ist so überraschend wie einleuchtend: Ihr Guthaben bei einem neuen Kontakt entsteht erst, wenn Sie es in Anspruch nehmen. Gehen Sie mit diesem menschlichen Naturell, dem Wohlwollen auf Vorschuss, pfleglich um. Dann gedeihen Ihre Kontakte. Widmen Sie sich diesem Thema gleichermaßen mit Anstand und Höflichkeit wie auch mit Klugheit und Strategie. Seien Sie liebenswürdig und zielstrebig. Fordern Sie Gefallen ein, wo es möglich ist. Freundschaften sind im Geben und Nehmen eingespielt. Bei Bekanntschaften und neuen Kontakten muss sich das zunächst noch einpendeln und bewähren. Machen Sie sich eine Liste: Wer kann was für mich tun?

Es geht um Sie und Ihre Ziele und schließlich darum, dass Sie in Zukunft auch wieder gebraucht werden. Wenn Sie überhaupt nicht gewohnt sind, jemanden um Unterstützung anzugehen, stellen Sie sich einmal folgende Frage: Wann hat Ihnen jemand je Folgendes gesagt: „Danke, dass du mich nie um etwas gebeten hast.“? Diese Form von Beziehung gibt es nicht.

TIPP Visitenkarten

Visitenkarten sind sehr nützlich. Auf Ihrer Suche kommt es sowohl darauf an, Informationen zu sammeln, als auch, sich in Erinnerung zu bringen. Manchmal ist und bleibt keine Zeit für lange Gespräche. Bieten Sie Ihrem Gesprächspartner an, das Gespräch fortzusetzen. Fragen Sie nach, ob er Ihnen bestimmte Unterlagen oder Informationen zusendet. Bleiben Sie diesbezüglich dran. Halten Sie Ankündigungen ein und haken Sie höflich nach. So signalisieren Sie, dass Sie sich selbst ernst nehmen.

Dieses kleine Adresskärtchen unterstützt Sie unaufdringlich, aber verbindlich. Ihre Visitenkarte signalisiert Selbstvertrauen und hat einen Repräsentationscharakter. Identifizieren Sie sich als Person unabhängig vom vorhandenen oder nicht vorhandenen Arbeitgeber. Wer seine Privatanschrift nicht preisgeben möchte, kann auch nur seinen Namen und die zeitgemäßen Kontaktangaben wie Telefon- und/oder Mobilnummer sowie E-Mail-Adresse angeben.

Noch ein Hinweis zur Optik: Lieber schlicht und geradlinig als gewollt und nicht gekonnt.

„Wie in einem Fischernetz können wir direkt über verbundene ‚Knoten', also über Personen, mit denen wir selbst in Verbindung stehen, indirekt weitere Personen erreichen. Diese können für uns wichtig werden. Denn sie bewegen sich in anderen Bereichen als wir selbst und haben von daher Informationen, die in unserem engeren Umfeld gar nicht vorhanden sind."

PROF. DR. MARTIN DIEWALD

PROF. DR. MARTIN DIEWALD

Netzwerke in der Arbeitslosigkeit – Durchhalten und auf in den nächsten Job!

WAS SIND SOZIALE NETZWERKE?

Soziale Netzwerke sind die Beziehungen, die wir zu anderen Menschen unterhalten: zu Partnern, Familie, Verwandtschaft, Freunden, Kollegen, Nachbarn und vielen anderen Bekannten. Manche Beziehungen sind sehr eng, andere sind nur flüchtig. Manche sind mit täglichen Kontakten verbunden, in anderen ist der Kontakt nur sehr lose. Von Netzwerken spricht man deswegen, weil die Personen, die wir kennen, sich teilweise auch untereinander kennen und damit ein Netz bilden, in das wir eingebettet sind. Und wie in einem Fischernetz können wir direkt über verbundene „Knoten", also über Personen, mit denen wir selbst in Verbindung stehen, indirekt weitere Personen erreichen. Beispielsweise Freunde von Freunden, die wir selbst gar nicht oder kaum kennen, die aber für uns wichtig werden können.

WARUM SIND NETZWERKE FÜR ALLE WICHTIG? WELCHE NETZWERKE BRAUCHE ICH IN VERSCHIEDENEN LEBENSLAGEN?

So unterschiedlich unsere Beziehungen sind, so unterschiedlich sind auch die Situationen, für die sie wichtig sind oder wichtig werden können. Enge und stabile Beziehungen und Netzwerke, in denen sich viele auch untereinander gut kennen, sind wichtig, um sich irgendwo zugehörig zu fühlen, Rückhalt zu spüren und sich aufgehoben zu fühlen. Wenn es uns nicht gutgeht, wir psychisch belastende Probleme haben, dann können wir uns an diese Menschen wenden. Hierfür stehen oft Familie und gute Freunde zur Verfügung. Aber auch andere Personen in unserem Netzwerk können uns auf verschiedene Weise helfen. Diese müssen jedoch nicht immer uns persönlich nahestehende Personen sein. Oft kennt man solche Personen aus gemeinsamen Aktivitäten in Beruf und Freizeit. So haben einige handwerkliches Geschick, und andere wissen eher, wie man mit Behörden umgeht. Wieder andere können uns mit hilfreichen Informationen versorgen: Wo kann man günstig einkaufen, wo gibt es freie Stellen, welche Sachbearbeiter sind aufgeschlossener als andere und ähnliche Dinge. Hier ist es sogar so, dass uns da am ehesten Menschen helfen können, die wir gar nicht so gut kennen. Denn sie bewegen sich in anderen Bereichen als wir selbst und haben von daher Informationen, die in unserem engeren Umfeld gar nicht vorhanden sind. Und zu guter Letzt geht es beim Netzwerken schließlich auch um Geselligkeit und alltägliche ungezwungene Kontakte. Mit anderen Menschen zwanglos zusammen zu sein verhindert, dass wir in trüben Stimmungen gefangen bleiben und dass wir uns in uns selbst zurückziehen. Dadurch, dass wir mit anderen und andere mit uns Kontakt haben, erfahren wir quasi nebenbei, dass wir als Mensch anerkannt und geschätzt werden.

WORAUF MUSS ICH BESONDERS IN DER ARBEITSLOSIGKEIT ACHTEN?

Für Arbeitslose sind gute Netzwerke noch wichtiger als für Beschäftigte. Sie verfügen meist über weniger Geld und sind schnell von wichtigen Informationen abgeschnitten, die in der Berufswelt ausgetauscht werden. In der Arbeitslosigkeit geht es speziell um zwei Fragen: Wie komme ich am besten mit den negativen Folgen von Arbeitslosigkeit zurecht? Und: Wie komme ich aus der Arbeitslosigkeit wieder heraus? Für beide Aufgaben sind in der Regel nicht die gleichen Netzwerke hilfreich. Die negativen Folgen von Arbeitslosigkeit sind zum einen finanzieller Art, zum anderen geht es um den Verlust an gesellschaftlicher Anerkennung, Wertschätzung für die eigene Arbeit und das Eingebundensein in einen regelhaften Alltag. Diese Folgen treffen sicher nicht alle gleich, aber alle mindestens ein Stück weit: Je ausgeprägter dieses im vorangegangenen Job war, desto schmerzhafter wird der Sturz in die Arbeitslosigkeit empfunden. Soziale Netzwerke können bei all diesen Problemen helfen. Besonders wichtig sind Hilfestellungen bei Geldproblemen; so können Dinge ausgeliehen werden, ohne dass man sie sofort kaufen muss. Für den Urlaub können im Wechsel untereinander Wohnungen bereitgestellt werden, oder man hilft sich bei Reparaturen. Sich untereinander zu helfen und Hilfe zu erhalten signalisiert, dass man trotz Arbeitslosigkeit weiterhin als Mensch geschätzt und für eingebrachte Fähigkeiten anerkannt wird.

Aber auch ohne solchen materiellen Beistand helfen Kontakte und gemeinsame Aktivitäten in der Freizeit, den gesellschaftlichen Ansehensverlust durch Arbeitslosigkeit und den Verlust von Kollegenbeziehungen durch Spaß an anderen Aktivitäten und persönliche Wertschätzung auszugleichen. Hier ist es natürlich von Vorteil, wenn man entsprechenden Beziehungen und Aktivitäten bereits vor der Arbeitslosigkeit nachgegangen ist.

Während all diese Dinge helfen, mit der Arbeitslosigkeit zurechtzukommen, geht es auf der anderen Seite darum, wieder aus der Arbeitslosigkeit herauszukommen. Besonders hier können Beziehungen wertvolle Dienste leisten. Menschen in unserem Umfeld können und sollten uns ermuntern, aktiv nach einer Stelle zu suchen. Kontakte können wichtige Informationen über das Vorhandensein freier Stellen, besondere Stellen- und Anforderungsmerkmale sowie Bewerbungsstrategien liefern. Wenn unsere Kontakte das nicht ungefragt tun, kann man aktiv auch selbst nachfragen. Wenn wir in Netzwerke eingebunden sind, die nach außen sichtbar sind, wie ehrenamtliche Organisationen oder Vereine, können sie für potenzielle Arbeitgeber ein Indikator für die Motivation und die Leistungsfähigkeit der dort eingebundenen Arbeitslosen sein. Schließlich wird hier sinnvolle Arbeit erbracht. Im besten Fall können so auch direkt Jobs vermittelt werden. Netzwerke funktionieren hier, weil Informationen, die uns Freunde oder gute Bekannte geben, umfassender und vertrauenswürdiger sind als bedrucktes Papier. Die Informationen, die Freunde und Bekannte über uns an einen potenzielle Arbeitgeber weiterreichen, verraten mehr über unsere Persönlichkeit, Durchsetzungsvermögen, Kreativität und andere allgemeine Kompetenzen als Zeugnisse allein. Insofern können solche Informationen für den Arbeitgeber aufwendige Auswahlverfahren ersetzen.

HABEN NETZWERKE AUCH RISIKEN?

Beziehungen sind leider nicht immer nur hilfreich, sie können uns auch in einer Falle festhalten. Wenn wir nur hektisch nach neuen hilfreichen Kontakten Ausschau halten und unsere alten engen Beziehungen vernachlässigen, geht uns dabei irgendwann die Luft aus. Wenn wir umgekehrt nur an unseren engen Beziehungen kleben, von diesen wenigen Beziehungen aber alles erwarten, beispielsweise auch, dass sie unsere Kollegen ersetzen, überfordern wir sie. Schließlich sollten wir uns auch nicht nur auf Personen konzentrieren, die in der gleichen Lage sind wie wir selbst. Denn dann ist es wahrscheinlich, dass keine wichtigen Informationen mehr zu uns gelangen, um aus der Arbeitslosigkeit herauszukommen. Es kann dann auch dazu führen, dass man sich nur noch unter Arbeitslosen bewegt und sich damit allzu sehr in der Arbeitslosigkeit einrichtet. So lernt man bald kaum noch Leute kennen, die in einer Beschäftigung stehen, die einen motivieren und einem weiterhelfen können. Der Kontakt zur Erwerbsgesellschaft reißt gewissermaßen ab.

WIE KANN ICH HILFREICHE NETZWERKE ORGANISIEREN, UND WAS MUSS ICH DAFÜR TUN?

Generell gilt: Möglichst alle Arten von Kontakten sollten gepflegt werden, auch wenn sie gerade nicht so wichtig scheinen. Man weiß nie, wann man sie vielleicht doch braucht. Niemand sollte sich allein auf seine Verwandtschaft verlassen, also die Kontakte, die man scheinbar sowieso besitzt.

Die richtige Mischung macht's. Die obersten Gebote sind: Sich nicht zurückziehen. Darauf achten, für andere attraktiv zu bleiben. Aber auch den guten Willen, zu helfen - bei den nicht so engen, weniger belastbaren Beziehungen -, nicht überstrapazieren. Gerade in der Arbeitslosigkeit ist es wichtig, zu signalisieren, dass man immer noch ein attraktiver Kommunikationspartner ist.

Ob es gelingt, weiterhin Kontakte zur alten Belegschaft zu pflegen, hängt von vielen Faktoren ab, und es liegt nicht immer nur in der eigenen Hand. Einen Versuch ist es wert, wenn dem nicht spezielle Gründe entgegenstehen.

Im Zweifelsfall sollte man sich auch nicht scheuen, ganz andere, neue Kontakte aufzubauen. Aus mehreren Gründen sind ehrenamtliche Aktivitäten und Vereinsaktivitäten besonders hervorzuheben. Sie gewinnen darüber möglicherweise hilfreiche Kontakte, denn in Vereinen und Initiativen wird nicht nur über Vereinsinhalte geredet, sondern nebenbei fließen noch ganz andere Informationen und es werden Kontakte angebahnt. Es wäre sicher naiv, anzunehmen, man ginge in einen Verein und lernte gleich Menschen kennen, die einem einen Job anbieten. Aber man trifft dort Leute, die man bisher nicht kannte und die möglicherweise ihrerseits über Informationen und Kontakte verfügen, die man selbst nicht hat. Die gemeinsame Aktivität schafft Vertrautheit und Sympathie, sodass Hilfen generell wahrscheinlicher werden. Und selbst wenn all das nicht eintrifft: Durch sinnvolle neue Tätigkeiten können Sie neues Selbstvertrauen gewinnen und bleiben für andere sichtbar. Sie bleiben im Training, konfrontieren sich mit Anforderungen. Schließlich gehören solche Aktivitäten heute in jeden Lebenslauf, den Sie einer Bewerbung beilegen. So zeigen Sie potenziellen Arbeitgebern, dass Sie aktiv sind, dass Sie sich nicht hängenlassen, schlicht: Sie können etwas, und Sie wollen auch etwas.

Meine Bewerbungsunterlagen

Im vergangenen Jahr haben fast 50 Prozent der Betriebe bei der Suche nach geeignetem Personal die persönlichen Kontakte ihrer Mitarbeiter in Anspruch genommen. Knapp ein Drittel der Neueinstellungen wird über diese sozialen Netzwerke realisiert. Insbesondere kleine und mittelgroße Unternehmen rekrutieren so kosten- und zeitsparend ihre neuen Mitarbeiter. Da Fürsprecher nur Personen empfehlen, für die sie beim Chef mit ihrem guten Ruf bürgen können, ist das Risiko, Fehlentscheidungen zu treffen, für Unternehmen geringer. Das sollte Sie ermuntern, weiterhin mit Ihrem Spickzettel vom Elevator Pitch und Ihrer Visitenkarte hilfreiche Kontakte zu knüpfen. Jetzt wissen Sie ja, wie es geht.

In Großbetrieben sind häufig formale Strukturen bei der Stellenbesetzung etabliert. In einigen staatlichen Behörden oder Ämtern ist es jedoch nicht erwünscht, Freunde und Bekannte zu empfehlen. Deshalb ist es wichtig, dass Ihre Bewerbungsunterlagen in jedem Fall die erste Durchsicht überstehen.

Sie haben jetzt herausgefunden, was zu Ihnen passt. Der nächste Schritt besteht nun darin, Ihrem künftigen Arbeitgeber deutlich zu machen, dass Sie auch zu ihm passen. Was bedeutet „passen“, wenn Sie Ihre Bewerbungsunterlagen erstellen oder aktualisieren? Ihr Bewerbungsschreiben sollte passgenau sein. Das heißt, Ihr Bewerbungsschreiben ist eindeutig auf Sie zugeschnitten, auf Ihr Profil, Ihre Soft Skills und Hard Skills und ist deshalb mit keinem anderen verwechselbar. Wenn Sie sich initiativ bei einem Unternehmen bewerben möchten, kann ein zusätzliches Motivationsschreiben Ihr Interesse an dem Unternehmen und Ihre Fähigkeiten besonders betonen.

Des Weiteren geben Sie im Anschreiben an, warum Sie motiviert sind, diese Stelle bei diesem Unternehmen geeignet auszufüllen. Diese Eignung signalisieren Sie durch vorangegangene ähnliche Tätigkeiten und Erfolge auf diesem Gebiet sowie durch Ihr Fachwissen, Ihre Fähigkeiten und Kenntnisse und Ihre persönlichen Stärken. Das sind Ihre wichtigsten Argumente, wenn es darum geht, dem Unternehmen klarzumachen, welcher Vorteil Ihre Einstellung bedeuten würde. Verknüpfen Sie Ihr Selbstmarketing mit dem, was Sie an Informationen über die Firma und Branche gesammelt haben.

PASSGENAU AUF DIE STELLENANZEIGE

Gehen Sie auf die gesuchten Anforderungen des Unternehmens ein. Verändern Sie Ihr Bewerbungsanschreiben auf jede Stellenanzeige hin, denn jedes Unternehmen ist anders. Sorgfältig angepasste Bewerbungsanschreiben sind erfolgreicher als Massenbewerbungen.

PASSGENAU AUF DAS UNTERNEHMEN

Persönliches Ansprechen: „Sehr geehrte Frau ...“, „Sehr geehrter Herr ...“ - bei Printanzeigen ist oftmals eine Kontaktperson angegeben. Falls nicht, rufen Sie im Personalbüro an, wer Ihre Bewerbung entgegennimmt. Wenn Sie sich online in vorgegebene Bewerbungsformulare eintragen müssen, wird es oft unpersönlich. Bei den meisten Firmen kann man allerdings auf den Websites unter „Kontakt“ oder „Mitarbeiter“ herausfinden, wer für Personal oder Recruiting zuständig ist. Die Betreffzeile wird oftmals durch die Stellenausschreibung vorgegeben und sollte übernommen werden.

WAS KÖNNEN SIE SONST NOCH TUN?

1. Sie sprechen mit Ihrem Berater/Vermittler und lassen Ihre Bewerbungsunterlagen durchsehen.
2. Sie besorgen sich die Broschüre „Durchstarten - Trainingsprogramm für Arbeitsuche und Bewerbung“ inklusive E-Learning-Programm auf CD-ROM von der Bundesagentur für Arbeit (auch online erhältlich unter: www.arbeitsagentur.de - Bürgerinnen & Bürger - Links: Lernbörse - Bewerbung).
   Unter der Rubrik „Bewerbung“ wartet das sprachgeführte „Trainingsprogramm für Arbeitsuche und Bewerbung“ auf Sie und führt Sie durch alle Aspekte der Bewerbung, inklusive telefonischer Bewerbung und Vorstellungsgespräch. Mit diesen beiden Angeboten sind Sie bestens gerüstet, Ihre Bewerbungsunterlagen neu zu erstellen oder zu aktualisieren und sich auf die aktive Jobsuche einzustellen.
3. Sie lesen weiter. Sollten Sie darüber hinaus andere Hilfsmaterialien benötigen, finden Sie im Anschluss einige Buchempfehlungen und nützliche Internetseiten aufgelistet.

Teil 3

Sich schlau lesen und richtig im Internet unterwegs sein

DIE WICHTIGSTEN 20 RUBRIKEN:

1. Adresse meiner Agentur/ARGE raussuchen
   www.arbeitsagentur.de/partner

2. Arbeitsuchend melden
   www.arbeitsagentur.de
   Klick: „Direkt zur JOBBÖRSE“
   Klick: „Weiter zur JOBBÖRSE“
   Klick: „Arbeitsuchend melden“

3. Arbeitslosengeld-II-Anträge downloaden
   www.arbeitsagentur.de
   Klick: „Formulare“
   Klick (links):
   „Formulare für Bürgerinnen & Bürger“
   Klick (links): „Arbeitslosengeld II“

4. Ausfüllhilfen zum Arbeitslosengeld-II-Antrag
   www.arbeitsagentur.de
   Klick: „Bürgerinnen & Bürger“
   Klick (links): „Arbeitslosigkeit“
   Klick (links): „Arbeitslosengeld II“
   Klick (rechts): „Ausfüllhinweise zum Hauptantrag Arbeitslosengeld II“

5. Wie sieht ein Bewilligungsbescheid aus?
   www.arbeitsagentur.de
   Klick: „Bürgerinnen & Bürger“
   Klick (links): „Arbeitslosigkeit“
   Klick (links): „Arbeitslosengeld II“
   Klick (links): „Finanzielle Hilfen“
   Klick (links): „Der Bescheid“
   Klick (rechts – „Weitere Informationen“):
   „Arbeitslosengeld II Musterbescheid“

6. Wichtige Fragen und Antworten zum Arbeitslosengeld II
   www.ARGE-sgb2.de

7. Onlineberechnung von Arbeitslosengeld I
   www.arbeitsagentur.de
   Klick: „Bürgerinnen & Bürger“
   Klick (links): „Arbeitslosigkeit“
   Klick (links): „Arbeitslosengeld“
   Klick (rechts – „Links“):
   „Selbstberechnung Arbeitslosengeld“

8. Veranstaltungen besuchen
   www.arbeitsagentur.de/veranstaltungen

9. Hilfreiche Broschüren nach Hause bestellen
   www.ba-bestellservice.de

10. Die wichtigsten Broschüren zu finanziellen Hilfen online:
    Arbeitslosengeld I: „Was? Wie viel? Wer? Finanzielle Hilfen auf einen Blick“
    www.arbeitsagentur.de
    Klick: „Bürgerinnen & Bürger“
    Klick (links): „Arbeitslosigkeit“
    Klick (links): „Finanzielle Hilfen“
    Klick (rechts – „Broschüren“):
    „Was? Wie viel? Wer?“

11. Die wichtigsten Broschüren zu finanziellen Hilfen online:
    Arbeitslosengeld II: „Was? Wie viel? Wer? Finanzielle Hilfen auf einen Blick“
    www.arbeitsagentur.de
    Klick: „Bürgerinnen & Bürger“
    Klick (links): „Arbeitslosigkeit“
    Klick (links): „Finanzielle Hilfen“
    Klick (rechts – „Broschüren“):
    „Sozialgesetzbuch Zweites Buch – Was? Wie viel? Wer?“

12. Die wichtigsten Broschüren zu finanziellen Hilfen online:
    Arbeitslosengeld II: „SGB II. Grundsicherung für Arbeitsuchende"
    www.arbeitsagentur.de
    Klick: „Bürgerinnen & Bürger"
    Klick (links): „Arbeitslosigkeit"
    Klick (links): „Arbeitslosengeld II"
    Klick (rechts – „Broschüren"): „SGB II. Grundsicherung für Arbeitsuchende"

13. Berufsfindung Schüler/Studenten
    www.jobtest.unicum.de
    www.in-eigener-Sache.de
    www.planet-beruf.de
    www.berufenet.arbeitsagentur.de
    www.berufe.tv/BA
    www.berufswahl.lernnetz.de
    www.studienwahl.de

14. Weiterbildung KursNet
    www.infobub.arbeitsagentur.de
    Klick (links): „KursNet"

15. Richtig bewerben
    Bewerbungsratgeber mit Audioführung unter:
    www.lernboerse.arbeitsagentur.de/aktiv
    Klick: „Bewerbung"
    Klick: „Das Trainingsprogramm für Arbeitssuche und Bewerbung"

16. Jobportal
    www.jobboerse.arbeitsagentur.de
    www.bund.de

17. Künstlervermittlung
    www.zav.de

18. Leben und Arbeiten im Ausland
    www.ba-auslandsvermittlung.de

19. Geschehen auf dem Arbeitsmarkt/Gesellschaft
    www.arbeitskammer.de
    www.bdi.de
    www.bundestag.de
    www.angela-merkel.de
    www.dgb.de
    www.IAB.de

20. Nützliches aus dem Bundesministerium für Arbeit und Soziales
    Soziale Absicherung – weiterführende Publikationen, zu bestellen unter:
    www.bmas.de
    Broschüre „Grundsicherung für Arbeitsuchende SGB II. Fragen und Antworten" (Art.-Nr. A430)
    Broschüre „A–Z der Arbeitsförderung" (Art.-Nr. A186)

Buchtipp:
Studien- & Berufswahl 2009/2010. Informationen und Entscheidungshilfen für Abiturienten 2010/2011. Nürnberg 2009; 8,80 € im Buchhandel.

Bundesagentur für Arbeit: Beruf aktuell – Lexikon der Ausbildungsberufe. Nürnberg 2009; kostenfrei im Berufsinformationszentrum der Arbeitsagentur erhältlich oder im Bestellservice für 1,00 € pro Stück plus 2,50 € Versandkosten zu ordern.

TIPP

Broschüre zum „Trainingsprogramm für Arbeitsuche und Bewerbung" inklusive CD-ROM erhältlich im Berufsinformationszentrum (BIZ) der Arbeitsagentur.

Glossar

Arbeitsagentur ➔
oder auch Agentur für Arbeit – das sind die örtlichen Dienststellen der Bundesagentur für Arbeit (BA).

Arbeitsgemeinschaft (ARGE)/Jobcenter ➔
Arbeitsgemeinschaften für die Grundsicherung nach dem Sozialgesetzbuch Zweites Buch – Grundsicherung für Arbeitsuchende. Die Aufgaben werden von den Agenturen für Arbeit zusammen mit den kommunalen Trägern wahrgenommen. Die Kunden erhalten die Leistungen „aus einer Hand".

Arbeitgeberservice ➔
Fachteams innerhalb der Bundesagentur für Arbeit, die sich speziell um Arbeitgeber kümmern. Deutschlandweit gibt es eine zentrale Telefonnummer: 01801-664466*. Jeder Arbeitgeber hat einen Ansprechpartner für alle Anfragen.

Arbeitshemmnisse/Vermittlungshemmnisse ➔
Gründe, die die Vermittelbarkeit auf dem Arbeitsmarkt erschweren, z. B. fehlende Ausbildung oder Berufserfahrung, gesundheitliche Probleme, fehlende Mobilität, Suchtproblematiken usw.

Arbeitsloser/Kunde ➔
ist jemand, der vorübergehend nicht in einem Beschäftigungsverhältnis steht, eine versicherungspflichtige Beschäftigung sucht, dabei den Vermittlungsbemühungen der Agentur für Arbeit zur Verfügung steht und sich bei der Agentur für Arbeit arbeitslos gemeldet hat.

Arbeitsmarkt, erster ➔
wird ausschließlich durch Angebot und Nachfrage geregelt.

Arbeitsmarkt, zweiter ➔
umfasst alle Arbeitsverhältnisse, die zu 100 Prozent vom Staat subventioniert werden. Die Förderung ist immer zeitlich befristet (nicht zu verwechseln mit einem Lohnkostenzuschuss auf dem ersten Arbeitsmarkt).

Arbeitsuchender/evtl. Kunde ➔
Personen, die eine Beschäftigung als Arbeitnehmer suchen. Dies gilt auch, wenn sie bereits eine Beschäftigung oder eine selbstständige Tätigkeit ausüben.

Aufstocker ➔
bei gleichzeitigem Bezug von Arbeitslosengeld I und Arbeitslosengeld II (nicht zu verwechseln mit erwerbsfähigen Leistungsbeziehern nach dem SGB II).

Bundesagentur für Arbeit (BA) ➔
ist eine Körperschaft des öffentlichen Rechts mit Selbstverwaltung. Sie gliedert sich in: Zentrale, Regionaldirektionen, Arbeitsagenturen, Beteiligungen an Arbeitsgemeinschaften (ARGEn), Geschäftsstellen sowie besondere Dienststellen. Organe sind der Vorstand, der die Geschäftsführung innehat; der Verwaltungsrat als Kontrollgremium und regionale Verwaltungsausschüsse.

Bedarfsgemeinschaft ➔
Eine Bedarfsgemeinschaft im Sinne des SGB II besteht aus einer (trotz des Wortbestandteils „-gemeinschaft") oder mehreren Personen.
Zu einer Bedarfsgemeinschaft gehören nach § 7 Absatz 3 SGB II

1. erwerbsfähige Hilfebedürftige,
2. die im Haushalt lebenden Eltern oder ein im Haushalt lebender Elternteil eines unverheirateten, erwerbsfähigen Kindes, welches das 25. Lebensjahr noch nicht vollendet hat (=U25) und der im Haushalt lebende Partner dieses Elternteils,
3. als Partner der hilfebedürftigen Person
   - ➔ der nicht dauernd getrennt lebende Ehegatte,
   - ➔ der nicht dauernd getrennt lebende Lebenspartner
   - ➔ eine Person, die mit dem erwerbsfähigen Hilfebedürftigen in einem gemeinsamen Haushalt so zusammenlebt, dass nach verständiger Würdigung der wechselseitige Wille anzunehmen ist, Verantwortung füreinander zu tragen und füreinander einzustehen,
4. die dem Haushalt angehörenden unverheirateten Kinder von den unter 1. bis 3. genannten Personen, wenn die Kinder das 25. Lebensjahr noch nicht vollendet haben und ihren Lebensunterhalt nicht aus eigenem Einkommen oder Vermögen sichern können. Jede nach dem SGB II unterstützte „Bedarfseinheit" erhält eine „Bedarfsgemeinschaftsnummer" (BG-Nummer) zugewiesen, auch wenn es sich um eine Einzelperson handelt.

Berater ➔
Mitarbeiter der Bundesagentur für Arbeit. Unterstützt den Kunden bei der Suche nach Arbeits- und Ausbildungsstellen sowie sonstigen Beschäftigungsmöglichkeiten und bietet vielfältige Fördermöglichkeiten unter Berücksichtigung des individuellen Integrationsplans.

* Preis aus dem deutschen Festnetz 3,9 ct/Min., Mobilfunk abweichend

Bewilligungsbescheid ➔
Die Entscheidung über eine beantragte Leistung und jede spätere Änderung dieser Entscheidung teilt der zuständige Träger (Arbeitsagentur, ARGE/Kommune) schriftlich in einem sogenannten „Bewilligungsbescheid“ mit.

Berufsinformationszentrum (BIZ) ➔
ist ein Angebot der Agentur für Arbeit zur Selbstinformation. Im BIZ kann sich jeder über Berufe, Ausbildungswege und andere Themen der Berufswahl informieren. Es steht ein breites Medienangebot zur Verfügung. Ein BIZ gibt es bei jeder Agentur für Arbeit und kann während der Öffnungszeit ohne Anmeldung genutzt werden.

Bundesministerium für Arbeit und Soziales (BMAS) ➔
zuständig u. a. für Arbeitsmarktpolitik, Arbeitsrecht und Arbeitsschutz.

Controlling ➔
ist ein umfassendes Konzept zur wirksamen und wirtschaftlichen Steuerung der Verwaltung zur Erreichung ihrer Ziele.

Eingangszone ➔
ist der zweite Bereich im Kundenzentrum nach dem Empfang. In der Eingangszone soll eine schnelle und möglichst abschließende Bearbeitung aller vorgetragenen Kundenanliegen insbesondere der Arbeitslos- und Arbeitsuchendmeldungen geleistet werden.

Eingliederungsvereinbarung ➔
ist eine öffentlich-rechtliche Vereinbarung. Diese beinhaltet konkret beschriebene Leistungen und muss schriftlich zwischen dem Leistungsträger der Bundesagentur für Arbeit und dem Kunden geschlossen werden. Die Eingliederungsvereinbarung wird im Normalfall für sechs Monate abgeschlossen. Gelingt die Eingliederung in Arbeit während der Geltungsdauer nicht, ist eine neue Eingliederungsvereinbarung abzuschießen. Hierbei sind die bisher gewonnenen Erfahrungen zu berücksichtigen.

Empfang ➔
ist erste Anlaufstelle für Kunden der Agentur und ARGE. Klärung von kurzen Anliegen, Abgabe von Unterlagen, Weiterleitung in die Eingangszone.

Fachvermittlung ➔
interner Spezialdienstleister der Bundesagentur für besondere Kundengruppen und Märkte, z. B. Hotel- und Gaststättenvermittlung und Künstlervermittlung.

Fallmanager ➔
ist in der ARGE zuständig für die Intensivbetreuung zur Wiedereingliederung von Langzeitarbeitslosen mit mehreren Arbeitshemmnissen.

Grundsicherung für Arbeitsuchende (Arbeitslosengeld II oder umgangssprachlich „Hartz IV“) ➔
stellt eine einheitliche staatliche Leistung nach dem SGB II für alle erwerbsfähigen, hilfebedürftigen Menschen, die entweder keine Arbeit haben oder deren Arbeitseinkommen nicht ausreicht, dar; umgangssprachlich „Hartz IV“ – gemeint ist die Grundsicherung nach dem SGB II, ein nach Peter Hartz benanntes System, das die Zusammenlegung von Arbeitshilfe und Sozialhilfe beinhaltet (Arbeitsmarktreform ab 1. Januar 2005).

Institut für Arbeitsmarkt- und Berufsforschung (IAB) ➔
ein Institut der Bundesagentur für Arbeit.

in-between Jobs ➔
(engl.) eine Phase zwischen der ehemaligen Beschäftigung und einer kommenden.

Job-to-Job-Integrationsquote ➔
Anzahl der Arbeitnehmer in Prozent, die nahtlos in eine neue Beschäftigung integriert wurden, ohne arbeitslos gewesen zu sein.

Kundenzentrum (KuZ) ➔
besteht aus dem Empfang, der Eingangszone, der Beratung/Vermittlung und der Leistungsgewährung sowie dem Service-Center und der Selbstinformationseinheit. Durch Empfang, Eingangszone und Service-Center werden die Fachkräfte für Vermittlung entlastet und können sich auf die Beratung und Vermittlung der Arbeitsuchenden konzentrieren.

Langzeitarbeitsloser/Kunde ➔
Als Langzeitarbeitslose gelten alle Personen, die ein Jahr und länger bei den Agenturen für Arbeit (Arbeitslosengeld-I-Empfänger) oder bei den Trägern der Grundsicherung für Arbeitsuchende nach dem SGB II (Arbeitslosengeld-II-Empfänger) arbeitslos gemeldet sind.

Leistungsabteilung ➔
Fachabteilung, die über Leistungsanträge entscheidet.

Leistungsempfänger/Kunde ➔
Empfänger von laufenden Leistungen nach dem SGB II, SGB III.

Leistungssachbearbeiter ➔
Mitarbeiter in der Leistungsabteilung.

Matching-Prozess ➔
Abgleich, Anpassung; Matching ist der Prozess, bei dem persönliche Eignungs- und betriebliche Anforderungsprofile miteinander abgeglichen werden, um z. B. Arbeitsuchende erfolgreich in eine Stelle vermitteln zu können. Elektronische Jobbörsen stellen einen automatisierten und datenbankgestützten Vergleich der Qualifikationsprofile von Stellenangeboten und Lebensläufen her.

Mobilitätshilfe ➔
finanzielle Unterstützung bei Aufnahme einer Beschäftigung.

Profiling ➔
Einschätzungs-/Bewertungsverfahren, das das Risiko längerfristiger Arbeitslosigkeit frühzeitig erkennen lassen soll, um prophylaktisch darauf reagieren zu können (zur Vermeidung von Langzeitarbeitslosigkeit).

Profiling-Bögen ➔
Formular zur Analyse der Stärken und Schwächen, arbeitsmarktbezogene Chanceneinschätzung.

Regionaldirektion der Bundesagentur für Arbeit (RD) ➔
Die Regionaldirektionen sind für den Erfolg der regionalen Arbeitsmarktpolitik verantwortlich. Sie steuern die Arbeitsagenturen in ihrer jeweiligen Region. Zur Abstimmung ihrer Aufgaben mit der Arbeitsmarkt-, Struktur- und Wirtschaftspolitik der Länder arbeiten die Regionaldirektionen eng mit den Landesregierungen zusammen.

Reform ➔
Arbeitsmarktreform: Seit 2002 anhaltende größte Reform in der Geschichte der Bundesrepublik. Die Bundesagentur für Arbeit wandelt sich zu einem professionellen, modernen und kundenorientierten Dienstleister für den Arbeitsmarkt.

Regelleistung ➔
Leistung zur Sicherung des Lebensunterhalts nach SGB II, umfasst Grundsicherung, Sozialversicherung und Kosten für Unterkunft (Miete und Heizung).

Sabbatical ➔
Arbeitszeitmodell – Unterbrechung der Arbeit auf bestimmte Zeit.

Sanktion ➔
Absenkung/Wegfall des Arbeitslosengeldes II und des befristeten Zuschlages gem. § 31 SGB II.

Service-Center ➔
sind für die Kunden erste wichtige, telefonische Ansprechpartner zur Klärung ihrer Anliegen im Bereich SGB II und SGB III.

SGB II ➔
Deutsches Sozialgesetzbuch Zweites Buch – Grundsicherung für Arbeitsuchende.

SGB III ➔
Deutsches Sozialgesetzbuch Drittes Buch – Arbeitsförderung.

SGB IX ➔
Deutsches Sozialgesetzbuch Neuntes Buch – Rehabilitation und Teilhabe behinderter Menschen.

SGB XII ➔
Deutsches Sozialgesetzbuch Zwölftes Buch – Sozialhilfe.

Sozialversicherung ➔
gesetzliches Versicherungssystem in Deutschland und ein Teil der sozialen Sicherung. Als Ausdruck der „SolidARGEmeinschaft" bietet es wirksamen finanziellen Schutz vor den großen Lebensrisiken und deren Folgen wie Krankheit, Arbeitslosigkeit, Alter, Betriebsunfällen und Pflegebedürftigkeit. Die Sozialversicherung garantiert einen stabilen Lebensstandard jedes Einzelnen.

Vermittlungs-, Beratungs- und Informationssystem (VerBIS) ➔
EDV-Programm der Bundesagentur für Arbeit.

Vermittlungsgutschein ➔
ermöglicht die kostenlose Inanspruchnahme eines privaten Arbeitsberaters. Einen Vermittlungsgutschein erhält, wer Anspruch auf Arbeitslosengeld I hat. Wer Anspruch auf Arbeitslosengeld II hat, kann einen Gutschein erhalten. Ein Rechtsanspruch besteht nicht.

Weiterbildung ➔
alle Aktivitäten, die der Vertiefung, Erweiterung oder Erneuerung von Wissen, Fähigkeiten und Fertigkeiten dienen.

Work-Life-Balance ➔
ein Zustand, in dem Arbeit und Privatleben miteinander im Einklang stehen.

Dank

Ein außerordentlicher Dank für ihren Beitrag gebührt:
Prof. Dr. Martin Diewald von der Universität Bielefeld
Prof. Dr. Fredmund Malik von Malik Management in St. Gallen
Prof. Dr. Ralf Schwarzer von der Freien Universität Berlin

Ein aufrichtiger Dank gilt den Mitarbeitern der Bundesagentur für Arbeit, die durch Ihre offenen Gespräche maßgeblich eine neue Art des Kundendialogs prägen:
Yalçin Altundağ, Gudrun Arnsdorf, Helga Bettermann, Nils Friedrich, Frank Gleim, John-Philip Hammersen, Marcus Helbig, Heike Jörissen, Olaf Kind, Susanne Koberstein, Dr. Susanne Koch, Stephanie Lüddecke, Dr. Anne Otto, Klaus Pester, Altera Piccolo, Sonja Sauer, Dr. Regine Schmalhorst, Dr. Klaus Schuberth, Rolf Steil, Klaus Vitt, Dr. Frank-Jürgen Weise, Anja Wendt

Die Interviews wurden von der Journalistin Katja Bauer begleitet.

Der Fotograf Philip Birau hat die Interviewteilnehmer facettenreich im Bild festgehalten. www.philipbirau.com

Stellvertretend für viele ihrer Kollegen ein herzliches Dankeschön für die hilfreiche Unterstützung seitens der Bundesagentur für Arbeit:
Insbesondere Marlies Bajon, Wolfgang Grube, Monique Hahn, Carsten Heller, Bernhard Henn, Rudolf Knorr, Michael Kühn, Klaus Pohl, Christian Rauch, Hedwig Schulz, Manuela Werdermann sowie Claudia Brestrich und Ihrem Team von der ARGE Berlin-Mitte.

Ich danke allen, die wertvolle Eindrücke aus ihrem Berufsleben exemplarisch in dieses Buch eingebracht haben.

Lieben Dank an meine Verbündeten – darunter:
Für den Beistand und Beitrag: Michael Simon de Normier.
Für die Geduld: Pünktchen. Für die Freude: Ikarus.

Gewidmet: Dem guten Menschen von Sezuan.

IMPRESSUM

Grafisches Konzept, Gestaltung und Satz: Grigkar Ahlborn, Hamburg–Wien
Fotos Innenteil: Philip Birau, Berlin
Gesamtherstellung: VEMAG Verlags- und Medien AG, Köln
Printed in Germany

ISBN 978-3-7716-4452-9

www.fackeltraeger-verlag.de

WICHTIGER HINWEIS

Die Ratschläge und Empfehlungen dieses Buches wurden vom Autor und Verlag nach bestem Wissen und Gewissen erarbeitet und sorgfältig geprüft. Dennoch kann eine Garantie nicht übernommen werden. Eine Haftung des Autors, des Verlages oder seiner Beauftragten für Personen-, Sach- oder Vermögensschäden ist ausgeschlossen.